教育經營學個論：

創新、創客、創意

鄭崇趁　著

作者簡介

鄭崇趁　1953 年生　臺灣省雲林縣人

- **學歷**

  國立政治大學教育學博士（1999）

  國立高雄師範大學教育學碩士（1989）

  國立臺灣師範大學教育學學士（1986）

  省立臺北師範專科學校畢業（1974）

- **經歷**

  國民小學教師五年（1976～1981）

  教育部行政職務十九年（1982～2000）

  經任幹事、秘書、組主任、專門委員

  國立臺北教育大學專任教師（2000～），經任主任秘書、教育政策與管理研究所所長、教育經營與管理學系系主任、研發長

- **現職**

  國立臺北教育大學教育經營與管理學系教授（2006～）

- **榮譽**

  高等考試教育行政人員（1981）

  教育部 1991 年及 2000 年優秀公務員

- **專長**

  教育經營學、校長學、教師學、教育計畫、教育評鑑

- **著作**

  家長教育學：「順性揚才」一路發（2015）

  教師學：鐸聲五曲（2014）

  校長學：成人旺校九論（2013）

  教育經營學：六說、七略、八要（2012）

  教育經營學導論：理念、策略、實踐（2011）

  教育的著力點（2006）

  國民中小學校務評鑑指標及實施方式研究（2006）

  教育計畫與評鑑（增訂本）（1998）

  教育與輔導的軌跡（增訂本）（1998）

  教育與輔導的發展取向（1991）

序

創新領導　創客教師　創意經營

本書定名為《教育經營學個論》，是作者於 2011 年出版《教育經營學導論：理念、策略、實踐》與 2012 年出版《教育經營學：六說、七略、八要》兩書之後，再以「教育經營學」為名的第三本專書，共蒐集作者於 2012 至 2016 年間在各教育學術研討會、期刊及專書上發表的十八篇論著。此十八篇論著都與「教育經營之學」攸關，並且均可單篇獨立存有，是以取名為「教育經營學個論」。

此十八篇論著雖可單篇獨立存有，但仍有屬性的區隔。作者將前六章與「校長領導」有關者歸類為第一篇，取名為「創新領導篇」；將第七章至第十二章與「教師教學」有關者歸類為第二篇，取名為「創客教師篇」；將第十三章至第十八章與「學校經營」有關者歸類為第三篇，取名為「創意經營篇」，是以本書的書名在《教育經營學個論》之後，附加了「創新、創客、創意」三詞。作者期待，本書能夠帶動「創新領導」的校長，開啟「創客教師」來教育創客學生，實現「創意經營」的學校文化。

作者近年來致力於「經營教育之學」及「知識教育學」的研發工作，對於知識（智慧）的四大元素（知識、技術、能力、價值）之間的定位關係，有三階段的發展性主張：第一階段主張「知識包含可操作的技術」，若能找到「核心知識及技術」，就能找到經營教育的著力點，此一階段可以 2012 年的《教育經營學：六說、七略、八要》與 2013 年的《校長學：成人旺校九論》兩書為代表；第二階段主張「知識、技術、能力」三位一體的教育，認為帶得走的「能力」來自知識及技術學習之後的新知能模組，此一階段可以 2014 年的《教師學：鐸聲五曲》與 2015 年的《家長教育學：順性揚才一路發》兩書為代表。

第三階段主張「知識、技術、能力、價值」四位一體的教育，認為「知識、技術、能力、價值」都是人學習知識之後重要的績效成果。四位一體的

教育（使用智慧創客教育 KTAV 單元學習食譜的教學）可以幫助學校同時經營價值教育、智慧教育，以及創客教育，讓學校成為具有特色品牌的學校。此一階段的代表著作《知識教育學：智慧人、做創客》計畫在 2017 年出版，本書（《教育經營學個論》）先行出版，旨在匯集這十八篇個論，驗證三階段「經營知識」及「知識經營」發展的軌跡。

　　敬請　方家
共賞斧正

鄭崇趁　序於崇玉園

2016 年 11 月 6 日

目　　次

第一篇　創新領導篇 ‧‧‧‧‧‧‧‧‧‧‧‧‧‧‧‧‧‧‧‧‧‧‧‧‧‧‧‧ 1

　第　一　章　創新領導 ‧‧‧‧‧‧‧‧‧‧‧‧‧‧‧‧‧‧‧‧‧‧‧‧‧‧3

　第　二　章　教育產業的創新經營策略 ‧‧‧‧‧‧‧‧‧‧ 31

　第　三　章　校長領導的創新經營：領導服務論的意涵及實踐 ‧‧‧‧ 47

　第　四　章　從教學領導探討校長角色職責的發展脈絡 ‧‧‧‧ 67

　第　五　章　校長學新趨勢：自我實現論與智慧資論 ‧‧‧‧ 85

　第　六　章　定位「校長評鑑」的鉅觀知識、微觀技術及實踐能力 ‧‧‧105

第二篇　創客教師篇 ‧‧‧‧‧‧‧‧‧‧‧‧‧‧‧‧‧‧‧‧‧‧‧‧‧ 121

　第　七　章　創客教育的理論基礎與實踐作為 ‧‧‧‧‧‧‧‧‧123

　第　八　章　教師學與新師資培育政策：打造一個「責任良師」造就
　　　　　　　「責任公民」的新世代 ‧‧‧‧‧‧‧‧‧‧‧‧‧‧147

　第　九　章　從「教師學」看「教師領導」的意涵 ‧‧‧‧‧‧‧169

　第　十　章　從知識遞移的績效價值探討教師領導及課程教學領導的
　　　　　　　本質 ‧‧‧‧‧‧‧‧‧‧‧‧‧‧‧‧‧‧‧‧‧‧‧‧‧‧185

　第十一章　「教師學」對學校輔導人力培用的啟示 ‧‧‧‧‧‧201

　第十二章　論新五倫及其核心價值 ‧‧‧‧‧‧‧‧‧‧‧‧‧‧‧211

第三篇　創意經營篇 ‧‧‧‧‧‧‧‧‧‧‧‧‧‧‧‧‧‧‧‧‧‧‧‧‧ 229

　第十三章　特色學校的理論基礎 ‧‧‧‧‧‧‧‧‧‧‧‧‧‧‧‧231

　第十四章　學校特色發展的策略與作法 ‧‧‧‧‧‧‧‧‧‧‧249

　第十五章　學生的品德教育 ‧‧‧‧‧‧‧‧‧‧‧‧‧‧‧‧‧‧257

　第十六章　「理念化」及「價值化」取向的教育評鑑：為方案評鑑
　　　　　　　本土化把脈 ‧‧‧‧‧‧‧‧‧‧‧‧‧‧‧‧‧‧‧‧267

　第十七章　臺灣教育新亮點：教改二十年的「績效價值」分析 ‧‧‧283

　第十八章　教育禪語（精選） ‧‧‧‧‧‧‧‧‧‧‧‧‧‧‧‧‧‧299

　參考文獻 ‧‧‧‧‧‧‧‧‧‧‧‧‧‧‧‧‧‧‧‧‧‧‧‧‧‧‧‧‧‧‧‧‧‧323

第一篇
創新領導篇

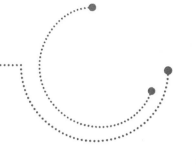

創新領導　領導創新
校長領導　知識創新致用知識
　　知識　創新經營技術
　　知識　創新實踐能力
　　知識　創新教育價值
推進　新人類　文明文化

第一章　創新領導

　　從領導學的發展看創新的內涵，領導的本質與方法都會隨著社會變遷與時代的需求，永續地創新，新的領導理論、新的領導方法和技術、新的領導要領或核心議題的提出，都可以說是「創新領導」。從創新的本質與歷程看教育領導的內涵，要系統思考教育組織的特性與教育領導者應備的特質，兩者交互整合後的創新，才是創新領導。

　　作者曾探討 Robbins 與 Coulter（2002）、吳清山（2004），以及林新發（2009）等多位學者的研究之後，將創新界定為：「賦予存在」（to be-ing）的歷程，並依據「知識先天論」的觀點，主張：「任何新的東西或知識，本來就存在這宇宙之中，我們以前沒有發現，不知道；現在發現了，就是新的知識、新的技術、新的能力。世界上任何新的東西，都是本來就存在的，不會無中生有。」是以創新是可欲的，組織單位中的每一個人只要善盡本分、勤耕本業，遵循「實→用→巧→妙→化」的經營要領，每一個人都可以為自己的組織創新產品品質以及績效價值。賦予存在的創新歷程，如圖 1-1 所示（鄭崇趁，2011a，2013a）。

壹、創新領導的教育意涵

　　作者曾論述「創新的教育意涵」，認為創新具有下列五大教育意涵：(1)創新是發現新的知識產品；(2)創新是發現新的因果關係；(3)創新是發現新的深層結構；(4)創新是發現新的方法策略；(5)創新是發現新的意義價值（鄭崇趁，2013a，頁 163-167）。作者也曾闡明「教育領導者的特質」，

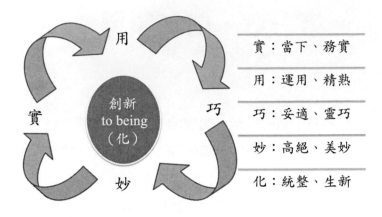

實：當下、務實

用：運用、精熟

巧：妥適、靈巧

妙：高絕、美妙

化：統整、生新

圖 1-1　賦予存在（to being）的創新歷程

資料來源：鄭崇趁（2013a，頁 163）

認為教育領導者與一般企業組織領導者不同，教育領導者需兼具下列五大特質：(1)具備教育的專業素養與核心能力；(2)了解教育組織機制與核心技術；(3)掌握學校的發展脈絡及師生需求；(4)善用學校師生的專長與優勢學習；(5)形塑教育的核心價值與願景領導（鄭崇趁，2013a，頁 193-197）。

因此，作者在出版《校長學：成人旺校九論》（鄭崇趁，2013a）一書時，主張校長的核心職能在「成就人」與「旺學校」。「成就人」是深層的帶人工夫，經由「自我實現論」、「智慧資本論」、「角色責任論」、「專業風格論」而著力深耕，可以達成「立己達人」；「旺學校」則要從「計畫」、「組織」、「領導」、「溝通」、「評鑑」五大行政管理的核心歷程，賦予核心價值與實踐要領，才能「暢旺校務」。是以該書的第六章章名為「組織創新論〈活化組織運作型態〉」，第七章章名為「領導服務論〈創化專業示範模式〉」。「成就人，旺學校」的校長學，其理念系統如圖 1-2 所示。

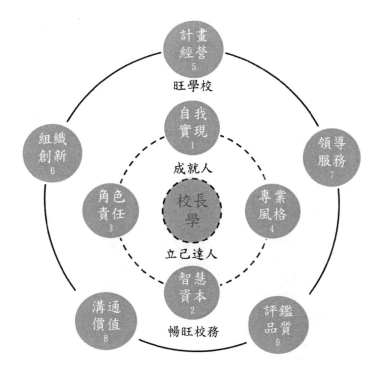

圖 1-2　《校長學：成人旺校九論》一書的理念系統

資料來源：鄭崇趁（2013a，頁 9）

　　從「鉅觀知識」與「微觀知識」的關係脈絡分析，「成人旺校九論的校長學」即為「鉅觀」的「創新領導」，而其中的第六章「組織創新論」及第七章「領導服務論」，即是「微觀」的「創新領導」。

　　本書係以「領導」為核心的「教育領導學」專書，系統重組「創新領導」的教育意涵，具有下列四個較為明顯的新意：新的領導服務、新的專業示範、新的資源統整，以及新的實踐篤行。逐一闡明如下。

一、新的領導服務

　　「領導服務論：創化專業示範模式」，係作者對於「教育領導」最創新的主張，將「領導」結合「服務」，列為《校長學：成人旺校九論》一

書的專章，而領導服務的主要內涵在「創化專業示範模式」。領導行為在為學校同仁提供知識遞移、系統思考、實踐篤行等專業示範的服務行為，它的本質與服務領導（servent leadership）不同；服務領導近似「僕人」的領導，較不適合「教育專業示範」的本意。新的領導服務會落實在價值領導、經營領導、學習領導、方案領導，以及特色領導。領導服務論的特質與創新，如圖 1-3 所示。

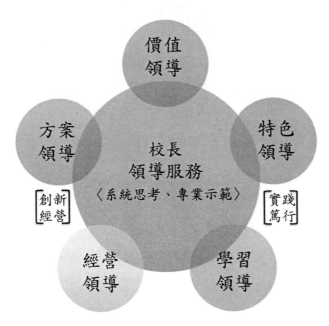

· 校長在領導「人」做好「教育人——人之所以為人」的工作。
· 校長領導服務論的特質有四：內隱的「系統思考」及「專業示範」；
　外顯的「創新經營」及「實踐篤行」。
· 以人做隱喻，「價值領導」為頭，是領導服務的總樞杻。
　「經營領導」及「學習領導」為雙腳，是邁向精緻教育的領導服務。
　「方案領導」及「特色領導」為雙手，是彩繪學校品牌特色的領導服務。

　圖 1-3　校長領導服務論的特質與發展趨勢（新興議題）
　　　　　資料來源：鄭崇趁（2013a，頁 216）

■ 二、新的專業示範

　　創新領導的第二個教育意涵是「新的專業示範」。專業示範具有下列三大功能：(1)好的開始：教育事務都具有一定的專業難度，教育領導者能夠帶頭示範，再由幹部或教師接手實踐開展，便會有好的開始；古有明訓：好的開始是成功的一半；(2)價值認同：教育領導者的專業示範是一種帶頭耕耘，在帶著大家做事的同時，兼談為什麼要做這件事，為什麼這件事要這樣做，它的核心價值在哪裡，它可以為我們的學生及教師創新哪些績效與價值；幹部及教師有了價值認同之後，才會增加實踐篤行的意願與毅力，共創教育新境界；(3)揭示標準：教育領導者的專業示範，可以揭示教育產品及教育活動的品質標準，帶領大家研發夠水準的教育產品（如行動研究與主題教學教案），執行達到標準品質的教育活動。

　　教育領導者的專業示範每天都在不同的時空，示範給不同的幹部、教師、學生看，每天都在實踐「創新領導」，但愈是常態性的事務，其「創新、精緻、效率、品質」的訴求就愈為重要。創新領導的專業示範猶應重視下列事項：(1)主持會議的專業示範：每次的會議都是創新決定的領導，領導者要發揮「統整判斷能力」與「專業價值溝通決定」的專業示範；(2)策定計畫的專業示範：學校的發展經營係依賴中長期發展計畫與主題式教育計畫，教育領導者要系統思考學校的需求與條件，示範策定學校最有價值的計畫（含示範最優質的計畫技術）；(3)校本課程的專業示範：每一個學校在課程綱要的規範下，要依據學生的基礎、教師的專長及地方的資源，規劃發展學校本位課程，經營一個具有品牌特色的學校；教育領導者要帶領專業示範學校本位課程的規劃、設計與核心技術，帶著學校教師發展與實踐；(4)知識遞移的專業示範：教師能夠將自己的知識或教材上的知識，遞送轉移到學生身上，學生學會這些知識，能夠知道、理解、運用、操作，

而成為學生帶得走的能力，這一知識轉移的歷程，稱之為「知識遞移」，是所有教師一輩子的基本職能；教育領導者要能夠專業示範知識遞移的核心技術（如教學知識的原型、元素、成因、脈絡，或者定位鉅觀知識及其微觀知識新關係的系統結構），增進教師有效教學；(5)教育產品的專業示範：教學、研究、輔導、服務是教育人員的共同使命與任務，其中最重要的媒介工具就是教育人員本身的著作、研究、文章，以及有形的教育產品；教育領導者也要專業示範研發教育產品、出版教材，領導教師共同耕耘教育園地。

三、新的資源統整

作者有幸，長期受聘擔任臺北市優質學校「資源統整」項目的認證委員，並且領導第二代及第三代認證指標的修訂，因此深切的體會到：新的資源統整就是創新領導，學校領導者能將校內外資源統整得妥適，促使學校人盡其才，計畫經營，事畢其功；運作精緻，物盡其用，就是學校最好的創新領導。

新的資源統整猶須特別經營下列事項：(1)引進多元教育活水：目前可以為學校所用的教育資源，已多元存在，包括：人力資源、財力資源、物力資源、自然資源、文史資源、科技資源，以及智慧資源等，教育領導者要能夠引進這些多元活水，為學校所用；(2)統整運用校內外資源：通常國民所得超過二萬美元以上的國家，中小學教育的校內外資源已經十分豐沛，教育領導者要有效統整這些教育資源，讓其產生交互作用、整合發展，直接幫助學校教師、學生，以及課程教學的精緻化；(3)創新資源績效價值：新的資源統整，係指教育領導者由於創新領導的操作，讓校內外教育資源能重新系統重組之後，為學校創發新的績效價值，例如：校務評鑑全數通過認可，通過優質學校（特色學校）以及「教育111」標竿學校的認證，學

校的校本課程或教育特色獲得媒體競相報導，他校師生參訪無數，成為具有特色品牌、高教育競爭力的學校。

四、新的實踐篤行

實踐篤行係指教育要有執行力，教育的學制、學校經營、課程設計、教師教學、學生學習能夠依計畫實踐，圓滿成功，達成教育目標，並且創新教育的績效價值。「新的實踐篤行」是創新領導的第四個教育意涵，同時也是創新領導最重要的教育意涵。創新領導很忌諱「無中生有」的創新，希望教育領導者本身在既有的教育機制中「實→用→巧→妙→化」，展開新的實踐篤行，做出新的績效價值。

新的實踐篤行有下列四大指標：(1)和諧中努力的教育：學生的學習意願濃烈，充滿著想學習的動能，師生的互動綿密，成為有效群組學習，單元學習目標明確，師生在和諧中努力完成學習目標；(2)精緻有質感的教育：知識系統精緻、核心技術精緻、考核評量精緻、創新經營精緻，學生的每日學習都具有質感；(3)動能具價值的教育：體驗探索學習、操作實物學習，引導學生在動態中學習，有目標、有要領、有安全、有成果，是一種動能具價值的教育；(4)知識成智慧的教育：帶得走的知識或者能夠學以致用的知識（直接改善生活品質與人際關係的知識），稱之為智慧，教育從學習知識入手，教導學生學以致用而成為智慧（引自鄭崇趁，2014a，頁289-293）。

貳、創新目標價值的領導

學習型組織理論是二十世紀末，產生企業革命、組織再造最具影響力的理論——五項修練，流行全世界，「自我超越、改變心智模式、建立共

同願景、團隊學習，以及系統思考」是「學習型社會」的五條明確軌道，任何一個大大小小的企業體（組織單位），只要運作這五條軌道，就是創新組織，組織再造。是以所有的企業體（包括學校），除了原有的「目標任務」之外，大家都在「建立共同願景」，思考組織員工的「共同心聲」與「理想抱負」，並整合在既有的組織目標任務之中，將共同願景界定為：「邁向組織目標」及「反映成員心聲」的共同價值取向。

　　進入二十一世紀之後，管理學家指導部分的企業體，運用 Vision（願景）、Mission（任務）、Core Value（核心價值）三者並陳的方式，來呈現「新願景領導策略」，其績效價值遠遠超越單獨「共同願景」的使用，已成為新的主流趨勢與作為。因此，創新目標價值的領導，可參考操作下列幾項作法。

一、揭示學校（組織）的願景、任務，以及核心價值

　　以國家教育研究院為例，其歷經十數年的籌備，終於在 2010 年完成立法後揭幕，首任院長吳清山教授為國家教育研究院定位，並揭示願景、組織任務，以及核心價值，如圖 1-4 所示。

　　再以國立臺北教育大學為例，作者於 2011 年接任學校首任研發長，鑑於研發處必須依據學校（國立臺北教育大學）當時的「願景」（Vision）：「敦愛篤行，傳承創新，精緻大學」，執行四大「任務」（Mission）：「計畫發展、研究創新、產學合作、國際視野」。是以針對「計畫發展」設定其核心價值為「精緻」，針對「研究創新」設定其核心價值為「實用」，針對「產學合作」設定其核心價值為「擴能」，針對「國際視野」設定其核心價值為「前瞻」，並請同仁繪製「國立臺北教育大學研究發展處的任務目標與核心價值」，如圖 1-5 所示。

願景（Vision）：
　　教育政策發展智庫
　　領導人才培育基地
　　課程測評研發重鎮

任務（Mission）：
　　研究、研習、服務

核心價值（Core Value）：
　　品質、團隊、創新、
　　真理、卓越、行動

圖 1-4　國家教育研究院的任務目標與核心價值

資料來源：國家教育研究院（無日期）

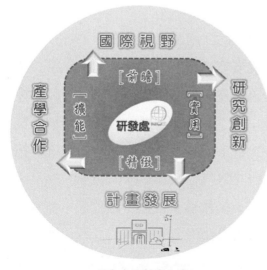

Vision：敦愛篤行，傳承創新，精緻大學

Mission：計畫發展
　　　　　研究創新
　　　　　產學合作
　　　　　國際視野

Core Value：
　　精緻、實用、擴能、前瞻

圖 1-5　國立臺北教育大學研究發展處的任務目標與核心價值

資料來源：鄭崇趁（2014a，頁 106）

二、規劃處室單位（次級系統）的階段任務與工作目標

　　創新目標價值的領導，除了揭示組織新的願景、任務、目標、核心價值之外，第二個作為在為組織內的次級系統，賦予階段任務，以階段任務的完成，來實踐工作目標，進而實現組織整體的目標價值。以大學中的研究發展處為例，研發處宜以新任校長為任期之週期，在校長接任之後三個月至半年之間，完成「學校中長程發展計畫」的擬訂，經上學期校務會議審議後頒布執行，內容包括：學校「願景、任務、核心價值」的揭示、學校十大計畫（方案）的提列，以及校務發展之長期規劃。因此，作者曾將國立臺北教育大學 2011～2015 年「研究發展處」的階段任務界定為「計畫發展、研究創新、產學合作、國際視野」四者，並在行政會議中建議學校規劃「十大主題教育計畫」，並由主要處室單位（教務處、學務處、總務處、研發處、師培中心、進修部、圖書館、電算中心、三個學院）各策訂一個學校發展最具價值的主題性教育計畫或方案（名稱及核心內涵概要），並以新的目標價值來領導學校發展。

　　再以中小學的組織運作為例，學校中的次級組織系統，除了行政上的一級單位（處室）之外，學校的課程發展委員會及其領域小組，也是一個可以創新經營的組織群體，校長及教務主任可以多次與課發會委員開會後決定「學校本位課程」及「學校特色」的主題，並鼓勵全校教師參與領域小組專案學習社群，以「領域專業學習社群」為主體，每一個專業社群策訂一個專業發展計畫，明確規劃設定「目標任務、學習時間、次數、產品，以及績效價值」。在經由課發會審定後，由校長及責任行政幹部，負責籌募必要資源，支持各領域實踐完成，創新目標價值的領導。

三、詮釋教育活動當下的核心價值

　　教育活動（如開學典禮、畢業典禮、校慶運動會、校慶茶會、親職教育日、社團成果展、藝文競賽等）都具有週期性，每年定期辦理，雖然學生是新的，參與的師長與行政同仁卻更動不大，時日一久，每年活動的「標準作業程序」就會十分雷同，大家都在重複做一次前一年已經做過的事，有時連校長的講話內容，也有可能「重複一遍」罷了，用心經營學校的領導者應設法避免。作者認為「詮釋教育活動當下的核心價值」，正可以作為創新目標價值的第三個作為。

　　就以學校為學生舉辦的畢業典禮為例，校長（領導者）的致詞如果能夠個別詮釋畢業典禮此一教育活動，對國家、社會、學校、教師、學生、家長的不同核心價值，每一屆論述一至二類，學生及教師就不會感覺「老調重彈」，也會更加好奇深思在其他層面（立場）的教育核心價值又是什麼？且可以為自己隸屬的學校（組織）以及自己安身立命的教育志業，增益師生同仁的價值認同與潛在動能。

四、進行個別化願景領導

　　目前的教育競爭力不如預期，作者認為主要原因之一，在於教師的個別願景與學校的組織願景不盡然一致，學校教師們都很有能力，也都努力奉獻自己的心力，但因為努力的焦點模糊，沒有匯聚成河，以致於整體的教育競爭力不佳。教師個人的專業自主，如能經由「個別化願景領導」，並微調耕耘的目標、方向、價值，讓所有教師自己的心願與理想抱負，可以在自己服務的學校中實踐，個人的生命願景與學校的組織目標一致，並有共同的核心價值，教育的本質與功能才能獲致全國教師共同的深耕，教育的整體競爭力才能夠全面提升。

　　作者曾於 2014 年出版《教師學：鐸聲五曲》一書，對於教師的個人化生命願景與核心價值，提供了一個範例（如表 1-1 所示），可提供教育領導者及教師們參照。

表 1-1　教師的願景、任務與核心價值

願景（**Vision**）：自我實現、責任良師。 任務（**Mission**）：教學：導引學生成功學習。 　　　　　　　　　　研究：創發學生本位知能。 　　　　　　　　　　輔導：扮演學生支持鷹架。 　　　　　　　　　　服務：拓展教育服務能量。 核心價值（**Core Value**）：專業、精緻、責任、價值。

資料來源：鄭崇趁（2014a，頁 110）

參、創新人力資源的領導

　　教育的人力資源採廣義的說法，包括人力及資源。教育的人力主要為教育行政領導者（教育部局處長官）、學校行政領導者（校長及行政學術幹部）、教師，以及學生。教育的資源包括校內外資源，除了人力資源外，尚有物力資源、財力資源、自然資源、文史資源、科技資源，以及技術智慧資源。多元教育資源如能豐沛引進學校，統整為教育之用，猶如教育活水，創新經營教育機制，可以全面提升教育品質，創發國家教育新境界。

　　創新人力資源的領導作為，可以從強化教育人員（師生為主）的核心能力著力，激勵教育人員追求自我實現；可以從增進教育人員價值認同耕耘，厚築學校師生的智慧資本；可以從統整多元教育資源經營，全面優化學校教育品質；也可以從評鑑人力資源效益使力，創新當前學校教育之績效價值。逐一說明如下。

一、強化師生核心能力，激勵自我實現

　　企業界的創新經營，在持續地創新產品的核心技術，以及強化員工能夠產製新產品的核心能力。教育界的創新經營，則因為產品是「學生的教育品質」，教育的核心技術指的是課程設計、班級經營、有效教學，以及輔導學生。且我國的課程綱要，強調國民教育階段，要教給學生（國民）帶得走的能力，因此教育界更為重視以人為主體的「核心能力」，「教育經營學」宜持續地探討教師及學生的核心能力：教師要強化「核心能力」才能扮演責任良師，教好每一位學生；學生也要培育「核心能力（基本素養）」，才能善盡充分學習之責，成為教育經營上最重要之課題。

　　教師的核心能力最重要者有八：(1)教育專業的能力；(2)關愛助人的能力；(3)課程設計的能力；(4)班級經營的能力；(5)有效教學的能力；(6)輔導學生的能力；(7)應變危機的能力；(8)研究發展的能力。其中(1)(2)合稱專業力，(3)(4)合稱統合力，(5)(6)合稱執行力，(7)(8)合稱創發力，係以專業力為軸心的系統結構，如圖 1-6 所示。

　　學生的核心能力最關鍵者有四：(1)學習力；(2)知識力；(3)藝能力；(4)品格力。學習力建構在(1)閱讀寫作的能力及(2)數學資訊的能力；知識力建構在(3)通識經驗的能力及(4)專門學能的能力；藝能力建構在(5)時空美感的能力及(6)個殊才藝的能力；品格力建構在(7)優質習慣的能力及(8)服務助人的能力，係以學習力為軸心的系統結構，如圖 1-7 所示。強化師生的核心能力，促成教師及學生都能自我實現，實現教育目標，即是學校創新領導的最基石工作。

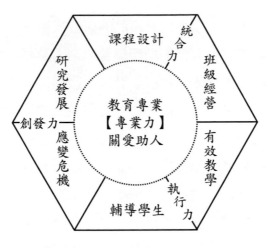

圖 1-6 教師的核心能力

資料來源：鄭崇趁（2014a，頁 166）

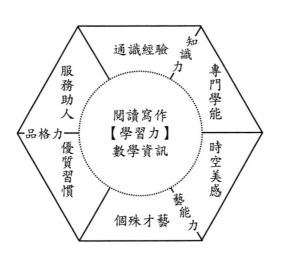

圖 1-7 學生的核心能力

資料來源：鄭崇趁（2014a，頁 171）

二、增進成員價值認同，厚築智慧資本

在管理學上，將學校的土地、建築及預算稱為「實體資本」，將學校的教師、幹部、校長、學生稱為「智慧資本」（人力資源的一種）。智慧資本屬於無形資產，「人力」資源要有好的「結構」及「關係」，才能對組織產生明顯的動能貢獻，成為有效的智慧資本，是以管理學對於智慧資本的論述，同時要關切「人力」、「結構」及「關係」三者。國內教育學者楊德遠（2011）、鄭崇趁（2011a，2013a，2014a）、羅英豪（2013），以及黃增川（2014），持續研究智慧資本論在教育領域上的應用，已將智慧資本界定為：「一個組織之內所具備開展知識技術的潛在能量，此一潛在能量建立在成員的核心能力、認同承諾程度及其績效表現的激勵上。」就學校的領導者而言，除了強化教師及學生的核心能力外，尚須「轉動同仁的價值認同以及實踐力行」，才能促成幹部及教師人人自我實現，個個成為有效智慧資本。智慧資本的元素及其系統結構，如圖1-8所示。

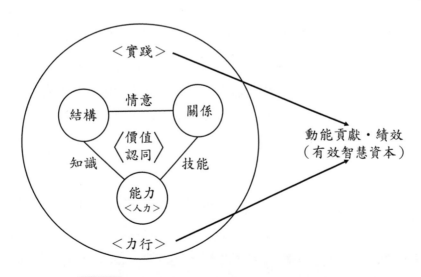

圖 1-8　智慧資本的元素及其系統結構

資料來源：鄭崇趁（2013a，頁 61）

　　教育經營者的創新領導，得運作組織成員的四個價值認同以及四個願意（實踐力行）來厚築學校的智慧資本。四個價值認同包括：(1)認同教育事業成人興國的價值；(2)認同政策計畫活絡教育的價值；(3)認同課程教學知識螺旋的價值；(4)認同教育產品傳承智慧的價值。四個實踐力行包括：(1)願意盡力帶好每位學生；(2)願意發展自編授課教材；(3)願意參與競賽活動及標竿認證；(4)願意系統管理智慧傳承（引自鄭崇趁，2013a，頁45-70），讓每位教師都成為「有能力、有專長、願意做、能創價」的教師，教育組織具有最大的動能貢獻（有效智慧資本）。

三、統整多元教育資源，優化教育品質

　　「教育資源統整」已成為臺灣二十一世紀教育「創新領導」的重要方法策略之一，在臺灣的國民所得超過二萬美元之後，校外龐大的多元教育資源，不斷湧入學校（如部分中大型學校，家長志工多達一百至二百人）。這些多元教育活水包括：人力、物力、財力、自然、文史、科技、智慧資源，教育經營者宜適度引進再與校內既有資源統整，得以全面優化教育歷程品質，例如：妥適照顧弱勢族群學生，維護其安心就學，實踐公平正義；組織家長志工交通安全導護，優化師生上下學安全品質及學校周邊的交通順暢度；精緻圖書館志工及保健志工的標準作業程序（S.O.P）服務，優化圖書借閱品質及學生意外照護；善用退休公教人員，回學校協助部分學生的補救教學及認輔激勵需要關照的學生；善用科技智慧資源，優化學校知識管理系統；運用社區自然及文史資源規劃，闢建語文、社會、自然學習步道等。

　　資源統整的創新領導，經營者須關注下列四項作為：(1)計畫引進：當代的學校背景條件落差極大，有的校外資源豐沛，有的不易籌集，經營者應「本位經營」，系統思考學校教育需求總量，策訂計畫方案，引進多元

定量資源；(2)培育資源：引進的人力資源必須配合「半專業教育」之需求，進行必要的培訓，使之成為有用能創價的資源；(3)分組編配任務：依志工總數及工作需求，編組分配任務，選定召集人，並擬訂簡要個別方案，據以實踐；(4)定期激勵督導考評：志工資源也需要人盡其才、才盡其用，追求自我實現，也成為有效智慧資本。

四、評鑑人力資源效益，創新績效價值

教育評鑑的發展，其本質功能已由「目標達成的檢核」以及「成果績效的判準」，發展到「教育品質的提升」以及「績效價值的創發」。「目標→績效→品質→價值」的追求，註解了二十一世紀的教育評鑑。就評鑑的對象而言，由「物的評鑑」發展到「事的評鑑」，再發展到「人的評鑑」，全面品質管理理論、智慧資本理論、績效責任理論、CIPP 模式、PDCA 模式、認可制評鑑等，共同主導了教育評鑑的實踐與發展。評鑑學校「人力及資源」效益，可以激勵人盡其才、事畢其功、物盡其用，創新學校教育的績效價值。

評鑑人力資源效益要講究下列幾項要領，才符合創新領導的旨趣：(1)將評鑑視為「品質標竿」認證，是評鑑美學的實踐；通過評鑑品質認證，成為為人師表最大的尊嚴與尊榮；(2)教育評鑑是一種自願與認可的歷程，也是基本素養（條件）與品牌標準（優質）的認可；(3)教育評鑑是教育績效品質的基石；通過評鑑的教師，才適配考績甲等，才可頒給績效獎金及晉級；(4)人的評鑑指標，要包含其對「教育資源」的統整運用，使人、事、物三者的系統思考評鑑，能為教育經營創新最高的績效。

肆、創新課程教學的領導

　　課程是教育的內容，教學是教育的主要方法，教育領導的最新趨勢，關注在課程領導與教學領導。也因為部分地區教育領導者過於強調學校的課程教學領導，大有「喧賓奪主」，以教學領導取代教育領導的迷思。教育領導者（包括行政長官與校長）都要談點課程與教學的創新領導，否則就會被譏笑為「外行領導內行」。創新課程教學的領導可以從下列幾項工作著力。

一、推動學校本位課程，經營教育特色

　　推動學校本位課程，是創新學校課程教學的主要策略。學校本位課程的基本定義是：學校教師要共同思考學校的整體條件，包括：學生需求、教師專長分布、社區資源、當前教育政策理念，在國定「課程綱要」的規範下，發展學校最大價值的課程總體設計。學校本位課程就是當前學校在實施的總體課程，在學校總體課程中實施得最精緻，或者為他校所沒有，不一定能做到的課程，就稱之為特色課程。創新領導學校本位課程之發展，亦即在創新經營學校的教育特色。

　　領導創新校本課程，經營學校教育特色，要符合下列四大規準：(1)教育性：學校特色的主題要與學生學習攸關，是教育的核心事務；(2)普及化：師生普遍參與，是全校學生共同學習的教育項目；(3)課程化：要有系列的校本課程與教育主題，在不同領域中教學；(4)卓越性：特色課程實施精緻化，菁英團隊有卓越表現，獲獎無數，媒體競相報導，他校來訪頻仍。

二、自編主題教學教案，實踐課程統整

　　創新教學的領導，要能夠領導教師實踐課程統整，在每一個領域、每

一堂課，都能夠教給學生帶得走的能力。所謂學生帶得走的能力，指的是學生不但知道、了解「知識」的意涵，還會運用操作這些知識（操作知識中的技術），也就是說，學生至少要學會 Bloom 之認知教學目標「知識、理解、應用、分析、綜合、評鑑」中的前四者。教師專業自主教學最神聖的使命，即在依據學校選定的教科書，參酌學校校本課程的發展、學生的背景基礎，以及自己的專長能量，為學生編製最大價值的主題教學教案，協助班級學生課程統整，學到應備之帶得走的能力。

　　教師自編主題教學教案的創新，要注意下列條件之統整，才得以真正實踐課程統整：(1)教學進度配合課程綱要設計，校本課程主題融入綱要系統考量；(2)單元主題名稱以校本課程的領域系列主題為準，凸顯校本且自編的程度；(3)核心知識盡量契合課綱規範之主軸，避免校本教材知識難以融入統整；(4)舉例說明與學理詮釋，實驗操作盡量使用社區本土資源作為學習素材，用本土化教材，統整學生的知識系統與技術能力的學習，創新教學。

三、開展多元實作評量，肯定學習價值

　　創新課程教學領導的第三大焦點，在於評量方法的創新，考驗新的評量方式能否有效評鑑出「學生學習的亮點」。從多元智能理論來看學生的學習績效價值，學生的學習成果同樣也是多元並存，單一的評量很難點亮所有學生的亮點，是以政府除了開發基本能力的標準等級評量外，應激勵教師自行開發多元實作評量，以評出學生亮點，肯定學生多元績效價值，彩繪教與學歷程的豐富度與意義性。

　　創新的教學評量有下列四大取向：(1)操作取向：帶著學生動手做，學習關鍵技術與完成作品的能力；(2)體驗取向：如溯溪、騎單車、爬山、步道教學、參與表演競賽活動等，學生由直接體驗，學會應備的知識技能；

(3)探索取向：規劃學生探索自然、探索文史、探索生命故事、探索系統知識、探索科技智慧，將探索評量結合賦權增能；(4)反思取向：反思學習目標、反思學習教材、反思學習歷程、反思學習成果、反思學習價值，反思取向的評量就像評量的評量（後設機制），能驗證學習者真實的心得與價值。

四、關注知識遞移技術，實踐有效教學

知識遞移是教師一輩子的教育職能，係指教師能夠將自己的知識或者是教材上的知識，透過教學或教育活動，遞送轉移到學生身上。有效而成功的知識遞移，學生不但要知道、理解這些知識，還要會操作、應用這些知識，成為學生帶得走的能力。再以Bloom之認知學習目標「知識、理解、應用、分析、綜合、評鑑」等六個層次為例，至少要學到第四個層次（會分析）才算知識遞移成功。任何主題知識本身都含有可以操作的技術成分，當代的教師應關注知識遞移的核心技術，善盡有效教學職能，創新教學，提高教育品質。

知識遞移的核心技術可以從兩大路徑研發：一者為探討主題知識本身的原型、元素、成因、脈絡，教給學生直接學習這些次要變項的操作，而會操作知識原型、元素、成因、脈絡，這一知識就成為學習者帶得走的能力；另一路徑為，定位鉅觀知識與微觀知識之間的新關係與系統結構，知識依其鉅觀與微觀的相屬關係，存在於各種系統之中，我們發現它，系統重組與定位它，就是創新知識；創新知識的技術，也創新人的能力。

伍、創新經營模式的領導

作者在《校長學：成人旺校九論》一書（鄭崇趁，2013a）中倡導「領導服務論：創化專業示範模式」，主張教育領導的發展趨勢（創新經營議

題）在價值領導、經營領導、學習領導、方案領導，以及特色領導，這五者亦可稱之為創新經營模式的領導。價值領導在以新的願景（Vision）、任務（Mission），以及核心價值（Core Value），來創新組織價值，凝聚同仁的向心力，邁向新天地。經營領導從鉅觀的視野，用「原理學說（六說）」、「經營策略（七略）」，以及「實踐要領（八要）」系統化經營學校，創新績效價值。學習領導以微觀（學生主體）的視角，啟動師生群組學習，經營學習共同體，創新知識遞移的績效與情意教學（服務助人）的價值。方案領導是廣義的課程領導，其與特色領導都在創新經營學校本位的課程統整，經由課程統整的實踐，形塑創新學校的教育特色。

　　所謂「經營模式」亦可當作「領導取向」的創新，我們可以將「經營模式」的創新領導作為分成下列四大取向：(1)價值取向的經營模式；(2)品質取向的經營模式；(3)發展取向的經營模式；(4)能力取向的經營模式。茲以教育經營學中的「價值說、品質說、發展說、能力說」為經，以「創新領導」為緯，簡要說明如下。

一、價值取向的經營模式

　　運用「人」與組織核心價值的論述，來領導學校同仁創新經營學校，稱之為「價值取向的經營模式」。核心價值的成因有二：「人的共同性」（心願、需求）以及「組織任務」交織形成的價值取向。以「結婚成家」為例，兩個人為什麼要結婚、組成新家，是因為結婚可以滿足兩個人的共同需求：合法的性關係（需求），以及和欣羨的對象在一起（心願），並可以一起努力，繁衍子孫，相互依存，因此結婚成家的核心價值就應當是「親密」中相「依存」。

　　價值取向的經營模式，領導者勢須創新下列事項：(1)激勵教師與職工確立自己的核心價值，並追求自我實現；(2)頒布學校的願景（Vision）、

任務（Mission），以及核心價值（Core Value），並運用核心價值詮釋學校慶典及教育活動的意涵；(3)進行價值認同心戰喊話，增進幹部及教師承諾力行，帶好每一位學生，成為國家、社會、學校、家庭的有效智慧資本；(4)激勵教師與職工在學校中實踐自己的生命願景與理想抱負，個人與組織的核心價值盡量一致，同步發展；(5)推動「新五倫及其核心價值」的品德教育，其初步的構念是：家人關係：親密、依存；同儕關係：認同、共榮；師生關係：責任、智慧；雇主關係：專業、創價；群己關係：包容、博愛（引自鄭崇趁，2014a，頁 285-289）。

二、品質取向的經營模式

全面提升教育品質，提高學校的教育競爭力，吸引家長與學生選讀，學校得以永續經營，是當代學校領導者的重要挑戰，是以創新經營模式的第二個領導是品質取向的經營模式。針對教育的「人、事、物、時空」進行「物理知識」、「事理要領」、「人倫綱常」，以及「時空律則」的教育品質管理，達成「人盡其才、事畢其功、物盡其用、時中其機」的教育品質與價值，稱之為品質取向的經營模式。

品質取向的經營模式，必須與教育評鑑機制縝密結合，運用評量、評鑑、評估的基本原理（如全面品質管理理論、績效責任理論、智慧資本理論、PDCA 模式、CIPP 模式、平衡計分卡及認可制評鑑），實施學生的多元實作評量與基本能力檢測，教師的課程評鑑、教學評鑑以及教師評鑑，學校的校務評鑑及發展特色評鑑（含「教育 111」標竿學校認證）。創新布建系統評鑑機制的「評鑑指標」與「實施辦法」，推動品質取向的經營模式。

三、發展取向的經營模式

　　「教育經營學」中的發展說（鄭崇趁，2012a，頁 91-101）主張，教育會伴隨人的一生發展，從出生到幼兒，逐漸發展為成熟人、知識人、社會人、獨特人、價值人，以及永續人，能夠促成這六種人充分發展的教育，稱之為全人發展的教育。領導者創新經營學校，以全人發展教育為主軸的經營設計，就可稱為發展取向的經營模式。人與教育發展的六大功能關係結構，如圖 1-9 所示。

圖 1-9　人與教育發展的六大功能關係結構圖

資料來源：鄭崇趁（2012a，頁 93）

發展取向的經營模式要均衡重視六種人的平衡健康發展。過去的教育太過於重視知識化與社會化，是以有「揠苗助長」及「盲從附和」的迷思，部分學生「流失健康」，成人之後在社會「隨波逐流」罷了。經營者應建構五育均衡發展的環境與課程，關注學生發展的核心價值，創新領導師生追求新價值，經營健康成長、適量知能、自主獨特，並且是人際和諧的永續人與價值人。

四、能力取向的經營模式

教育在培養學生的基本素養與生活及職業行為的能力。能力取向的經營模式，係指學校教育的課程設計、教育及教學活動，是以師生核心能力的開展為主軸：教師能夠充分發揮其優勢專長能力，人盡其才、才盡其用；學生能夠習得核心知識，並會操作知識本身的技術，具備帶得走的能力。

能力取向的創新領導經營模式，經營者要關注下列要領：(1)了解師生核心能力的主要內容：如教師的八大核心能力（教育專業的能力、關愛助人的能力、課程設計的能力、班級經營的能力、有效教學的能力、輔導學生的能力、應變危機的能力，以及研究發展的能力），以及學生的四大關鍵核心能力（學習力、知識力、藝能力，以及品格力）；(2)掌握「知識遞移」的核心技術：教師的教及學生的學，均能針對主題知識中的技術成分（原型、元素、成因、脈絡）進行有效教學，教會學生能夠操作知識裡的技術，成為帶得走的能力；(3)舉辦教育創新經營競賽及標竿學校認證：競賽與標竿認證是優化師生核心能力的重要策略；(4)實施教師評鑑、校長評鑑及學校經營 ISO 認證：人與組織的品質管理，可以檢核學校及教師的知識管理與能力表現水準，肯定教育品質，並激勵師生核心能力永續滋長，具有動能貢獻。

陸、創新文化風格的領導

人類生活的總稱叫文化，展現個殊文化品味者稱為風格，教育經營者能夠創新教育界（學校）的文化風格，才稱得上創新領導。創新文化風格的領導，約有下列四大取向（特質）：「專業示範的文化」、「系統思考的文化」、「順性揚才的文化」，以及「精緻卓越的文化」，闡明如下。

一、專業示範的文化

教育是「人教人」的歷程，教育在教人之所以為人。理想中的人不易形成，因此教師在教人的過程中要做給學生看，提供專業示範的楷模學習，學生才會願意學習，才會有學習對象；由於教師「專業示範」得好，學生才會很快的學到知識，學會操作知識與技術，形成學生自己的能力。專業示範是教育活動的重要本質，學校師生如果能夠形成專業示範的文化，師生熱衷於知識技能的專業示範風格，學校的教育品質必能全面提升，學校的教育競爭力也可以大幅躍升。

專業示範的文化是可以經營的，教育領導者宜創新下列行為表現即可帶動：(1)專業示範追求知識以及知識管理：教育的主軸在知識的傳承與創新，教育領導者要帶著所有幹部及教師追求知識及做好知識管理；(2)專業示範「知識→技術→能力」教育經營（知識遞移）的有效模式：師生熱衷於學習知識本身的技術成分，學會操作知識，成為帶得走的能力；(3)專業示範「新五倫及其核心價值」的探討：教師帶著學生經營五大人際關係，創新幸福人生；(4)專業示範「教育人、有能人、厚德人、質感人、品味人」的專業風格（引自鄭崇趁，2013a，頁97-130）。

■ 二、系統思考的文化

「系統思考」是學習型組織理論的第五項修練，具有「重組創新」之意，我們要讀好書、做好事、表現事業的績效價值，都需要「系統思考」。系統思考的要領在「觀照全面→掌握關鍵→形優輔弱→實踐目標」（鄭崇趁，2012a，頁 241-254）。系統思考是一種習慣、一種能力、一種態度、一種理念，教師的系統思考好，他一定很善於教書，就很善於把他自己的知識或教材上的知識，遞送轉移到學生身上，成為學生可以操作的知識技能。因為系統思考能力強烈的教師，最能夠掌握教與學的關鍵，形優輔弱、順性揚才，帶給學生最大的學習價值。有系統思考的學生一定學習得最豐富，獲得最多知識，因為它能夠「博觀而約取，厚積而薄發」。師生系統思考的文化風格一旦形成，教育的績效價值必將突飛猛進。

系統思考的師生文化也是可以經營的，領導者可以創新經營下列事項，來孕育師生的系統思考文化：(1)運用系統思考策訂學校主題式教育計畫，並以系統結構呈現給幹部與教師了解；(2)激勵教師運用系統思考擬訂班級經營計畫及學科教學計畫，並系統思考檢核實施成效；(3)採行「系統思考教學法」，例如：在大學與研究所的課表，可以要求學生用「系統思考四步驟」來報告責任章節，並指定同學用「系統思考」要領進行評論與對話，教師再依系統思考的次要變項給予評分並講評；(4)示範出版具有「系統思考」的教育產品，並適度向幹部與教師解析知識脈絡的系統思考。

■ 三、順性揚才的文化

「順性揚才」比「適性育才」還要積極，且以學生為本位，更符合教育的本質。教師要順自己之性，揚卓越專長之才；教師要順學生之性，揚優勢亮點之才；教師要順幹部之性，揚經營取向之才；教師也要順學校之

性，揚特色品牌之才（鄭崇趁，2014a，頁 313-327）。學校順性揚才的師生文化一旦建立，教師有亮點、學生有亮點、幹部有亮點，整個學校也有亮點（特色），是一個亮點爭輝的教育新境界。

　　順性揚才文化的創新經營，領導者要掌握下列要領：(1)順學生之性最優先：學生是教育的主體，順性揚才須以學生為優先主軸，其次是教師，再其次是幹部，最後才是經營者自己；大家都能順性揚才，大家都是有效智慧資本；(2)順學生之「學習之性」最重要：激發學生運用最喜歡的、最有效的、最能產生團隊動能的學習方式，進行客製化學習，對學生的績效價值最大；(3)優勢專長明朗化是順性揚才文化的最高旨趣，師生的優勢專長同時在學校中展現，我們就可以欣賞到教育的繁星爭輝；(4)順性揚才也可界定每一個人自我實現的符合程度：個人的心願理想與現實成就「吻合適配」就是自我實現，順性揚才才能造就「吻合適配」的真正自我實現。

四、精緻卓越的文化

　　二十一世紀臺灣教育的核心價值是：人文、均等、適性、民主、創新、永續、精緻、卓越。用人體做隱喻：「人文」為頭是總指揮，均等、適性是雙腳，民主、創新、永續在軀體中是歷程變項，精緻、卓越在雙手是成果變項。臺灣二十一世紀的教育，以「人文」的思維引導，踏著「均等」、「適性」的腳步前進，關注「民主」、「創新」、「永續」的教育歷程，追求「精緻」、「卓越」的教育境界。體現「教人之所以為人」的樣態，如圖 1-10 所示。精緻且卓越的教育文化是教育人員的理想抱負，同時也是國人的共同願景，更是教育成果變項最高的核心價值。

　　精緻卓越文化的內涵，可以從下列指標觀察：(1)教育的人是精緻卓越的：師生的基本素養與核心能力都有精緻卓越的表現；(2)教育的事是精緻卓越的：校本課程、有效教學、班級經營、輔導學生都是精緻卓越的；(3)

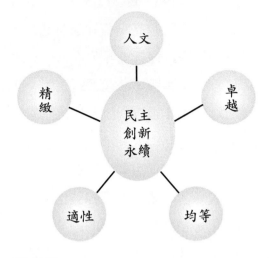

圖 1-10　二十一世紀臺灣教育的核心價值

資料來源：鄭崇趁（2011a，頁 5；2012b，頁 12）

教育的物也是精緻卓越的：教學設施、教材教具、實驗器材、圖儀數位都是精緻卓越的；(4)教育的時空律則也是精緻卓越的：環境資源整備、空間領導、教育時機、適性順性都是精緻卓越的。精緻卓越的文化是教育人員的尊嚴，也是創新領導最崇高的旨趣。

（本文原載於 2016 年，林新發主編之《教育領導》一書，國立臺北教育大學教育經營與管理學系出版）

第二章　教育產業的創新經營策略

壹、緒言：教育即創新、創新靠教育

「創新」是知識經濟時代的核心價值（Core Value），意謂著「創新知識」的經濟價值，已超越了過去土地、人口、設備、資本所能創造的經濟價值，最經典的代表有三：比爾蓋茲（Bill Gates）的「微軟世界」、賈伯斯（Steve Jobs）的「蘋果天下」，以及羅琳（J. K. Rowling）的《哈利波特》。他們創新知識及其產品，為全世界營造了豐碩的經濟價值，同時也更新了人類文化與文明的內涵。知識經濟時代的三巨頭，給教育產業的啟示是：「傳承創新知識→掌握方法技術→優化產品能力」，用最口語化的說法，應該是「教育即創新，創新靠教育」。

從知識、技術或能力為主體來看教育與創新的關係，可以發現：教育創新個人知識，教育創新課程教學，教育創新組織技術，教育創新經營模式。教育的對象是人，教育的歷程就是創新人的知識、技術及能力，教育即創新。企業界靠產品的創新來創造經濟價值，產品的優化能力來自組織裡頭人的「核心技術」，組織中「核心技術」的傳承與「知識觀念」的創發，要靠教育機制的深耕。教育歷程優化了人與組織「知識→技術→能力」的有效經營模式，創新當代數位及文創產品，改變了今日人類的生活，形成新文化。作者認為創新的發展，本身也靠教育。

Robbins 與 Coulter（2002）曾將創新界定為：「採用創意點子，將其移轉優化為有用的產品、服務或工作方法的過程。」吳清山（2004）將學校創新經營的要件定位在：新奇（novelty）、改變（change）、精緻（betterness），以及特色（difference）。林新發（2009）指導多位教育博士研

究生時，多將學校創新經營分類為：行政效能創新、課程教學創新、學校輔導創新、環境資源創新，以及學生表現創新。前述文獻對於教育產業創新經營的學術研究與實務運用，具有帶動發展與主流脈絡的影響作用。

　　創新經營的兩大問題為：「創新是什麼？」以及「如何產生創新的歷程？」。作者認為：創新是一種「賦予存在」（to-being）的歷程，也就是「新的東西」本來就存在於這宇宙之中，現在被我們「發現了」；所有「新的東西」本來就都已經存在，不是「無中生有」。任何「新知識」的發現或「新知識基模」的建構，本來就存在，這在哲學上的討論就叫做「知識先天論」。創新是一種「實→用→巧→妙→化」的歷程：「實」是指要先充實本業核心知識的基礎素養；「用」是指執行核心工作時，知識技能的整合程度，效果和效率愈佳者愈有用；「巧」是指知識運用的靈活彈性，呈現了綽有餘裕的景象；「妙」是指核心知識的素養與運用能力，已達到適配通達的境界，處處有美妙新穎的感受；「化」是指知識系統整合，創新知識。因此，創新是知識的連結或新的發現，「實」與「用」是基礎，「巧」與「妙」是中介催化要素，「化」則是水到渠成的新知識產品。「賦予存在」的創新歷程如第一章的圖 1-1 所示。

　　因此，作者從「知識先天論」及「實用巧妙化」的創新歷程，界定「創新的教育意涵」有五：創新是發現新的知識產品、創新是發現新的因果關係、創新是發現新的深層結構、創新是發現新的方法策略，以及創新是發現新的意義價值。據此五大意涵，教育經營者（領導者）可以經營帶動教育產業「目標價值」的創新、「人力資源」的創新，以及「運作方式」的創新來暢旺教育組織（產業）（引自鄭崇趁，2013a，頁 161-185）

貳、教育產業的八大創新經營策略

「傳承創新知識」→「掌握方法技術」→「優化產品能力」三者，對華人教育產業而言，最需要強化的是「掌握方法技術」。因為中國傳統的教育文化是「學不厭，教不倦」、「有教無類，因材施教」、「強調教育愛，不談執行力」，有點「只問耕耘，不問收穫」，這是華人社會教育產業尚未成為「輸出大國」的主要原因。「方法技術」的焦點即企業經營中的「經營策略」以及「實踐要領」，以下特別介紹八大創新經營策略，提供兩岸高教產業參照選用。

一、願景領導策略

在彼得聖吉（Peter M. Senge）的學習型組織理論發表後，引致歐美國家企業革命與組織再造，「建立共同願景」與「營造學習型社會（組織）」成為二十世紀末及二十一世紀當前最流行、最創新的經營策略。願景領導策略的操作經營技術在：「形塑願景」→「詮解願景」→「操作願景」→「行銷願景」。最新的作法已將「願景領導」及「價值領導」融合，組織同時揭示其本身的願景（Vision）、任務和宗旨（Mission），以及核心價值（Core Value）。以國立臺北教育大學研發處為例，作者任學校首任研發處長時，當時學校願景是「敦愛篤行，傳承創新，精緻大學」，研發處的任務是「計畫發展」、「研究創新」、「產學合作」，以及「國際視野」四者，作者即針對四大任務賦予深耕之核心價值：精緻、實用、擴能、前瞻，並請同仁用電腦繪製系統結構圖（如第一章的圖 1-5 所示），大圖輸出後，掛在研發處會議室的牆上，對於研發處同仁及來參加會議的校內外貴賓，得以適時進行「願景領導」及「價值領導」的宣傳。

二、組織學習策略

組織學習策略是運作「團隊學習」的方法，能計畫性帶動員工進入學習研發狀態，提升研發團隊，能夠持續為公司研發創新產品，優化產品能力。生產線技術部門則須即時學會「新產品」的知識及核心技術，有能力產製高功能、高品質，具有市場競爭力的產品，共同為公司創價。教育產業的基本型態（如學校、系所、班級），本身就是「團隊學習」，就是「組織學習策略」的運用。當前的組織學習策略重視「團隊動能」的誘發功能，例如：高等教育教師的「專業學習社群」，共同出版或研發教育產品著作；基礎教育教師的行動研究、行動團隊，研發性工作小組任務；碩博士生組成團隊，一起找指導教授，一起接受指導（meeting），形成一個「品管圈」，同時撰寫各自的學位論文。在中小學用「學習共同體」、「翻轉教室」等方法，都是激發「團隊動能」來強化「組織學習策略」。作者返回母校擔任專任教授至今已十五年，目前指導畢業的博士生超過二十名，碩士生超過一百八十名，績效價值明顯，實乃「組織學習策略」運用得宜所賜。

三、計畫管理策略

臺灣曾經實施十項建設計畫，幫助臺灣經濟起飛，造就了所謂的臺灣奇蹟。國家的經營可用實體的重大建設計畫帶動，教育產業中的學校及其組織運作單位也可以用「計畫管理策略」來有效拉抬辦學績效。以學校為例，配合校長任期，在規劃三至五年中長期發展計畫後，每年執行「十大主題式教育計畫（方案）」，就是最佳化的「計畫管理策略」。比學校規模大的教育行政主管機關，以推動全國性或區域性的鉅觀中長期計畫為主；比學校規模小的單位（如系所、處室的教育組織），則以實踐「主題式教

育計畫」並結合年度核心事務運作最為理想。「計畫管理策略」的推動與實施要注意下列三大條件的配合：(1)中長期發展計畫，要能夠實踐組織的願景（Vision）、任務和宗旨（Mission），以及核心價值（Core Value）；(2)主題式計畫本身的系統結構（目標、策略、項目關係縝密，能以圖或表呈現），以及優質的計畫技術；(3)計畫的策訂、頒布與實施符合多元參與和民主程序，幹部、教師與職工普遍認同，願意共同參與、實踐力行。

四、實踐篤行策略

實踐篤行策略強調「執行力」，要求教師與職工除了上下班按時出勤，教學辦事之外，該做完的事要如期完成，該教會學生的部分要真的「教會」學生。教師與職工本當把辦公、教學做好，更要完成教育目標，在學生身上創發教育價值，學生每日有所得，其學習力、知識力、藝能力、品格力逐日累增，健康成長，學習成績優異，沒有落後的孩子，社區家長看得見學校教育的競爭力，就是「實踐篤行策略」最佳「執行力」的展現。

實踐篤行策略的實施技術有下列三點值得關注：

1. 核心工作事項標準作業程序（S.O.P）的規劃與實踐：每個學校組織的核心事務至少要有五十至一百項的 S.O.P。用 S.O.P 的實踐來服務師生，提供最佳化的服務品質。

2. 定期檢核與持續改善機制：設定檢核、回饋、品保、改善機制，從歷程與結果實現組織任務與教育目標。

3. 結合「願景領導策略」及「計畫管理策略」：將新願景實踐與重點計畫實踐列為同仁「實踐篤行」之主要內涵，創新經營。

五、資源統整策略

將校內外教育資源串聯，才能辦好教育、優化學生的能力以及教育產

品的競爭力，已是不爭的事實。資源統整策略也是教育經營者創新經營的重點策略之一。資源統整策略主要運作下列三大焦點：「引進多元資源」、「統整資源效益」，以及「創新教育價值」。十年前的臺灣教育產業之經營重點在前兩個階段，現在臺灣教育產業之經營關注在後兩個階段。由作者長期擔任臺北市優質學校「資源統整」項目認證教授的觀察，臺北市學校教育的校內外資源頗為豐沛，「引進使用」已成為常態，倒是「統整」及「創價」則是「資源統整策略」的新議題。

　　「統整資源效益」並「創新教育價值」亦有「技術要領」可供參照：(1)系統思考，計畫引進；(2)本位經營，賦予任務；(3)定期培訓，方案實踐；(4)品保機制，價值永續。依此四大要領，定量引進適配資源，讓在地社區教育資源優先結合校內教師，共同提升教育品質，創新教育價值。運作方案任務導向、培訓資源、設定品保機制、適力經營，教育價值方能穩固永續。

■ 六、價值行銷策略

　　「價值行銷」是教育產業新近才關注的創新經營策略。臺灣的大學每年都聯合辦理「教育博覽會」一起擺攤，對高中生及其家長進行「價值行銷」，爭取學生選校就學。《天下雜誌》每年均以「系所特色」之評比為主題出版專刊，順勢提供各校「系所」價值行銷平臺，每年都創新「銷售數量」與「價值營收」。由於「少子化」、「市場化」、「商品化」及後現代社會價值「多元化」、「個殊化」、「能力化」、「技術化」衝擊著高等教育產業，教育單位的「經營價值行銷策略」愈為重要，也愈受關注。

　　價值行銷策略的具體作為，可參照下列作法：(1)願景價值行銷：行銷願景的核心價值、回應師生的需求與心願、行銷願景的階段任務與目標，以及行銷願景的教育價值；(2)計畫價值行銷：闡述說明計畫的時代價值、

計畫的校本價值、計畫的統整價值，以及計畫的潛在價值；(3)特色價值行銷：論述發展學校特色可以匯聚師生專長優勢，可以突破學校發展瓶頸，可以發展教育系統品牌，可以創新學校教育價值；(4)個殊價值行銷：師生自我實現價值、組織發展定位價值、學校邁向卓越價值，以及社區智慧資本價值（引自鄭崇趁，2012b，頁223-237）。

七、自我實現策略

馬斯洛（A. H. Maslow）的需求層次理論是大家耳熟能詳的經典理論，「自我實現」的需求是人類最高層次的需求，也是人之所以為「人」的尊嚴與價值所在。作者出版《校長學：成人旺校九論》一書（鄭崇趁，2013a）時，首次將「自我實現」及「智慧資本」列為教育產業經營的兩大策略：「自我實現策略」在成就人的尊嚴價值，「智慧資本論」在激發人的動能貢獻。「自我實現」的基本定義是個人的「理想心願」與「現實成就」吻合適配。人「生活」和「任職」在不同的系統與組織之中，教育人員的自我實現要同時探討個人的生命願景、教育志業及自我實現，也要探討組織（學校、處室、系所、班級、社群）之願景、任務（目標）及其核心價值。自我實現策略的操作要件如圖 2-1 所示。

自我實現策略的創新經營要領在：(1)推動個別化願景領導及本位經營；(2)策訂「階段性」的價值目標及實踐篤行；(3)系統思考動能規劃及責任績效；(4)力行「有質感」品味生活中自我實現。作者期待教育經營者能先自我實現（如當上校長，用自己的教育理念辦學），然後成就其幹部及教師的自我實現，再一起成就所有學生都能自我實現。

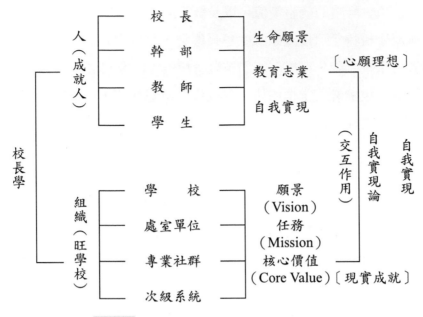

圖 2-1　自我實現論策略的操作要件

資料來源：修改自鄭崇趁（2013a，頁 21）

八、智慧資本策略

　　智慧資本原本係管理學「人力資源管理」常用的名詞，指的是企業體所擁有的「無形腦力資產」。無形的腦力資產是人力資源的一部分，是以管理學探討的智慧資本是以「人力×結構×關係」三者所產生願意為公司盡力的動能貢獻。每一個企業體的人員核心能力及領導風格（組織結構）與組織氣氛（人際關係）都不相同，所以能夠產出的有效智慧資本差異頗大。

　　教育產業談智慧資本的創新經營策略在掌握下列三大重點：(1)強化幹部、教師及學生的核心能力：師生的核心能力愈強，愈能夠為組織（學校）創價；(2)轉動智慧資本的軸心「價值認同」：有能力的師生，還要認同學校、認同教育政策、認同校長幹部領導理念，有認同才願意追隨、願意做、願意奉獻心力；(3)暢旺智慧資本的貢獻「實踐力行」：願意盡力帶好每位

學生、願意發展自編授課教材、願意參與競賽活動及標竿認證，以及願意系統管理智慧傳承。智慧資本策略的操作技術如第一章的圖 1-8 所示，操作重點在：「核心能力」、「價值認同」，以及「實踐力行」。從三大重點操作，教育經營者能將產業內的「靜態智慧資本」帶動轉化為「有效智慧資本」，對組織產生「動能貢獻」。

參、教育產業的創新經營之歌

　　作者近年致力於「經營教育之學」的研發工作，2012 年出版《教育經營學：六說、七略、八要》一書、2013 年出版《校長學：成人旺校九論》一書、2014 年出版《教師學：鐸聲五曲》一書，合稱為「經營教育三學」，為教育產業譜一曲創新經營之歌。前述的八大創新經營策略提列八條明確的「經營軌道」，為教育產業行動鋪軌，期待能夠「達教育育才之善」。就整體的「教育產業」知識系統而言，八大創新經營策略仍屬於相對「微觀」的知識系統，「經營策略」是「教育經營學」中的「方法技術」。經營教育三學則以更為鉅觀（整體）的視野，定位「教育產業經營系統知識」的「鉅觀知識」及其「微觀知識」新關係之系統結構。教育產業是可以創新經營的，經營教育之學來自於「教育學」與「管理學」長期對話交織的成果，是作者教學、研究、指導博碩士班學生論文，與教育首長、官員、學校校長、主任、教師長期交流探討後「知識基模系統重組」之心得。從鉅觀視角（組織主體）來看，經營教育之學就是「教育經營學」；從微觀視角（個人主體）來看，經營教育之學應包括「校長學」及「教師學」。因此，「教育經營學」是經營教育的經緯，「校長學」是經營教育的軸心，「教師學」則是經營教育的基點，三者合稱「經營教育三學」，其系統結構如圖 2-2 所示。

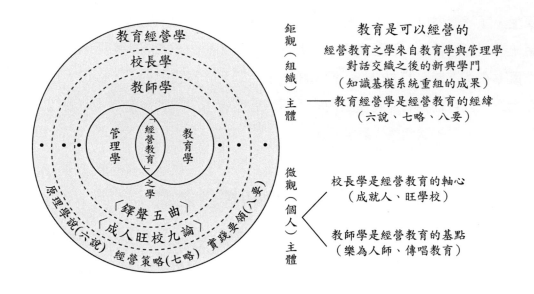

圖 2-2　「經營教育三學」的系統結構圖
資料來源：鄭崇趁（2014a，頁 2）

　　《教育經營學：六說、七略、八要》一書係為教育行政人員而寫，探討經營教育的三大核心系統知識：「原理學說」、「經營策略」，以及「實踐要領」。原理學說「尋根探源，立知識之真」，包括六個最重要的知識及其技術：價值說、能力說、理論說、實踐說、發展說，以及品質說。經營策略「行動鋪軌，達育才之善」，介紹七個當代卓越行政首長（及校長）最常用的七大策略（知識及其運作技術）：願景領導策略、組織學習策略、計畫管理策略、實踐篤行策略、資源統整策略、創新經營策略，以及價值行銷策略。實踐要領「著力焦點，臻教育之美」，介紹八個行政管理哲學的知識及其技術：系統思考、本位經營、賦權增能、知識管理、優勢學習、順性揚才、績效責任，以及圓融有度。教育經營學的「系統知識」及「技術」如圖 2-3 所示。

圖 2-3　　《教育經營學：六說、七略、八要》一書的架構

資料來源：鄭崇趁（2015a，頁 10）

　　《校長學：成人旺校九論》一書係為教育領導者而寫，主張校長當學「成就人」與「旺學校」，成就人是一種「己立立人，己達達人」的工夫，必須從四大「知識」脈絡及其「技術」努力經營，包括：「自我實現論：成就人的尊嚴價值」、「智慧資本論：激發人的動能貢獻」、「角色責任論：實踐人的時代使命」，以及「專業風格論：領航人的品味文化」。旺學校則是一種「著力焦點、暢旺校務」的作為，勢須從行政管理的五大核心歷程勤奮深耕，包括：「計畫經營論：帶動學校精緻發展」、「組織創新論：活化組織運作型態」、「領導服務論：創化專業示範模式」、「溝通價值論：深化多元參與脈絡」，以及「評鑑品質論：優化歷程績效品質」。《校長學：成人旺校九論》一書的理念系統如第一章的圖 1-2 所示。

學習成為「責任良師」的系統知識，稱為「教師學」。《教師學：鐸聲五曲》一書係為所有教師而寫，用「鐸聲五曲」歌頌教師，主要內容有五：首部曲「鐘鳴大地·人師」，敘述教師的生命願景與教育志業；二部曲「朝陽東昇·使命」，分析教師的核心價值與專業示範；三部曲「春風化雨·動能」，闡明教師的核心能力與智慧資本；四部曲「明月長空·品質」，探討教師的教育品質與績效責任；五部曲「繁星爭輝·風格」，詮釋教師的系統思考與順性揚才。「教師學」是經營教育的基點，與「校長學」（經營教育的軸心）、「教育經營學」（經營教育的經緯）構成「經營教育三學」，期待能為臺灣的教育經營與師資培育，開拓嶄新的方向。該書的二十章與五部曲之篇名關係如圖 2-4 所示。

肆、「知識→技術→能力」的創新經營（知識遞移）模式

經營教育三學建構「知識→技術→能力」的教育產業創新經營（知識遞移）模式。作者主張「核心知識」經由「核心技術」的學習與實踐，就可以成為教師、學生及教育人員的「核心能力」，是以格外重視「知識」本身的「核心技術」脈絡分析，賦予教育經營知識的系統結構，或其元素及形成知識（技術）的流程步驟，其化約的模式如圖 2-5 所示。

「知識遞移」係指教師能夠將其自身的知識或教材上的知識，有效遞送轉移到學生身上，變成學生能夠運用的知識。教師一輩子教育學生，都在從事「知識遞移」的工作，其使命與主要職能雖有不同的註解，例如：「有效教學」、「知識管理」、「知識螺旋」，或者「知識基模系統重組」，但從職業績效成果層面來說，就是「知識遞移」。當代教師辛勤教學，熱衷於教育工作，但學生並沒有獲得應有的教育競爭力，學習成果並不令人滿意，最

教師學：鐸聲五曲

導論：「教師學：鐸聲五曲」的知識脈絡分析

首部曲　鐘鳴大地・人師
第一章　教育初心〈志為人師的動念〉
第二章　師涯願景〈構築人師的抱負〉
第三章　教育志業〈彩繪人師的軌跡〉
第四章　鐘鳴大地〈實踐人師的定位〉
二部曲　朝陽東昇・使命
第五章　師道目標〈孕育新世紀責任良師〉
第六章　核心價值〈傳承新教育價值創新〉
第七章　實踐篤行〈實現新承諾專業示範〉
第八章　朝陽東昇〈造就新時代責任公民〉
三部曲　春風化雨・動能
第九章　核心能力〈優化人的知能素養〉
第十章　優勢學習〈創化人的專長脈絡〉
第十一章　智慧資本〈激發人的動能貢獻〉
第十二章　春風化雨〈深化人的責任績效〉
四部曲　明月長空・品質
第十三章　核心技術〈探究教育深層結構〉
第十四章　創新經營〈創發教育經營世代〉
第十五章　知識管理〈傳承教育技術能量〉
第十六章　明月長空〈示範教育品質標竿〉
五部曲　繁星爭輝・風格
第十七章　系統思考〈交互整合新人生〉
第十八章　順性揚才〈形優適配新希望〉
第十九章　圓融有度〈品味價值新文化〉
第二十章　繁星爭輝〈精緻卓越新風格〉

圖 2-4　《教師學：鐸聲五曲》一書的架構

資料來源：鄭崇趁（2014a，書名頁背面）

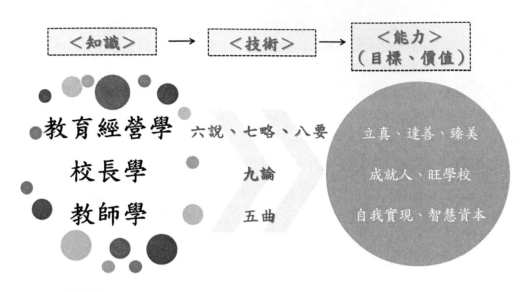

圖 2-5 「知識→技術→能力」的創新經營（知識遞移）模式

主要原因在於教師沒有真正掌握「知識遞移」的核心技術，沒有針對主題知識本身的「元素」、「形成步驟」及其「系統結構」進行解析及系統重組教學，是以「知識→技術→能力」沒有縝密串聯，學習績效成果自然有限。

知識是一種群組系統的組合，不同的知識元素組合成各種原理學說、理論理念，以及微觀與鉅觀的「知識基模」或「知識系統」，微觀知識通常是同系列鉅觀知識的「元素」或「零組件」，分析這些元素或零組件的銜接原理、流程步驟及其系統結構，就是知識本身的「核心技術」。教師若能針對自己的教學領域或學科，研發「知識遞移」的核心技術，實踐「知識→技術→能力」的教學模式，學生的知識學習力就會有加乘效果。

以培育中小學教師的知識遞移而言，責任良師的知識來自四大脈絡（系統）：「教師學的知識及其技術」、「教學原理方法的知識及其技術」、「學生身心發展的知識及其技術」，以及「領域（學科）主題的知識及其技術」，其系統結構如圖 2-6 所示。師資培育大學之教授必須研發授課教

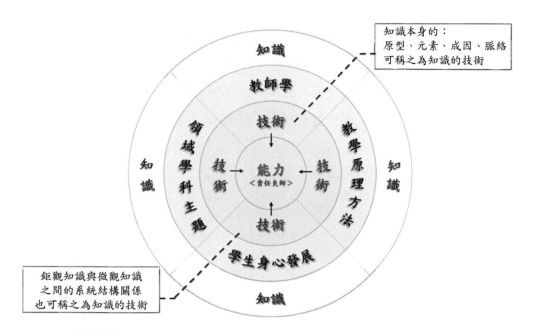

知識本身的：
原型、元素、成因、脈絡
可稱之為知識的技術

鉅觀知識與微觀知識
之間的系統結構關係
也可稱之為知識的技術

圖 2-6　師資培育系統「知識遞移」核心技術研發方案圖示

材，運作「知識→技術→能力」之經營模式，才能培育「知識技術兼備」，具有「知識遞移能力」的責任良師。

伍、結語：積極研發「知識遞移」的核心技術

本章從知識經濟時代的核心價值「創新」談起，認為「教育即創新，創新靠教育」。知識經濟時代的三大巨人對教育的啟示是「傳承創新知識→掌握方法技術→優化產品能力」，隱喻「知識、技術、能力」三者是創新產品（知識）價值最核心的元素。有鑑於華人社會的教育產業最需要「方法技術」的教育，本章介紹了八大「創新經營策略」，概要地說明此八大策略的「知識及操作技術（要領）」。

「創新」就是：定位「鉅觀知識」及其「微觀知識（技術）」新關係

的系統結構。作者主張，知識與知識串聯成大大小小的系統知識同時存在宇宙之中，系統知識本身都含有次級系統的技術成分。這些含技術成分的知識，是可操作的知識，掌握知識的原型、元素、成因、脈絡，即可操作知識中的技術。因此，以「經營教育三學」來詮釋「知識→技術→能力」的創新經營（知識遞移）模式，並建議積極研發「師資教育」四大知識脈絡系統「知識遞移」的核心技術。掌握知識及產品的核心技術，才能掌握教育產業創新經營的命脈。

（本文原發表於 2015 年，第 11 屆海峽兩岸臺粵高等教育論壇，華廈教育基金會主辦）

第三章　校長領導的創新經營：
領導服務論的意涵及實踐

壹、緒言：當創新遇到領導

　　知識經濟時代的核心價值是「創新」，但校長的領導也需要創新嗎？或者教育領導研究者以及當前的教育領導者，就應該推動「創新領導」嗎？2012 年，兩岸三地校長學學術研討會的主題是「教學視導與學生學習」，2013 年則是「教學領導」，這種主題焦點的遞移，似乎也代表著一種創新經營的時代意涵。因為 2012 年作者已在研討會上發表〈從教學領導探討校長角色職責的發展脈絡〉一文（鄭崇趁，2012a，頁 177-189），論述「校長教學領導實踐的十二項角色行為」，已能充分回應該次研討主題需求。2013 年的研討會，再以更加鉅觀的視角，探討「創新經營的時代」中校長領導面對的衝擊與變化，作者也在《校長學：成人旺校九論》（鄭崇趁，2013a）一書中的第七章「領導服務論〈創化專業示範模式〉」做適度的註解與行銷，而決定了本章的章名「校長領導的創新經營：領導服務論的意涵及實踐」，希望對「校長學」的持續研發有所貢獻。

貳、創新的教育意涵及其對領導學的啟示

　　Robbins 與 Coulter（2002）曾將創新界定為：「採用創意點子，將其轉化為有用的產品、服務或工作方法之過程」，並指出刺激組織的創新因素包括：結構因素（有機組織，環狀溝通）、文化因素（組織氣氛自由包容，有利創新），以及人力資源變項（核心能力與認同承諾程度）。吳清

山（2004）將學校創新經營的要件定位在：新奇（novelty）、改變（change）、精緻（betterness），以及特色（difference），並且指出學校創新經營策略建立在六大理念的交織：前瞻思維、開放多元、品質卓越、持續改進、容忍錯誤、發展特色。林新發（2009）指導多位教育博士研究生時，多將學校創新經營分類為：行政效能創新、課程教學創新、學校輔導創新、環境資源創新，以及學生表現創新五大項。前述文獻對於國內教育組織創新經營的學術研究與實務應用，具有帶動發展與主流脈絡的影響作用。

創新經營理論探討兩大問題：「創新是什麼？」以及「如何產生創新的歷程？」。作者（鄭崇趁，2012b，頁 64-65）認為：創新是一種「賦予存在」（to-being）的歷程，也就是「新的東西」本來就存在在這宇宙之中，現在被我們「發現了」；所有「新的東西」本來就都已經存在，不是「無中生有」。任何「新知識」的發現或「新知識基模」的建構，本來就存在，這在哲學上的討論就叫做「知識先天論」。創新是一種「實→用→巧→妙→化」的歷程，其內涵可見第二章的說明（第 32 頁）。

從「知識先天論」以及「實用巧妙化」歷程，探討創新的教育意涵，包含下列五大意涵：(1)創新是發現新的知識產品：這些知識產品包含新的教科書、文章著作、教學媒材、影音資料等；(2)創新是發現新的因果關係：如當代的電腦與手機，把人類生活的「零組件」及「獨立技術」做了新的連結，創造新的因果關係；(3)創新是發現新的深層結構：如教學經驗豐富的資深教師或教授，他們的教學研究實務能夠充分結合理論、理念的深層結構，會有較高效率的表現；(4)創新是發現新的方法策略：如「新計畫方案」的策訂與實施，「新課程教學」內容的調整改變；(5)創新是發現新的意義價值：任何的知識（尤其是理論）都具有時代價值性（何時最適用），每一個時代的知識作者，都在探討其當代最具實用價值的知識，有所發現

或貢獻就是創新（鄭崇趁，2013a）。

前述創新的教育意涵，對於領導學的啟示有下列五大跡象：領導者需要適度地創新人與組織的目標價值、領導者需要有效地連結人與組織的關係、領導者需要發現教育事務的深層結構、領導者需要新方法帶動組織內的人力動能，以及領導者需要帶動學校同仁產出新的教育產品。概要說明如下。

一、領導者需要適度地創新人與組織的目標價值

創新是發現新的意義價值，當領導與創新相遇，首要的啟示是：校長需要適度地創新學校中的人（教師、學生）及學校本身（組織）的目標價值。人的最大價值在人人充分自我實現，人人都是學校中有效的智慧資本，而組織（學校）的最大價值在倡旺校務，全面提升教育品質，實現學校教育目標。人與組織的目標價值需要教育領導者（首長、校長）不斷地詮釋新意，並「賦予存在」。

二、領導者需要有效地連結人與組織的關係

創新是發現新的因果關係，當領導與創新相遇，第二個啟示是：校長需要有效地連結學校教師與職工以及學校組織運作的關係。學校是學生、教師、職工、幹部組成的專業群組系統，人與組織關係縝密，個人願景目標與學校願景目標一致，學校才能蓄勢發展，提高教育競爭力。校長領導需持續更新並強化兩者之間的縝密關係。

三、領導者需要發現教育事務的深層結構

創新是發現新的深層結構，當領導與創新相遇，第三個啟示是：校長領導學校教育發展，需要發現教育事務的深層結構。教育工作是「人教人」

的專業事業，教育事務的深層結構有下列三大意涵：(1)指教育的理論、理念與原理原則，教育實務能夠與理論結合，就是深層結構；(2)指教育組織的組織文化，學校教師與教師之間能夠交互作用、整合發展、積極活力、和諧共榮，就是具有優質發展的深層結構；(3)指教育績效的系統思考或關鍵因素，教育組織是不同的人與不同的職務組合群體，每個學校都不一樣，能夠實質影響教育績效的關鍵因素，通常就是深層結構。校長要領導學校專業群組的實質發展，需要發現並靈活運用教育事務的三大深層結構。

四、領導者需要新方法帶動組織內的人力動能

創新是發現新的方法策略，當領導與創新相遇，第四個啟示是：校長領導需要運用新的「經營策略」及「實踐要領」，帶動學校教師及學生產生動能貢獻，成為學校、社會、國家之有效智慧資本。校長經營學校，要針對學校的客觀需求（SWOT 分析結果）以及主觀價值（教師個別化願景的系統思考），運作最大價值的經營策略（如七略中的計畫管理策略及組織學習策略），選擇最合用的實踐要領（如八要中的本位經營與績效責任）（請參閱鄭崇趁，2012b），能夠實際帶動學校人力動能貢獻的方法策略，就是創新的方法策略。

五、領導者需要帶動學校同仁產出新的教育產品

創新就是發現新的知識產品，當領導與創新相遇，第五個啟示是：校長領導需要持續激勵學校幹部及教師，產出新的教育產品。新的教育產品代表學校同仁之核心知識、核心能力與核心技術的發展與水準，有愈多元而豐富的教育產品，就愈能創新教育，愈能帶動教育的進步與發展。

參、教育領導的特質與領導服務論

一、領導學的發展及教育領導的特質

領導學的研究，在臺灣多由教育行政學者研究探討，因為教育行政學亦將「領導」列為教育行政的核心歷程之一。黃昆輝（1986）、羅虞村（1986）、謝文全（2004）、蔡培村、武文瑛（2004）、秦夢群（2010），以及林新發（2011）等學者，有較為顯著的貢獻。綜合這些學者的觀點，領導學的研究大致分為四個時期：1930 年以前為特質論時期；1930 至 1960 年為行為論時期；1960～2000 年前後為情境論時期；2000 年以後則為新興領導理論時期。

在特質論時期中，Stogdill（1974）曾探討 1904～1947 年完成的有關領導者特質的研究，將領導者的特性歸納為五大類：能力（ability）、成就（achievement）、責任（responsibility）、參與（participation），以及地位（status）（引自謝文全，2004）。

在行為論時期中，以美國俄亥俄州立大學發展的「領導者行為描述問卷」（Leader Behavior Description Questionnaire, LBDQ）為經典代表，其將領導者的領導行為分為兩大類：「關懷行為」（consideration behavior）和「倡導行為」（initiation of structure）。關懷行為指重視部屬工作、滿意度、人際關係、雙向溝通，以及心理需求面向；倡導行為則關切組織及個人的工作績效、目標的達成，以及效能和效率的追求。強調「高倡導、高關懷」是領導行為的最高藝術，然而在教育領域的學校情境中僅有少數領導者能夠做到。

情境論時期的領導理論頗為精彩，內容分為「單層面領導行為」（例如：將領導分為獨裁式、放任式及民主式三種單一領導行為型態）、「雙

層面領導行為」〔例如：Fiedler 將領導行為分為工作導向（task-oriented）、關係導向（human-relation oriented），兩層面行為同時存在〕，以及「三層面領導行為」（例如：Reddin 在工作導向及關係導向之外，再加上效能導向，成為三層面行為同時存在；Hersey 與 Blanchard 在工作導向及關係導向之外，再加上部屬的成熟度，也成為三層面同時存在的領導行為）。情境領導的核心論點強調，高明的領導者會以情境的最需要與最大價值採行不同的領導方式，例如：民主式或放任式；關係導向 30%，工作導向 70%；三層面的不同比重等。此外，進行「順應情境→掌握情境→發展情境→創新情境」的不同階段採取不一樣的領導行為，其中 Fiedler 的權變領導及 Burns 的轉型領導最為著名。

新興領導時期的理論則從僕人（服務）領導（servant leadership）及轉型領導開始，有「主題式領導行為」的名詞出現，並且逐漸結合校長的職能需求，例如：道德領導、變革領導、價值領導、知識領導、課程領導、教學領導、學習領導、創意領導、正向領導、空間領導、延續領導等。這些新興主題式領導理論有如百花齊放、多采多姿，活化學校領導的策略與方法，也使教育領導者容易掌握核心論點及操作行為。新興領導理論能夠在教育領域逐漸流行，被研究與運用，與其能夠回應教育領導之特質有關。

校長學必須探討校長領導，分析校長領導學校組織及其教師與職工（人）的知識脈絡，校長領導行為表現奠基於「教育組織」的特質及「教育領導」的特質。作者出版的《校長學：成人旺校九論》（鄭崇趁，2013a）一書，對於教育組織的特質及教育領導的特質均有論述與分析，配合本章的需要，摘述其大要與簡要說明如下。

教育組織的特質有五：(1)人教人的群組系統；(2)非營利事業單位；(3)專業示範的實踐歷程；(4)核心價值及知識技能的傳承場域；(5)百業興隆的上游工廠。校長的教育領導行為，也具有下列五大特質：(1)具備教育的專

業素養與核心能力：四大基本素養（專業力、整合力、執行力、創發力）及八大核心能力（教育專業、關愛助人、統整判斷、計畫管理、實踐篤行、溝通協調、應變危機，以及研究發展的能力）；(2)了解教育組織機制與核心技術：六大組織系統（行政組織、課程教學、計畫活動、輔助學生、群組學習、資源整合）及教育的核心技術（課程設計、班級經營、有效教學、輔導學生）；(3)掌握學校發展脈絡及師生需求：運用SWOT分析、行動研究、焦點團體等方法，掌握人與組織需求，每年策定十大教育計畫，回應滿足學校師生需求；(4)善用學校師生專長優勢：順性揚才，點亮師生亮點，形優輔弱，邁向普遍卓越，人人有亮點，充分自我實現，個個有貢獻，大家都是有效智慧資本；(5)形塑教育核心價值與願景領導：實施願景領導策略，運用願景（Vision）、任務（Mission）、核心價值（Core Value）的註解，行銷願景目標及核心價值，凝聚學校同仁的向心力與經營方向，實質提升教育品質與競爭力（鄭崇趁，2013a，頁195-197）。

二、領導服務論的意涵

　　作者出版的《校長學：成人旺校九論》一書（鄭崇趁，2013a）第七章，章名採用「領導服務論」，係基於三大「系統視角」考量後的定名，此三大視角為「校長學」、「教育領導」與「經營歷程」。作者將校長學界定為「成就人」與「旺學校」的經營教育之學：成就人在「己立立人，己達達人」，也就是校長在經營學校中，要先成就自己，再成就幹部，之後再成就所有教師與職工，更要成就所有學生。成就人的工夫，展現在「自我實現論：成就人的尊嚴價值」，展現在「智慧資本論：激發人的動能貢獻」，展現在「角色責任論：實踐人的時代使命」，也展現在「專業風格論：領航人的品味文化」，此四論從心理學（自我實現）、管理學（智慧資本）、社會學（角色責任）、文化學（專業風格）與「人」最攸關的主

題，分析探討校長可行的經營作為與要領，合組成「立己達人篇」。

旺學校在著力經營校務的五大核心歷程：計畫、組織、領導、溝通，以及評鑑。每一核心歷程賦予焦點核心價值（Core Value）以及目標任務為副標，以期能夠深耕經營，倡旺校務。著力在「計畫經營論：帶動學校精緻發展」，著力在「組織創新論：活化組織運作型態」，著力在「領導服務論：創化專業示範模式」，著力在「溝通價值論：深化多元參與脈絡」，著力在「評鑑品質論：優化歷程績效品質」，此五論合稱倡旺校務篇。《校長學：成人旺校九論》一書之理念系統如第一章的圖 1-2 所示，其架構如圖 3-1 所示。

校長學：成人旺校九論

· 教育經營學：六說、七略、八要的運用

立己達人篇（成就人）
第一章　自我實現論（成就人的尊嚴價值）
第二章　智慧資本論（激發人的動能貢獻）
第三章　角色責任論（實踐人的時代使命）
第四章　專業風格論（領航人的品味文化）
暢旺校務篇（旺學校）
第五章　計畫經營論（帶動學校精緻發展）
第六章　組織創新論（活化組織運作型態）
第七章　領導服務論（創化專業示範模式）
第八章　溝通價值論（深化多元參與脈絡）
第九章　評鑑品質論（優化歷程績效品質）

圖 3-1　《校長學：成人旺校九論》一書的架構

資料來源：鄭崇趁（2013a，書名頁背面）

　　從「校長學」的系統視角，第七章使用「領導服務論」有四大理由：
(1)校長學是探討「人」與「組織」的有效運作模式，需要校長專業示範的
領導，專業示範的領導模式有帶頭服務的意涵；(2)專業示範的領導服務運
作時，需要領導者本身的系統思考及實踐篤行，並以服務大家的方式，帶
領大家完成教育產品，是一種先領導、再服務的歷程；(3)校長在領導學校
中的人（自己、幹部、教師、學生）服務學校中的教育事務，實現教育目
標，「校長學」的精神是「成就人、旺學校」，最精要而化約的內涵是「領
導服務論：創化專業示範模式」（領導大家服務學校）；(4)校長學是微觀
（以人為主體）的經營教育之學，也是《教育經營學：六說、七略、八要》
（鄭崇趁，2012b）一書專業實踐的運用，其主要的服務對象是學校幹部、
教師與職工，校長要領導轉動教師的「價值認同」、「承諾力行」，願意
帶好每位學生，共同深耕教育本業，成為有效智慧資本，是一種「有技術」
且「高智慧」的「領導服務論」。

　　從「教育領導」的系統視角，「領導」與「服務」交織來論述校長領
導行為的應然表現，理由有四：(1)「服務」已成為當代人類通用的核心價
值（Core Value）之一，政府官員及各行業專業領導者，都強調為人民服
務，學校領導者也應當示範實踐服務的核心價值；(2)受到「服務領導」〔僕
人領導（servant leadership）〕理念與研究的影響；(3)「系統思考」與「專
業示範」是從領導行為到服務行為之間，具有銜接作用的核心能力與核心
技術，是社會大眾對校長最深層的「角色期望」；(4)當代的新興領導理念，
例如：「轉型領導」、「正向領導」、「向上領導」、「知識領導」、「教
學領導」、「圓通的領導」等，綜合在校長本身的專業行為表現（實踐篤
行訴求），最適合稱之為「領導服務論」。

　　從「經營歷程」的系統視角，校長必須經營學校中之「人」的系統以
及「事」的系統。學校中的人與事交織成六個次級系統：「行政效能」、

「課程發展」、「師資教學」、「輔導學生」、「環境設施」，以及「資源整合」（以宜蘭縣國民中小學校務評鑑模式為例）（鄭崇趁，2006a），這六個次級系統都需要「計畫、組織、領導、溝通、評鑑」的經營歷程，三個主軸的系統交會，呈現了「做事」、「人際」、「職務」、「領導」、「能力」、「意願」、「層級」的交互作用，整合發展。這種多元群組系統的領導行為，更需要個別化、專業化、系統化、價值化、績效化，以及服務化的著力經營，作者統整考量其需求，名之為「領導服務論」似乎頗為貼切，且可以彰顯下列訴求：(1)校長領導就是專業示範的服務；(2)校長領導就是觸發各專業群組發揮功能的服務；(3)校長領導就是引導處室（單位）本位經營與績效責任的服務；(4)校長領導就是為學校選擇最有價值「經營策略」及「實踐要領」的專業服務；(5)校長領導就是激發學校中每一個人充分自我實現及成為有效智慧資本的服務歷程，同時也是優化組織文化、倡旺學校的服務歷程；(6)校長領導就是創新「經營歷程」的專業服務。

因此，「領導服務論」的定義是：校長經營學校時，藉由領導學的理論、原理原則，整合校長自己的教育理念與辦學主張，為學校選擇最有價值的「經營策略」與「實踐要領」之專業領導服務行為，此一專業領導服務行為也是一種「成就人」與「旺學校」創新「經營歷程」的專業服務。

肆、領導服務論的實踐要領

「領導服務論」與「服務領導」仍有不同，服務領導的原文是 servant leadership，原本應翻譯成僕人領導，最經典的代表人物為 R. K. Greenleaf（1904-1990），由輔仁大學教育領導與發展研究所師生引進臺灣，並進行一系列本土化研究。其基本主張是：服務領導者首先必須是服務他人的僕人，仍有僕人的意味，強調先服務，再領導。作者的主張是：領導者要為

組織同仁，提供「專業示範」、「系統思考」、「創新經營」及「實踐篤行」的標竿楷模，帶動組織行為積極發展，是一種服務，是一種領導服務，先領導再講究服務內涵與品質，而不只是僕人導向的服務領導。

《校長學：成人旺校九論》一書的第七章「領導服務論〈創化專業示範模式〉」（鄭崇趁，2013a）關於「領導服務論的實踐要領」，分三節分析：「專業示範的領導服務」、「系統思考的領導服務」，以及「實踐篤行的領導服務」，共十七項經營要點。作者重組其主要內容，分兩部分摘介如下。

一、系統思考與專業示範的領導服務

系統思考與專業示範是校長領導服務的兩大特質：「系統思考」經營學校，才能整合學校鉅觀與微觀的共同需求，掌握關鍵，形優輔弱；「專業示範」核心技術，可以確保學校經營（辦學）主軸，回歸教育本業，深耕帶好每位學生。系統思考的領導服務以「系統思考的教育決策」、「系統思考的經營策略」、「系統思考的行動方案」，以及「系統思考的績效責任」最為重要。專業示範的領導服務，則以「示範會議主持技巧」、「示範校本課程設計」、「示範有效群組學習」，以及「示範發表研究成果」較為經典。

（一）系統思考的教育決策

校長的領導服務，首要在為學校做妥適的教育決策，例如：主持會議、批示公文、指導幹部、交辦事項、處理危機問題，這些都是一種廣義的教育決策。教育決策的品質與績效部分的因素，決定在校長本身是否具有系統思考的能力、態度與觀念，愈有系統思考的教育決策，愈符合學校當下的需要，就愈能為學校的經營帶來最大教育價值。系統思考的教育決策來

自價值選擇優先次序的考量，例如：五項修練的順序，校長進行領導服務時得參照採行下列作為：(1)幫助教師進入學習狀態最優先，有學習就能自我超越，有利於教育品質之提升；(2)激勵教師分組團隊學習，建立共同目標願景，一邊學習一邊完成作品；(3)分析學校課程目標及教育目標，並設法分配商請各學習社群或處室幹部認養，在學習中執行校務；(4)配合主題式方案計畫的推動執行，形優輔弱，運作學習共同體，逐次完成計畫任務；(5)系統整合個人及組織目標，兩者一致，促使教師與職工個人的生命願景及教育志業在學校中實現，同時也實踐學校的教育目標。

（二）示範會議主持技巧

校長約有三分之一至五分之一的時間在主持學校各種會議，主持各種大大小小的會議是校長的法定職權，同時也是經營學校校務的核心任務。作者認為，校長要能善用會議主持時，專業示範會議技巧，領導服務同仁，提升開會品質與效率，運用會議領導來進行有效溝通，運用會議領導來經營學校發展。以下六個技巧的示範運用最為重要：(1)準時開會、準時結束：每週召開的會以一小時為限，每月召開或各種委員會以一至二小時為限，準時開會、準時結束，參與者不致於被會議綁住；(2)論述目的及核心價值：開會之始的主席致詞，要用一至三分鐘，說明本次會議的目的及議案核心價值，引導同仁掌握議程，聚焦發言方案與內涵；(3)規範民主討論程序：充分討論同時，避免會議為少數朋黨把持；(4)適時介入、統合成果：任何議案均請提案單位預擬具體建議方案，針對建議的可行性與更好的方案進行發言討論；(5)具有爭議或需長遠規劃的問題或議題，應指定責任幹部或具有專長的教師，以類似行動研究之專案報告方式在會中報告，聽取大家的意見後，再做必要決定或「處理程序」（此也是決定的一種）；(6)規劃整併各種委員會，聯合召開，盡量縮減開會次數。

（三）系統思考的經營策略

　　教育是可以經營的，教育人員都可以依據「原理學說」，參照學校組織運作之發展及需要，選擇「經營策略」及「實踐要領」，有效經營學校，帶動各層面的校務發展。校長的領導服務職能之一，在為學校選擇整體學校的「經營策略」與「實踐要領」，要融合「SWOT分析」及「策略分析」技術，強化下列之領導服務作為：(1)教學七略：經營策略的意涵、價值與操作事項，需要適度的教與學，幹部、教師與職工可透過各種型態在職進修，學習七大經營策略；(2)連結核心技術：教育的核心技術在課程設計、班級經營、有效教學、輔導學生，七大經營策略對於學校教育核心技術的連結與經營進行個別的分析，尋繹脈絡；(3)連結共同需求：學校的教師、學生、幹部、家長皆有個別需求及心願，哪一種策略能夠連結需求最多，最值得採行實踐；(4)討論策訂經營策略：校長與核心幹部必須適時討論策訂三至四個經營策略，可以直接使用七略中的名稱，也可以自訂經營策略名稱，例如：本位經營策略、知識管理策略、定期溝通策略、同儕輔導策略、目標管理策略、回饋省思策略等。

（四）示範校本課程設計

　　學校教育的核心技術，以課程教學為主軸，是以部分學者主張校長主持校務，要兼顧行政領導、課程領導、教學領導，以及學習領導。專業示範學校本位課程設計、特色課程發展，以及教師主題教學教案的研發，已成為校長領導服務之焦點課題。校長之經營要領得參照下列步驟與流程：(1)確定學校總體課程願景與核心價值：要能充分回應學校的願景（Vision）、任務（Mission），以及核心價值（Core Value），避免教師同仁有兩套標準的感覺；(2)主持課程發展委員會，協助各領域小組發展領域（學科）學生應備之核心能力；(3)各領域（學科）應備核心能力要參照課程綱

要及本校在地資源（教師專長及社區文物生態），分析選擇本校得以研發的優勢主題名稱；(4)串聯各領域（學科）研發之優勢主題名稱，再結合學校既有文化傳承，創新為校本課程系列主題，並賦予共同名稱，如閱讀教育、生態教育、海洋教育、社團教育、多元智能教育、順性揚才教育等；(5)責由各領域小組召集人結合專長教師針對各領域（學科）系列主題，編撰完備主題教學教案，發展學校本位課程產品，實踐課程統整。

（五）系統思考的行動方案

學校的行政單位、班級排課、領域學科都是教師與學生共同組成的「群組系統」，學校要辦好各項教育工作，多以「行動方案」或「主題計畫」來啟動核心的群組資源，優化教育的品質與績效。因此，持續推動「系統思考的行動方案」是領導服務的焦點，其經營要領得參照下列作為：(1)一處一計畫：重要行政事務分由各主管權責單位，策訂一個主題式計畫方案，精緻而周延地執行處室主要業務；(2)一系（領域）一方案：大學中的系所、中小學中的領域課程各發展一個特色方案，結合師資專長優勢，經營教育亮點；(3)選定年度十大計畫方案：依學校當前最需要，每年選定十大計畫方案，列管執行；十大計畫方案包括學校主軸的計畫二至三案（如中長程校務發展計畫、特色學校經營計畫）、處室課程主軸的計畫方案四至六案，以及教師群組主軸的方案設計二至三案；(4)方案計畫的實踐篤行：定期匯報十大計畫及單位計畫執行績效成果，調配計畫方案間的資源流動與交互整合，貫徹實現方案目標；(5)系統思考方案的優先順序：哪些工作成為主題的方案設計，是系統思考的第一步，重要而核心的事務才有行動方案計畫之價值。哪些方案應該先做，哪些後做，哪些得以併同執行，是系統思考的第二步，唯有對的、精準的邏輯順序，才會為學校帶來更高的教育價值與實質競爭力。

（六）示範有效群組學習

　　教師的專業社群、行動團隊、行動研究、任務小組都是一種群組學習，以學生學習為主體的學習共同體，分組學習系統，更是一種群組學習，都需要校長專業示範的領導服務。前述「系統思考的行動方案」已對教師層面的經營提供建議，茲針對學生層面的有效群組學習，提列下列五點建議：(1)學生編組以三至六人為一群組最佳；(2)將單元教材的核心知識改編成學習討論主題；(3)教給學生「團體動力學」的基本原理與素養態度，例如：自我坦露、服務助人、共鳴性了解與助長作用、自我成長；(4)賦予單元學習的任務目標，並激勵服務助人行為，要求群組成員都要達成學習目標；(5)教師適時協助團體討論運作困難之群組，並以尾端管控，確認每一位學生的學習成果。

（七）系統思考的績效責任

　　教育組織是人教人的專業工作，無法靠「產品品質」與「實質產量」做為績效責任之依據。教育專業的績效責任，要能兼重 C（context）、I（input）、P（process）、P（product）模式的系統思考，從背景、輸入、執行、產出的完整教育歷程，賦予教師同仁系統的績效責任。以下的經營要領得以參照：(1)明確分工：職務編配系統化：讓每位教師與職工都清楚自己工作任務及完成標準，也做為日後績效考評的參照基準；(2)承擔責任：工作任務責任制：賦予責任績效，維護基本教育品質，激勵優秀教師擴能表現；(3)績效評鑑：成果考評標準化：使用「標準作業程序」（S.O.P）、滿意度調查，以及自主檢討報告，明確登錄效能與效率；(4)獎勵績優：薪資待遇績效制：給予超越標準績效的教師同仁，有等值的尊榮，激勵持續深耕奉獻；(5)負責到底：責任承擔法制化：定期評鑑為法定責任負責到底，績效未達法定標準者薪資不得晉級，並須參與進修研究，補強核心能力與

經營教育事業要領（鄭崇趁，2012b，頁335-340）。

（八）示範發表研究成果

　　大學教授需要深耕研究、創新教學；中小學教師也需要研究，創新主題教學教案，教學、研究、輔導、服務四者，皆是所有專任教師最重要的職能。校長領導服務學校，要專業示範這四項職能的實踐，而最直接的方法是適時公開發表自己的研究成果，向全體教師分享自己撰寫而被刊登出來的文章，分享自己出版的書籍，分享直接參與的行動研究成果，分享自己教授學生的教材或教案。校長示範發表研究成果，在學校經營上可以帶動下列幾項正向發展：(1)了解校長辦學理念：校長多元發表研究成果，學校教師與職工方能直接了解校長之辦學理念，同軌配合；(2)楷模標竿：校長肯發表研究成果，代表校長努力深耕校務，並有具體產品產出，是教育人員的楷模標竿；(3)重視實踐力行：公開發表研究成果，代表校長的作品禁得起考驗，是實踐力行的領導者，是以專業示範服務大家的領航者；(4)有效知識管理：知識經濟時代的學校經營，學校需要核心技術的知識管理，教師個人也需要自主的知識管理；公開發表文章、著作、書籍就是最佳的知識管理，全校教師與職工適度跟進，學校總體的知識能量與教育效能最能攀上高峰。

二、創新經營與實踐篤行的領導服務

　　除了「系統思考」與「專業示範」兩大特質之外，領導服務論尚有「創新經營」及「實踐篤行」的特質。創新經營的領導服務是指結合時代脈絡，提供學校師生嶄新的領導作為，示範時代訴求的專業服務；實踐篤行的領導服務是指校長的領導行為結合執行力的發揮，在服務學校的同時，能夠帶領教師及時產出「符合質量標準」以上的教育產品（含學生及教育媒

材），也能夠實現組織（學校）的教育目標。創新經營與實踐篤行兩大特質融合，校長的領導服務具有五大趨勢：價值領導、經營領導、學習領導、方案領導，以及特色領導。茲以「創新經營」的意涵描述其領導服務的「觀念」與「訴求」，並以「實踐篤行」的作為，論述其領導服務的「運作實務」，說明如下。

（一）價值領導

　　校長的領導服務採行「價值領導」，是二十一世紀教育經營的重要趨勢。推動教育政策與學校措施，賦予「核心價值」的註解，最能說服同仁的認同與實踐。校長更須運用願景（Vision）、任務目標（Mission），以及核心價值（Core Value）的形塑，凝聚教師向心力，共同經營教育，深耕校務。價值領導的實踐要領，以下列幾項較為重要：(1)價值論述：校長在主持會議或慶典致詞，公開的場所講話，都要論述此一事務的核心價值，讓價值取向的教育從師生內在底層被喚醒；(2)價值研究：校長可親自帶領或責由幹部，成立行動團隊進行行動研究、焦點團體會議，研究本校教育當下以及未來的（發展的）核心價值；(3)價值分享：布建分享平臺，讓教師與職工均有發表其內隱核心價值之機會，將核心價值外顯化，有利於學校凝聚組織共識；(4)價值實踐：激勵教師將核心價值落實在教學主題及各種教育活動，使學校的核心價值獲得具體實踐；(5)價值傳承：學校每一階段強調過的核心價值，都是珍貴的教育智慧，均應由校長、幹部及每一位教師進行智慧管理，傳承創新價值領導。

（二）經營領導

　　「校長學」及「教師學」是微觀（以人為主體）的「經營教育」之學，「教育經營學」是鉅觀（以組織為主體）的「經營教育」之學，三者交互為用，才能領導「人」與「組織」的融合發展，才能真正拓展學校的效能

與效率。校長領導關照整體的「經營教育三學」，稱之為經營領導。作者認為，「經營領導」將跟隨著「價值領導」，成為校長領導服務的第二個發展趨勢。經營領導的實踐篤行，得參照《教育經營學：六說、七略、八要》一書的系統結構，針對自己學校的背景需求與發展層次，各採行二至三個原理學說、二至三個經營策略、三至四個實踐要領，依循章節標題提示，實際操作，實踐篤行，半年至一年即會有明顯效果。「原理學說（六說）」，尋根探源，立經營知識之真；「經營策略（七略）」，行動鋪軌，達經營育才之善；「實踐要領（八要）」，著力焦點，臻經營教育之美。「六說、七略、八要」開啟了校長學「經營領導」的新世代。

（三）學習領導

校長的領導服務隨著教育世代的發展，會有焦點遞移的現象。1980 年以前多以「鉅觀」視角看校長領導，「教育視導」與「教育領導」常被混用來詮釋校長的領導職能。二十世紀的後十年，「課程領導」與「教學領導」被強調，且有轉移校長領導核心之態勢。近十年則以「佐藤學」（學習共同體）的學生群組學習又實質地改變「教學領導」的焦點，作者稱之為「學習領導」，是指以學生學習為主體的領導服務行為。學習領導的實踐篤行得參照下列作為：(1)閱讀學生學習的專業書籍（三至五本即可）；(2)推動學生學習的行動研究；(3)申請學生學習的優質學校認證（比照臺北市作法）；(4)辦理學生學習的教學觀摩；(5)責由專人定期整理彙報學生學習的期刊知識。

（四）方案領導

「計畫方案」（plan & program）是教育界常用的名詞，有時混用，有時以大小做區隔，通常範圍較大、較廣，內容格式較為精密者稱「計畫」，偏於單一主題、基本格式與內涵較具彈性者稱為「方案」。校長領導服務

時，著力於「計畫方案的策訂與實施」、「主題方案的規劃與決定」、「方案評鑑的落實與回饋」，稱之為「方案領導」。作者認為，「方案領導」隨著計畫方案的逐漸被重視，將成為第四個發展趨勢。校長實踐方案領導得參照《教育經營學：六說、七略、八要》一書之第九章「計畫管理策略」，以及《校長學：成人旺校九論》一書之第五章「計畫經營論〈帶動學校精緻發展〉」，並注意下列作為：(1)整合方案：整合學校大大小小之計畫方案，共創學校教育新境界；(2)教學方案：專業示範，教導幹部及教師擬定優質計畫方案的核心技術；(3)實踐方案：方案運作實踐經營學校；(4)管理方案：建立計畫方案管理系統，作為傳承創新之基石；(5)行銷方案：對內對外行銷學校優質計畫方案，爭取資源挹注，創新經營學校。

（五）特色領導

目前，臺灣與中國大陸的中小學，都流行發展「特色學校」，今後的優質卓越校長，其領導服務的考評基準，增加了另一個趨勢——能否經營自己主持的學校成為「特色學校」。作者認為，校長藉由領導服務的專業作為，匯聚學校資源優勢，發展學生學習攸關的特色主題教育，激勵師生普遍化參與及課程化深耕，並促使菁英團隊表現卓越，形塑學校特色品牌教育的歷程，稱之為「特色領導」。校長特色領導的實踐篤行，得參照下列五項作為：(1)掌握特色規準與指標：教育性、普遍化、課程化、卓越性，以及方案化；(2)會商特色教育主題及內涵：經由民主程序決定，增益認同承諾，力行實踐；(3)策訂執行方案與項目：特色是經營來的，要有具體的執行方案及項目，作為實踐深耕之藍本；(4)深化特色課程與教學：傳承特色教育系列主題教學教案，永續經營學校特色；(5)參與特色競賽與展演：自辦校內競賽與展演，並積極參與校際及縣市級、國家級之教育競賽展演，累積階段教育成果，彰顯卓越績效。

伍、結語：校長領導的創新經營仍在成就人與旺學校

本章探討校長學的領導篇，介紹「領導服務論」的觀點與作為。就主題與內容而言，包含：「校長領導」、「創新經營」、「領導服務」、「專業示範」、「系統思考」、「實踐篤行」等六個重要名詞的詮釋及其知識脈絡分析。作者從「校長學」、「教育領導」及「經營歷程」的三個系統視角，詮釋分析校長領導的最適配命題為「領導服務論：創化專業示範模式」。領導服務論具有四大特質：「系統思考」、「專業示範」、「創新經營」，以及「實踐篤行」，本章提列了八個經營要領來註解「系統思考」及「專業示範」的領導服務特質；也歸納了五大發展趨勢來彰顯「創新經營」及「實踐篤行」的領導服務特質。其系統架構如第一章的圖 1-3 所示，讀者可自行參考。

校長領導的創新經營仍在「成就人」與「旺學校」，創新經營與實踐篤行匯流，會日益重視「價值領導」、「經營領導」、「學習領導」、「方案領導」，以及「特色領導」的實踐。以人體做隱喻，價值領導為頭，是啟動領導服務的新思維；經營領導及學習領導為雙腳，整合鉅觀與微觀的領導服務需求，往前邁進；方案領導及特色領導為雙手，計畫帶動組織精緻發展，形塑學校特色品牌。賦予校長領導的時代意涵，校長領導服務論是「成就人」、「旺學校」的具體實踐。

（本文原發表於 2013 年，兩岸三地校長學學術研討會，國立臺北教育大學主辦）

第四章　從教學領導探討校長角色職責的發展脈絡

壹、緒言：教育視導、教學視導與教學領導

　　作者認為，有必要先分析教育經營與管理上的三個名詞之內涵：「教育視導」、「教學視導」，以及「教學領導」，再以恰如其分的角色立場，論述校長職責的發展脈絡。校長的法定職責為綜理校務，曾幾何時，校長被要求「教育視導」，更要「教學領導」。是教育視導或教學視導貼切？抑或是教育領導或教學領導貼切？教育視導不包括教學視導嗎？用教學領導才能區隔教育領導嗎？「教育」與「教學」、「視導」與「領導」當然有區隔，然而最適合校長的角色職責是什麼？希望以下的分析，不要讓讀者更為混淆，而有助於校長學的研究與發展。

　　「教育視導」原本為教育行政學的用語，尤其是教育行政機關之教育部及教育局（處），均設有「督學」一職，其主要職能即「教育視導」。教育視導係指教育事務的視察與輔導，視察重在了解分析，輔導則在協助發展，是以教育行政機關的督學，其主要職責在了解與分析學校教育事務，並協助學校順利發展。校長的職責為綜理校務，對上而言，有被督學視導的責任義務；對下而言，也有視導幹部（主任及組長）善盡本分職責，處理好學校教育事務的職責，且有視導教師善盡「課程設計」、「班級經營」、「有效教學」、「輔導學生」的職責，因此校長的本業職能，依法要執行教育視導。

　　「教學視導」是教育視導實施之後更為聚焦的用語，強調學校校長及教務主任平時即要進行教師的「教學視導」，了解教師的教學表現，適時

給予協助與輔導，讓所有教師的教學品質維持在一定的水準之上，確保學生的教育機會均等。教育行政機關的督學，為了解學校教師的教學表現，亦可直接進班觀察教師教學，執行教學視導。因此，教學視導的主體在學校，本即校長及教務主任的權責之一，優質卓越的校長通常不會偏廢教學視導。

「教學領導」是新進教育領導學的用語，也是「教學視導」的進階性用語，強調校長是學校領導者，而課程與教學又是學校的核心技術，「教學自主」更是教師的專業行為表現，對其「視察輔導」，不如提升為專業示範。校長是學校的行政領導者，通常由「優秀教師」出身，領導理論發展至「專業帶動」時代，學校校長對教師的教學視導，就被「教學領導」給取代。當代的中小學校長同時被賦予行政領導、課程領導，以及教學領導，「教學」是「教育」的聚焦，「領導」賦予「視導」新的意涵（由「看著導」進階為「帶著導」）。

貳、校長角色職責的研究

林明地（2002）認為，探討校長扮演的角色應從「專業」與「個人」兩個層面的交互作用出發，主張當代中小學校長應扮演五種角色，包括：(1)教育者（educator）；(2)行政管理者（administrative manager）；(3)文化領導者（cultural leader）；(4)專業社群的一分子（a member of the professional community）；(5)個人自己（inner person）。

就五大角色內涵而言，沒有直接使用「教學視導」或「教學領導」為角色名稱，但在「教育者」內涵中，「教學行為」應為其主要工作行為之一，但中小學校長依法免教學。「行政管理者」如依學校組織系統而言，「教務」、「學務」、「輔導」、「總務」、「人事」分類管理，「教務

處」內有「教學組」，管理全校教師教學事務。因此，就二十一世紀初期的主要文獻，中小學校長的角色職責沒有強調「教學領導」，僅將「教學視導」列為行政管理者的角色職能之一。

Militello、Rallis 與 Goldring 於 2009 年出版的 *Leading with Inquiry & Action: How Principals Improve Teaching and Learning* 一書，謝傳崇（2011）翻譯成《校長教學領導：理論與應用》，係介紹一位具備「探究意識並以行動為導向的校長」，如何實踐「教學領導」。該書有四大貢獻：(1)將「教學領導」列為校長的首要職能，挑戰過去校長領導核心概念的轉變；(2)介紹「合作探究行動循環」模式，為校長的教學領導提供具體的實踐作為範例；(3)指出校長的教學領導，主要在改善學生的學習，而校長與教師的關係建立在「搭橋者」與「緩衝者」的雙重角色任務；(4)全書的五、六個案例證明了「教學領導」對提升教育品質的實質影響力。如圖 4-1 所示。

鄭崇趁（2009，2011a）從「教育理論」與「學校實務」兩個面向觀察校長的角色職責，主張當代的中小學校長應扮演六種角色：(1)教育理論的實踐家；(2)行政效能的經理人；(3)課程教學的規劃師；(4)輔導學生的示範者；(5)資源統整的工程師；(6)教育風格的領航人。此一論述頗能符合當前臺灣教育現場之需要，既能將「課程教學的規劃師」明列為校長領導的主要職責之一，並且用「規劃師」的取向來詮釋「課程領導」與「教學領導」的實質意涵。

「課程教學的規劃師」或「合作探究行動循環」何者較能反映「校長教學領導」的本義與功能，何者才是「校長學」應予完整詮釋的「教學領導意涵」，是作者最為關心的議題。作者認為，「教學視導」晉升為「教學領導」之後，教學領導已成為校長重要的領導行為之一，它必須要在「校長學」系統結構中有一定的地位，但不宜因為它日益重要，而忽略了其他重要職能，將「教學領導」當作校長唯一能做的事，或者淡化了其他領導

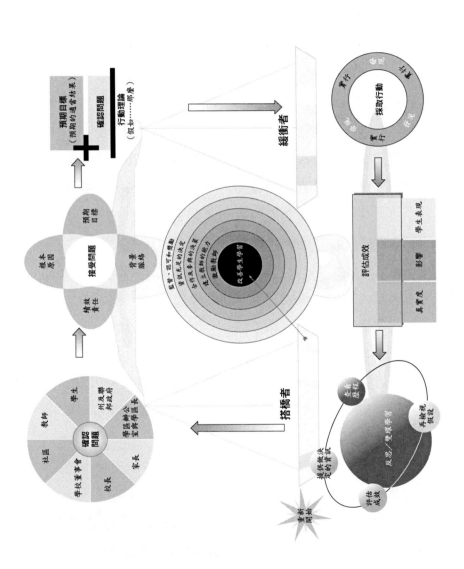

圖 4-1 「教學領導」的實踐歷程

資料來源：謝傳崇譯（2011，頁 155）

行為的重要性。因為事實告訴我們，校長並沒有真正的執行教學，但他卻要進行「教學領導」，「教學領導」所受到的重視與誇大，也將是校長學發展上的偏失。

作者出版了《教育經營學：六說、七略、八要》（系統結構如第二章的圖 2-3 所示）、《校長學：成人旺校九論》（系統結構如第三章的圖 3-1 所示），以及《教師學：鐸聲五曲》（系統結構如第二章的圖 2-4 所示）三本書，主張校長學及教師學應為六說、七略、八要的統整運用。

作者將「校長學」列為「經營教育之學」的一部分，為校長的角色職責，重新以「教育經營的領導者」解讀其職能的發展與轉變。作者長期探討「經營教育之學」，其「學」字具有三個意涵；(1)覺察之意：覺察「教育是可以經營的」，只要教育人員了解與掌握教育經營的方法與要領，教育可以辦得比現在更好、更為精緻；(2)學習之意：學習「如何經營教育」，作者的任教學校裡設有教育經營與管理學系，並設有教育政策與管理博士班和碩士班、中小學校長培育與專業發展中心，都是在學習如何經營教育；(3)學術之意：「教育經營學」、「校長學」及「教師學」都是可以在課堂上講授、討論、研究、論述、發表的學術，是「教育學」與「管理學」交織對話之後，產生的新興學門，從組織（鉅觀）的立場來看，即為「教育經營學」，從個人（微觀）的主體來看，即為「校長學」及「教師學」。

從經營教育之學觀察校長角色職責的轉變，具有下列四大發展趨勢：

1. 校長必須兼具優質教師的核心能力：學校教育的核心技術在課程設計、班級經營、有效教學，以及輔導學生，這些核心技術是教師的關鍵核心能力。校長是優質教師出身，經營的事業主體是學校教育，是以校長必須兼具優質教師的核心能力，才能帶動經營學校的教育事業。

2. 校長經營校務的核心能力必須超越一般教師：作者在《教育經營學：

六說、七略、八要》（鄭崇趁，2012b）一書中的「能力說」指出，校長與教師共同的核心能力在「教育專業」、「關愛助人」、「應變危機」，以及「研究發展」的能力（其中教育專業能力，包括了前述課程設計、班級經營、有效教學及輔導學生的能力），校長超越教師的核心能力在「統整判斷」、「計畫管理」、「實踐篤行」，以及「溝通協調」的能力。這些核心能力反映身為學校教育領導者，「經營校務」上的上位需求。

3. 校長經營學校教育事務，必須掌握教育經營的「原理學說」、「經營策略」，以及「實踐要領」：教育是可以經營的，學校事務就是教育組織的經營實體：

「原理學說（六說）」→尋根探源，立知識之真；

「經營策略（七略）」→行動鋪軌，達育才之善；

「實踐要領（八要）」→著力焦點，臻教育之美。

六說、七略、八要的統合運用，可以有效經營學校，讓學校發展邁向真、善、美的境界。校長的最重要職能，在於充分了解學校的所需，並參照本位經營的要領，為學校選擇最適合的「原理學說」、「經營策略」，以及「實踐要領」，三者之間的組合統整，可以帶動「原本積弱的學校」發展成「常態經營的學校」，「原本常態的學校」發展成「優質卓越的學校」，「原本平實的學校」發展成「具有亮點特色的學校」。

4. 校長經營學校，也要兼用「教師學」及「校長學」的核心知能：唯有教師學與校長學知能匯通，學校才能成為校長、教師、學生共同追求自我實現的舞臺，也才能成為教師與校長啟動智慧資本的園地；教師核心能力的發揮，才能成為學校核心技術的提升；教師的核心價值才能配合教育政策與學校教育核心之價值而伸展；教師的生命

願景與教育志業才能在學校服務中實現。校長的角色職能，除了關照組織將「教育事業」倡旺發展之外，也要經營「人的自我實現」，作者的《校長學：成人旺校九論》一書，也就是「成就人」與「旺學校」知識基模系統重組的型態表現。

參、校長教學領導的實踐

教學領導是當代校長的主要職責之一，已成為時代必然趨勢，以下要接續探討的是：校長扮演「教學領導」的具體角色行為是什麼？校長是否一整天與教師為伍，討論示範有效教學，才是最佳的教學領導？校長實踐「合作探究行動循環」模式，就是最佳的「教學領導」作為？校長在「經營教育之學」的系統思考下，教學領導的具體操作行為又當如何？作者主張，「經營教育之學」立足於「教育經營學」、「校長學」及「教師學」三者的統合立場來看校長的「教學領導」，其具體的角色行為有十二個論述，分析如下。

一、具備高階教師資格

校長是由優質教師出身，是以各級學校之校長，均應具備該階段學校教師之資格：國民小學校長應具備國民小學教師資格，國民中學校長應具備國民中學教師資格，高級中學校長應具備高級中學教師資格，將來中小學教師分級以後，中小學校長均應具備高階教師資格，而大學校長則應具備教授資格。唯有高階教師出身的校長，其專業素養才能獲致學校教師同仁的認同，也才得以進行教學專業領導。

■ 二、具備碩士或博士學位學歷

目前中小學教師的碩士化比例日益提高，國民小學約 25%，國民中學約 35%，高級中學已達 50%以上，是以中小學校長亦應有碩士學位以上之學歷。大學教師則已全面博士化，大學校長亦應具備博士學位。中小學師資朝向全面碩士化、大學教師全面博士化，其主要訴求在於「專業自主教學」的同時，也要有能力自編教材，有能力進行即時補救教學，有能力進行教學行動研究，有能力進行國際教育。當代教師已被要求在教學進行的當下，即須因應學生學習的需求，執行課程統整，因此需要研究所以上的基本學歷。各級教師之學歷已經碩士、博士化，身為校長當然更需要碩士、博士化。校長學歷優於教師平均學歷之上，方能進行專業示範與領導。學歷雖不等同於能力，但學歷與學位卻是國家頒布的「學術標準」，也是各級學校教師核心能力的重要參照基礎。

■ 三、擁有授課專長領域教學認證

中小學實施領域教學，教育部已逐次規劃教師領域教學認證制度，擁有領域教學證書者，優先按專長排課。有領域教學證書的教師，代表其專門及專業知能達到國家標準，就像專科醫師與一般醫師之間的關係，為學校教育的專門化推進一步。中小學校長擁有授課專長領域教學認證，才能為一般教師實施符合專業及專門領域的教學示範與領導，也才能帶動規劃專門領域的課程設計。

大學依學系或研究所設計課程，教學授課配合教師專長及系所的教育目標，由教師自主開課，沒有領域認證的規劃，優質的教授多自編講義或使用自己的著作或研究做為主要教材，再兼及學生的能力需求，增加補充教材，是以大學教授使用自編教材及自己著作授課已成為時代趨勢之一。

大學校長也應具備優質教授身分，對於其專長研究領域也應有專門著作或研究成果發表。校長的著作與研究表現是大學「教學領導」的主要型態之一。

四、兼具校長及教師的核心能力

作者在《教育經營學：六說、七略、八要》（鄭崇趁，2012b）一書的第二章「能力說」指出，教育經營在培育經營者（校長）、施教者（教師），以及受教者（學生）的核心能力，並依歷年的研究成果，歸納校長、教師及學生之核心能力，再參照教育部大學校務評鑑的評鑑指標用語，將「基本素養」及「核心能力」的關係以表4-1、表4-2及表4-3來描述如下（引自鄭崇趁，2012b，頁26-43）。

表 4-1　校長的基本素養及核心能力

基本素養	核心能力
專業力	教育專業的能力 關愛助人的能力
統合力	統整判斷的能力 計畫管理的能力
執行力	實踐篤行的能力 溝通協調的能力
創發力	應變危機的能力 研究發展的能力

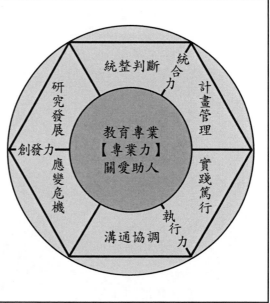

表 4-2　教師的基本素養及核心能力

基本素養	核心能力	
專業力	教育專業的能力 關愛助人的能力	
統合力	課程設計的能力 班級經營的能力	
執行力	有效教學的能力 輔導學生的能力	
創發力	應變危機的能力 研究發展的能力	

表 4-3　學習者的基本素養及核心能力

基本素養	核心能力	
學習力	閱讀寫作的能力 數學資訊的能力	
知識力	通識經驗的能力 專門學能的能力	
藝能力	時空美感的能力 個殊才藝的能力	
品格力	優質習慣的能力 服務助人的能力	

　　由表 4-1～表 4-3 的內涵分析，經營者（校長）及施教者（教師）的基本素養及核心能力，都是為了受教者（學生）的基本素養及核心能力而存在。校長與教師的基本素養方向本來就相同，皆為「專業力」、「統合力」、「執行力」與「創發力」，然核心能力的內容與範圍則稍有不同。整體而言，校長的核心能力建立在教師的核心能力基礎之上，而在「統合力」素養之中，要增加統整判斷的能力及計畫管理的能力；在「執行力」素養之中，則要增加實踐篤行的能力及溝通協調的能力。

五、定期辦理學校教師「教學原理」及「教材教法」研習

　　「教學原理」與「各學科教材教法」雖已列為教師養成教育的必修專業課程，能夠通過教檢取得教師資格的教師，理論上均已修習過，取得學分，具有一定的熟悉度。但是，部分教師教學上不理想，仍然在於基本教學原理之素養不足，無法將前輩的智慧資產（教學上的原理、原則、方法、技術）靈活運用在課堂教學之上，即使教同一領域多年，依舊沒有找出每一主題教學單元最有效率的教材與教法。因此，以學校為本位，或以策略聯盟方式，結合鄰近學校，定期辦理教師之「教學原理」與「教材教法」研習有其必要，並且宜要求所有教師，每三年至少要參加一次以上此類研習進修。

　　「教學原理」與「教材教法」研習進修亦可採用多元方式進行。在教學原理方面，可用「經典名著」閱讀筆記與經驗分享，或可用重要方法技術如何融入各領域教學範例分享，也可用各領域教學主題尋找最佳「原理」、「原則」、「方法」、「技術」的心智圖解，提供給所有教師參採。在教材教法方面，可用「資訊科技融入領域教學」，或可用主題核心知識與教材（含教法）的布陣圖示，也可用「本位資源」（含自然、文史、社區、生態、人力、物力資源）如何與領域單元主題結合，邀請本位特色課

程成功的教師到校分享。「教學原理」與「教材教法」的研習是教師教學基本工夫的強化，它扮演了傳承前輩智慧與結合當地資源的「系統重組」之使命。

六、發展學校「教學觀摩」機制，並示範教學觀察

教學技術與教學品質的提升，需要在實踐中逐步改善。多數學校會使用「教學觀摩」，由指定教師擔任教學演示者，同儕教師（同一年級或同一領域教師）擔任觀察員，依據標準化之「教學觀察表」給予評量，並舉行課後教學討論會，由演示者與觀摩者討論教學歷程安排與技術運用的優點與缺失，透過分享與知識螺旋（knowledge spiral）作用，精進教學技術與提高教學品質。

在師資養成階段，實習教師的「教學觀摩與研討」，通常由授課的指導教授主持，在學校主動辦理的「教學觀摩」，通常由校長、主任、學年主任或領域召集人主持，而形成常態性的「專業成長社群」，力求精進教學，提高教育競爭力。就校長及教務主任而言，了解、觀摩、輔導、改善教師的有效教學行為，本即法定職能之一。校長及主任為帶動執行「教學領導」，常主動安排由校長及主任優先擔任教學演示者，接受學校教師的觀摩與討論建議。專業示範帶動，親自實踐力行，乃教學領導十分有效的作為。

七、編製補救教學教材，發展客製化的教學方法與技術

臺灣學生基本能力的國際評比，有日益下滑的趨勢。教育實務人員（教師）有的認為是其他國家的進步遠比臺灣快速，有的認為臺灣學生的程度落差過大，低水準表現學生拉下整體平均值的相對地位。作者認為兩者均是直接因素，值得教育人員面對與省思。臺灣近年的經濟成長趨緩，而部

分國家的教育成長率及社會發展水準卻未見趨緩，例如：韓國、新加坡、香港。教育精緻化的進程未如預期理想，學生基本能力的國際化評比勢須相對退步。針對第二個因素，代表臺灣的教育實況並未達成「帶好每位學生」的改革願景，國小及國中已有相當比例的學生「學習嚴重落後」，才會拉低平均數，形成整體成績退步。改善之道，即應效法芬蘭，進行即時的補救教學，因此編製補救教學教材，並發展客製化的教學方法與技術，已成為學校教學領導的當務之急。

針對學習容易落後的學生而言，補救教學必須掌握下列三個要領：(1)及時：發現學習落後立即實施補救教學；(2)適量：補救教學並非重新教一遍，而是要預為編製「補救教學教材」；(3)方法：教師要運用學生最容易學會的技術與方法，並順應學生的習慣才會有效果，因此學校須為學習落後學生，發展類似 IEP 方式的客製化教學方法與技術。校長的教學領導，須在學校課程發展委員會及領域小組會議上，籌組任務小組，結合專業社群運作，編製補救教學教材，並發展客製化的教學技術與方法。

八、實施觀課查堂機制

臺北市及新北市最近流行校長走進教室，直接對教師進行「觀課」，了解與分析教師教學品質，其目的在落實校長「教學領導」，也意味著校長直接觀察教師教學，可以分析教師教學上的迷思概念，進而輔導與協助教師，直接改善教學行為表現，提升教育品質。另一方面，校長直接出現在教學現場，負責教學的教師勢必兢兢業業，將應有的教學能力表現，盡情揮灑，尋求校長的專業認同與欣賞獎勵，積極與消極作用均對提升教學品質有利。

觀課查堂應建立有形而簡約的機制，並非隨著校長而任意施作，高興就密集的觀課查堂，其他事務擱置一旁；忙碌就終年不聞不問，任由教師

自求多福、好自為之。觀課查堂本就是學校領導者及幹部的法定權責之一，其目的有三：(1)約束教師善盡本分職責，教好任教班級學生；(2)提升課堂教學品質，實踐全面品質管理理論；(3)尋找學校本位最佳教材與教學方法，由觀課查堂經驗之累積，作為課程與教學本位經營的基石。因此，觀課查堂應有明確的實施計畫與必要的配套措施，實施計畫要規範觀課的數量與對象，讓校長撥付合理而必要的時間投入教學領導，教師也能得到必要的尊重。配套措施的完成，讓教學領導計畫具有實質的意義與價值，而成為有效的智慧資本。

九、籌組教學專業社群，進行精緻教學研發

行動團隊、行動研究、專業社群，以及策略聯盟是目前教育界頗為流行的「組織學習」趨勢，若學校重視「教學領導」的實踐，將這些流行的專業社群，導引為有「教學產品」的成長社群，則可以事半功倍，既有教師的專業、成長，可增加教師在教學方面的產能，實質地提高教學效果。因此，籌組教學專業社群，進行精緻教學研發工作，是教學領導的重點措施之一，校長如能直接加入社群，帶動運作，會有加乘效果。

專業學習社群的運作，要搭配下列要領經營，才會有具體成果：(1)計畫化：有目標、工作項目、方法時程的設定，較能夠正式化，且有明確的學習成長標的；(2)績效化：要有產品的社群，較能夠導引參與者邁向績效，追求績效之完成；(3)操作化：專業成長社群，其縝密度與寬鬆度各個社群均不相同，教育界的專業成長社群，因係非正式組織，多偏寬鬆，參與成員到與未到不太在意，有加入操作或者僅係掛名，亦不太追究；是以，教學專業成長社群應界定明確操作項目與定期參與規範；(4)分享化：教學專業成長社群的具體成果，要經公開分享的歷程才可結案；分享是正式化的象徵，也是啟動知識螺旋的要務，更是提升學校教學品質的有效作為。

十、開發校本及特色課程主題教學教案

　　九年一貫課程在臺灣實施後，基本教育階段課程與教學的最大特質是「課程統整」。實踐課程統整的作法，在教育部及教育局（處）階層，即是頒布課程綱要，以領域統整分科；在學校階層，即是推動學校本位課程；在教師階層，即是自編主題教學教案。學校的本位課程及特色課程之深耕程度落差頗大，較理想的學校能夠依據年級及領域規劃系統教學主題教案。校長的「教學領導」，尤應關照校本及特色課程的教學品質，是以，校長應運作課程發展委員會，確認學校本位課程及特色課程，並串聯領域性質，規劃建置各年級主題教學教案，實踐課程統整。

　　開發校本課程及特色課程主題教學教案，可參採下列要領：(1)系統主題：校本（特色）課程要化為領域主題教學才能真正的課程化，才能永續經營，但教學主題的規劃，要依年級、領域給予系統結構；唯有系統結構主題，才是核心知識的教學與課程統整的實踐；(2)觀摩學習：教師自編的主題教材教案，如能增加教學觀摩、交互學習、研討補正的程序，就更能讓自編教材達到一定的標準程度；(3)績效獎勵：自編教案與發展教材，可用來實踐校本課程，但不一定是教師的專長與本業職責；教師願意協助育成，稍有績效即應獎勵，獎勵績效，可為發展教學教案，帶來更大績效。

十一、鼓勵教師參與教學方案競賽活動

　　教育部設有「教學卓越獎」，金質獎頒給參與團隊六十萬元獎金，銀質獎頒給參與團隊三十萬元獎金；中華創意發展學會每年舉辦GreaTeach教學方案競賽獎勵，是全國性比賽，各縣市多有行動研究或優質教學方案之選拔與獎勵。校長在學校中實踐教學領導，應鼓勵教師積極參與教學方案競賽活動，爭取榮譽，並運用爭取榮譽歷程，提升教學品質。

　　鼓勵教師積極參與教學主題競賽活動，會產生下列教學上的正向功能：(1)賦予系統：要參加競賽的教學方案，須具備較周延的教學邏輯系統，會將方案調整與校本或特色課程銜接，為本身的教材內涵明確定位；(2)深化知能：任何教學方案都應教給學生明確的知識或藝能，準備參賽的教學方案經由觀摩討論後，會深化單元核心知能的教與學；(3)活化教學：準備參賽的教案，會刻意尋找最佳教學方法，以多元有趣、科技有效的教學方式爭取榮譽；(4)智慧資本：參賽的教學方案，都經由教師們投入心力與智慧，深耕設計觀摩討論，是學校教師共同的「產品」，也是「績效」，更是「智慧資本」，可以為學校爭取榮譽，也可以傳承創新學校組織文化。

十二、建置教學資源知識管理系統

　　「教學領導」要做到會示範教學，教師有效教學，教師覺察教學優勢與迷思，教師願意持續開發新教材，教師願意採行多元教學方案，教師願意使用多元評量，學生在快樂中學習，學生的基本能力達到國家標準以上，更要從教學環境整備上，提供教師教學資源知識管理系統，方便教師教學上的便利使用，各種教學水準的期待，才有可能落實，教師的平時教學也才能真實地維持在常態而有效水準之上，才能真正地提升教育品質。

　　因此，學校應運用知識管理的方法，藉由當代資訊科技，建置與教學有關的資源知識管理系統，包括：(1)各領域教學資源系統；(2)學校總體課程與領域教學主題管理系統；(3)學校本位課程與特色課程教學主題系統；(4)社區資源配合領域教學系統；(5)參與教學方案競賽活動資源系統；(6)行動研究與改善教學方案系統；(7)教師個人精進教學方案資源系統。運用知識管理，布建完整的教學資源知識系統，方便教師授課時串聯使用，活化教學內涵，深化核心知識的深度與廣度，傳承學校教師之教學智慧資本。

肆、結語：經營教育需要教學領導

　　在本章中，作者提出了下列四個重要主張：(1)使用「教學領導」優於「教育視導」與「教學視導」；(2)從校長的角色職責發展脈絡，可以觀察到「教學領導」受到當代教育人員的青睞與重視，作者呼籲採取「經營教育之學」的統整視野，來為「教學領導」定位；(3)立基於「經營教育之學」（教育經營學、校長學、教師學）的綜合觀點，作者論述校長實踐「教學領導」的十二項要務；(4)教育是可以經營的，教學領導也是可以經營的，只要校長真實地掌握到可以操作的項目與要領，就是在實踐教學領導。

（本文原發表於 2012 年，兩岸三地校長學學術研討會，國立臺北教育大學主辦）

第五章　校長學新趨勢： 自我實現論與智慧資本論

壹、緒言：「人」與「組織」的融合發展， 是校長學研究的核心焦點

　　校長學的研究有四大取向：「特質說」、「角色說」、「績效說」，以及「能力說」。特質說強調具有某種人格特質者適合當校長，與領導學研究上的特質論同一步調。校長是學校教育的領導者，領導特質論強調的「個人魅力」、「專業性格」、「人際親和」、「謙沖和諧」也是校長必備的人格特質。角色說強調一位好校長必須妥適扮演「法定職責」與「社會期望」的角色責任，例如：作者曾論述校長應扮演六種角色：教育理論的實踐家、行政效能的經理人、課程教學的規劃師、輔導學生的示範者、資源統整的工程師，以及教育風格的領航人（鄭崇趁，2009）。

　　績效說強調從學校的辦學績效，觀察校長是否成為適任的校長，例如：目前多個縣市已經規劃執行的「校長辦學績效評鑑」，其「評鑑指標」與「實施要點」均從「績效的視角」作為校長表現的判準。能力說則從優質校長應備的「核心能力」及「基本素養」來論述「校長培育課程」及「實習校務運作」，例如：作者曾論述當代校長應備的八大核心能力：(1)教育專業的能力；(2)關愛助人的能力；(3)統整判斷的能力；(4)計畫管理的能力；(5)實踐篤行的能力；(6)溝通協調的能力；(7)應變危機的能力；(8)研究發展的能力。其中，(1)、(2)合稱為「專業力」，(3)、(4)合稱為「統合力」，(5)、(6)合稱為「執行力」，(7)、(8)合稱為「創發力」。這四種「關鍵力」（基本素養）以及八大「核心能力」已經成為我國當前中小學校長

培育儲訓的課程設計基礎之一（鄭崇趁，2011a，2012b）。

　　前述的校長學研究四大取向：「特質說」與「角色說」多從「人」的觀點做發展；「績效說」與「能力說」則從組織運作的效能與效率看校長的「辦學成果」與「應備能力」，將教育的「人」與教育的「組織」分軸整合論述。作者出版《教育經營學：六說、七略、八要》（鄭崇趁，2012b）一書，係採用「人」及「組織」融合的視角論述「經營教育之學」，認為「教育學」與「管理學」對話交織之後所產生的新興學門稱為「經營教育之學」，意謂著「教育是可以經營的」，只要教育的領導者及從業人員掌握了經營教育的有效方法與要領，當前的教育可以變得更好，可以發展成精緻卓越的教育。「經營教育之學」從鉅觀（組織）為主體來看就是「教育經營學」，從微觀（個人）為主體來看就是「校長學」及「教師學」，然無論是從鉅觀或微觀，均須有效融合「人」與「組織」的交互作用，整合發展。因此，「教師學」是經營教育的基點，「校長學」是經營教育的軸心，「教育經營學」則是經營教育的經緯。

　　《教育經營學：六說、七略、八要》一書已經為「人」與「組織」融合的「經營教育之學」建構了嶄新的模式，作者後續又出版了以「人」為主體的「校長學」與「教師學」，並將其定名為《校長學：成人旺校九論》以及《教師學：鐸聲五曲》，第三章的圖3-1及第二章的圖2-4是兩本書的系統結構。

　　就「校長學」而言，作者認為「校長所經營的教育事業」是「成就人」與「旺學校」的交織，對自己、教師與學生必須要「立己達人」，對學校（組織）則要倡旺校務，兩者融合如第一章的圖1-2所示，內圈為立己達人篇，包括四論：自我實現論，成就人的尊嚴價值；智慧資本論，激發人的動能貢獻；角色責任論，實踐人的時代使命；專業風格論，領航人的品味文化。外圈為倡旺校務篇，包括五論：計畫經營論，帶動學校精緻發展；

組織創新論，活化組織運作型態；領導服務論，創化專業示範模式；溝通價值論，深化多元參與脈絡；評鑑品質論，優化歷程績效品質。全書約十二萬字，都是「人」與「組織」融合的論述，也是「六說、七略、八要」在校長經營學校的「人與組織」交融創價的綜合運用。

就「教師學」而言，作者認為「教師是經營教育的基點」，教師最需要激勵，之所以定名為鐸聲五曲，賦予詩意美稱「鐘鳴大地」、「朝陽東昇」、「春風化雨」、「明月長空」，以及「繁星爭輝」，其旨趣有四：(1)樂為人師，不忘教育初心，傳唱教育；(2)充分自我實現，同時是組織（學校）有效的智慧資本；(3)有貢獻、有價值（有績效與產品）的人生，生命願景與教育志業在學校中實踐；(4)符合新世紀、新教育、新承諾的時代訴求。

「人」與「組織」的融合論述是「經營教育之學」的特色，也是當前校長學研究的主要趨勢，就前述《校長學：成人旺校九論》一書中，最能夠彰顯此一趨勢亮點者為前兩論：「自我實現論」及「智慧資本論」。本章摘述其要義：「自我實現論」從人的「理想」與「現實」吻合為基點，論述校長如何達成自己的自我實現，如何成就教師及學生的自我實現，以「人之所以為人」的教育本質，經營教育從業人員經由「自我實現」的歷程，增益人的尊嚴與價值。

「智慧資本論」從教育人員的「核心能力」以及「認同程度」為論述焦點，說明校長如何提高幹部、教師、學生的核心能力，促進學校成員對「學校」、「教育」、「措施」的價值認同，而成為「有能力」又「願意做」的「有效智慧資本」，激發學校所有成員的「動能貢獻」，實現「成就人，旺學校」的校長學意涵。

貳、自我實現論：成就人的尊嚴價值

　　教育在「教人之所以為人」，理想中的人，要活得有意義、有尊嚴、有價值，每一個人的「理想」與「現實」吻合，就稱之為自我實現。自我實現可以當作一個人「人生願景」、「終極目標」的達成，例如：作者立志要當一位教授，要當一位臺灣教育界多人傳誦的「教育經營學大師」，有一天做到了、符合了，就是自我實現。自我實現也可以是一個小階段「目標理想」的達成，例如：作者藉著本書的篇幅，發表了這篇文章，希望能夠引起大家的共鳴，同為校長學找到重要的發展趨勢；身為校長者多知道如何幫助自己自我實現，也知道如何促成教師及學生的自我實現，會操作活化學校的智慧資本，本篇文章的「理想」與「現實」吻合了，這一段日子、尤其是在今天也就自我實現了。

　　校長必須負責經營一個學校，這個學校有其法定的教育目標與組織員額編制，大體來說，要把學校的教育辦好，校長必須帶領所有幹部、職工，尤其是所有教師，透過課程設計、班級經營、有效教學、輔導學生的歷程帶好每一位學生，幫助每位學生的「自我實現」。因此，校長學的自我實現論包括教育人員的自我實現，也包括了學校組織的自我實現：就前者而言，校長、幹部、教師及學生均要達成自我實現；就後者而言，學校組織也要自我實現，而組織的自我實現受到「企業經營理念」的影響，有長遠性的教育本質與教育目標的揭示（通常在《教育基本法》及各級學校法中規範），也有階段性願景（Vision）、任務（Mission），以及核心價值（Core Value）的設定與追求。如長遠發展的歷程與結果，符合了法定教育目標，就是組織的自我實現；如達成了階段性的任務、願景與核心價值，也一樣反映了組織的自我實現。作者將校長學的自我實現論以圖 5-1 來表示。

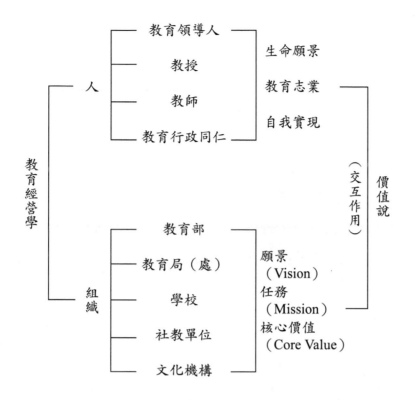

圖 5-1　校長學中的自我實現論

資料來源：修改自鄭崇趁（2012b，頁 6）

　　本章論述的自我實現有四大特質：(1)融合式的自我實現：強調教育人員個人的生命願景與學校組織發展的願景一致，個人的教育志業在學校中實踐；(2)階層式的自我實現：校長、幹部、教師、學生都達到了某一程度的自我實現，學校（組織）才能自我實現，其達成的教育目標，也才具有實質的價值意涵；(3)階段式的自我實現：自我實現是可以分段達成與逐步漸進的，階段式的自我實現是終極生命願景自我實現的基礎與必要歷程；(4)生活式的自我實現：每一個人的每一天都可以自主決定當日生活的「理想目標」、「當日實現」，過一個每天自我實現的人；教育組織也可以有

生活式的自我實現之規劃實踐，運作人與組織的縝密融合，形成天天自我實現的品質與品味組織文化。

一、校長自身的自我實現

觀察校長能否自我實現概略有下列五大指標：(1)能否當上校長：目前中小學校長需要甄試→儲訓→候用→遴選，高中及大學校長須要遴選；有意願並且有能力考上，被遴選上，當上校長，才能施展其理想抱負；(2)能否依據自己的教育理念辦學：校長本身是高級知識分子，願意投入校長行列，通常有自己對於教育的理想抱負，其主持領導的學校，能夠讓自己的理想抱負在學校中實踐，校長自身就有自我實現的感覺；(3)能否具體的提升學校教育品質與辦學績效：有績效卓越，也有經營困難，校長能夠因地制宜，掌握契機，專業帶動，具體提升學校實質教育品質，彰顯辦學績效者就是自我實現；(4)能否促成教師及學生自我實現：校長是學校組織的領導者，學校組織績效由教師及學生共同搭建而成，高明的校長會優先促成教師及學生的自我實現，來做為自身自我實現的重要基石；(5)能否在經營校務中產生優質運作模式及組織文化：學校具有效能與效率，校長本身顯得綽有餘裕，滿意與幸福感才是真正的自我實現。

校長經營自身的自我實現要掌握下列要領：(1)適時檢核八大核心能力的程度與運用情形：未當上校長者要充實八大核心能力的課程素養與知能，讓自己能夠考上校長；當上校長後至少每半年或一年要省思與回饋自身八大核心能力在實際校務經營上的應用情形，連結「核心能力」到學校「核心技術」的實踐；(2)有明確的教育核心價值與經營學校理念：校長自我實現的最大旨趣在依照自己的想法辦學，全校師生均須跟著實踐；校長自身要有明確而優質的教育核心價值，也要有最適合這一個學校當下的學校經營理念；(3)能以學校、教師、學生為本位思考：提供幹部、教師、學生專

長與優勢發揮的多元舞臺，點亮教師與學生的亮點，協助教師及學生自我實現；(4)按季檢討布建學校經營策略：當代社會變遷快速，教育資源流動加劇，校長應定期（按季）邀集幹部共同檢討學校經營策略的妥適性，並要進行必要的調節或布建；(5)帶動研究八大「實踐要領」，形塑學校優質新文化：教育經營學中的八要，是形塑學校優質新文化的有效力點，校長可在公開會議中宣導，身體力行、專業示範，進行行動研究，定期分享實踐成果，促成學校新優質文化的形成。

二、帶動幹部與教師追求自我實現

觀察幹部與教師自我實現的程度，可以參照下列五個指標：(1)專長發揮程度：目前各級學校教師的標準化條件日益嚴格，非有真才實學、穩定基本素養者，取得教師資格會很困難，學校幹部又多為優秀教師出身，每個人必有其優勢與專長，其專長發揮程度愈高者，自我實現程度愈高；(2)職務意願認同程度：教師依領域或分科教學，幹部經營處室單位，雖全是教育工作，然任務性質不盡相同，職務符合教師幹部的意願，其認同程度愈高，愈能夠讓同仁心甘情願地努力耕耘，就愈符合自我實現的本質；(3)職能表現程度：每一位幹部及教師負責不同的行政與教學職務，其個別的職能表現程度愈佳，愈能成為每位同仁自我實現的基石；(4)同仁及學生回饋滿意程度：幹部及教師服務的對象是學校同仁及所有學生，其職能表現的歷程要同仁及學生滿意，自我實現的內涵才有價值；(5)品質績效達到標準化指標程度：學校教育工作是「人教人」的「個殊化服務型態」，品質績效不容易觀摩，唯近來的標準化評量與標準化作業程序（S.O.P）的流行，逐漸可以在教育領域中運用；幹部及教師個人的服務品質績效勢須達到標準化指標規範，方足以肯定個人的自我實現獲得客觀標準的認同。

校長經營幹部及教師的自我實現，可以從下列五項著力：(1)依據專長

及意願進行職務編配：掌握每位教師及幹部的專長優勢，參酌其意願順序，系統編配同仁職務，使人盡其才、才盡其用；(2)激勵同仁認同當前教育工作，並積極思考其這輩子的生命願景與教育志業目標；(3)帶動同仁設定年度教學及行政績效目標，並按月檢核績效目標達成程度，必要時調整績效目標之內涵或品質標準；(4)帶領同仁至少參加一個以上專業學習社群，每年至少完成一項教育研發產品，例如：行動研究報告、主題教案設計、研究論文、著作文章或教材教具等；(5)追求自我實現的同時，也協助同仁及學生自我實現，唯有在同一組織系統中，教師及行政同仁同時自我實現，我們教育的學生也處於自我實現的狀態，校長自我實現的價值最高。

🔲 三、學生的自我實現

　　教育的主要對象是學生，唯有學生在教育歷程中有自我實現的感覺，校長及教師們的自我實現才有意義、才有價值。因此，學生的自我實現遠比教師的自我實現及校長的自我實現來得重要。觀察學生是否有自我實現，可從下列五個指標判斷：(1)學到應備知能：尤其是學習成就通過標準化評量，是一種有效學習成果；(2)有知的雀躍：學生學習到東西，無論是學科知能或才藝技巧，知的雀躍能產生持續學習經營的動力；(3)有情的感動：學生能夠對教師的教學及學習進程產生共鳴性的了解，有情的感動；(4)有意的滋長：學生的情愫、情感、情操得到平衡發展，發而中節，並逐漸滋長大仁、大智、大勇的胸懷，有健康的潛在意識及毅力；(5)快樂的學習：學生的自我實現也象徵著學習是與自己的興趣性向一致，綽有餘裕、快樂的，同時也是滿意的，成果與自己階段性的理想抱負是吻合的。

　　校長經營學生的自我實現，亦可掌握下列要領：(1)願景領導：教師及學生的自我實現，均與其生命願景與志業攸關，學生在學習成長階段即須定期思考個人的生命願景（這一輩子最大的志願）及階段任務（當下應勤

奮經營的方向），有階段性的自我實現，才得以成就一輩子的生命願景；
(2)連結教師：學生每日的自我實現在每一門課的學習歷程之中，校長必須
激勵所有教師，善盡有效教學及輔導學生之職責，協助學生學習成長的自
我實現；(3)學習產品：要求學生的各項學習均應留下具體學習產品，如學
習檔案、作業成果、實物作品、演練影音、展演錄影等以學習產品做為自
我實現的基礎教材；(4)學習認證：學校推動文史、閱讀、才藝、學習步道
認證教學，鼓勵學生多元參與，運用認證措施，活化學生自我實現之型態；
(5)服務學習：品格力的培養也是自我實現的重要內涵，品格力來自「優質
習慣」及「服務助人」的實踐，是以學校要重視學習共同體、群組合作學
習、服務性社團與梯隊，激勵學生實踐 331 政策（每天閱讀 30 分鐘、運動
30 分，日行一善），以服務學習、日行一善來充實品格力（情意發展）的
自我實現。

四、自我實現的學校

　　人的自我實現要融合其隸屬組織系統的自我實現，才具有實質的價值
與意義。雖然古有名訓「獨善其身者，不一定要兼善天下」，但學校組織
任務明確，學校是一個有教育目標的組織系統，所有的教育活動均有「價
值取向」，校長、教師及幹部得以自我實現才是教育的理想境界。

　　自我實現的學校可以從下列五項指標觀察：(1)達成教育目標的學校：
各級學校法均規範了學校的教育目標，校長經營學校的成果，要能夠帶動
教師，導引學生有效學習，達成學校教育目標，帶動學校的自我實現；(2)
具有辦學績效的學校：有的學校有上百年的歷史，辦學績效起起伏伏，有
時候旺有時候疲弱，自我實現的學校指辦學績效處於常態標準之上或當下
有明顯進步的學校；(3)取得標準認證的學校：目前學校的經營管理，中小
學流行優質、卓越、特色、「教育 111」標竿學校認證，取得這些標竿楷模

認證的學校，視同自我實現的學校；(4)優質組織文化的學校：學校內的校長、教師、學生都自我實現，組合成的校園組織文化，充滿了積極活絡、互助合作、交互整合、效能效率、和諧自在、優質正向發展的組織文化；(5)形成系統品牌的學校：自我實現的學校，校內組織成員充分自我實現，整體的學校經營也具有學校本色，能夠以系統品牌的學校佇立在強烈競爭的教育機制中。

校長經營學校組織的自我實現是其本業職責，也是其之所以要當上校長的目的與使命，自我實現的學校有達成程度的區隔性，校長必須因地制宜，善用不同的經營策略與實踐要領，針對學校的所需，調節各項措施，為學校創發「校本發展」上的最大價值。下列幾項要領原則，值得參照運用：(1)價值導向的領導：校長必須常用願景領導策略，宣示教育的願景與核心價值，喚醒教師及學生思考自身的生命願景與志業，實施價值導向領導，激勵師生同仁共同追求自我實現；(2)階段任務的目標：對人而言，終極式的自我實現需要階段任務目標的累積，校長應倡導處室同仁、教師及學生均設定年度、每季、每月的階段性行政、教學、研究、學習目標，以階段性任務目標的達成，實踐廣義的自我實現；(3)能力本位的教學：各領域（學科）的課程規劃與單元主題教學以學生習得的能力為基礎，標示學生學習之後應備的行為核心能力，確保教學歷程的效能與效率；(4)產品績效的學習：學生的學習成果就是教育成果的核心，教師教學與研究的成果能夠直接用在學生學習之上則更具價值，因此校長應要求所有教育活動及領域（學科）教學，均留下學生的學習產品，以產品的績效佐證教師及學生自我實現的程度；(5)多元的展演活動：學校多辦理各類學習成果展示、各種競賽及展演活動，讓弱勢族群學生、不同優勢專長藝能學生及教師，均有自我實現的舞臺及機會；(6)品質保證的評鑑：標準化評量、人的評鑑、事的保證，以及各種標竿認證、學習護照，均是廣義的品質保證機制，自

我實現的學校就是符合標準品質以上的學校；校長經營學校應帶動同仁迎接各種教育評鑑，實施學生學習護照，爭取各種標準化認證，以通過評鑑認證的品質保證，為學校的自我實現賦予教育上的崇高價值。

參、智慧資本論：激發人的動能貢獻

智慧資本是教育界新近流行的名詞，跟隨著「知識管理」與「人力資源管理」的腳步，受到教育領域人員的關注。「智慧資本」原本係管理學中「人力資源管理」研究裡的用語，指的是企業組織實體除了「設備資本」及「財務資本」以外的「無形資產」，最簡要的解釋是指組織中「人力資本」及其與「結構系統」與「人際關係」所產生的潛在動能與知識價值。鄭崇趁（2011b）將其定義為：「智慧資本係指，一個組織之內所具備開展知識技術的潛在能量，此一潛在能量建立在成員的核心能力、認同承諾程度，以及其績效表現的激勵之上。」

前述之定義分析，智慧資本由下列四個要件組成：(1)智慧資本是人對組織的智慧表現行為，此一表現行為能夠創造組織的價值；(2)智慧資本本身是組織的無形資產之一，並且是啟動所有無形資產或價值的潛在動能；(3)智慧資本原本是靜態的，透過組織的「結構系統」與「人際關係」而展現強弱不一的動能；(4)智慧資本能否成為有效動能，與組織成員的基本素養（核心能力）、認同程度，以及績效表現所得的回饋（獎勵）攸關。

作者將「智慧資本論」列為校長學的第二論，主要是有鑑於當前學校組織的智慧資本，包括：校長、教師、幹部、職工及部分學生（大學以上學生也是學校的智慧資本之一），學校人員的核心能力均在國家標準以上，然當前的教育競爭力疲弱，長期為國人不滿意，主要原因在教師層級的教

育人員認同教育政策與學校措施的程度不高，「有能力」但「不見得願意做」，整個臺灣教育領域雖擁有龐大的靜態智慧資本，但非有效的智慧資本。校長為經營學校的領導者，如能活化帶動「有能力的幹部及教師」、「願意認同政策與措施」、「實踐力行帶好每位學生」，則原本靜態的智慧資本就會成為有效的智慧資本，「有能力又願意做」的教育人員可以立即全面提高教育品質，經營一個具有實質績效的學校，也同時提高國家的教育競爭力。

一、厚實智慧資本的基石：核心能力

從管理學探討組織的智慧資本，強調三個基本元素：「人力」、「結構」，以及「關係」，並且以「人力」為核心，研究其在「組織結構系統」中的「人際關係」互動成果，對於組織「認同」進而「投入」的情形，是以部分學者（例如：黃增川，2014；楊德遠，2011）再將智慧資本簡約成「核心能力」＋「認同程度」。但無論是擴散性定義或重點式定義，組織成員的「核心能力」及其產品的「核心技術」，永遠是智慧資本的基石。因此，校長經營學校應充分掌握學校教育的核心技術及其成員的核心能力，才能有效強化智慧資本的基石。

作者在《教育經營學：六說、七略、八要》（鄭崇趁，2012b）一書第二章「能力說」，將校長、教師、學生的「基本素養」及「核心能力」之內涵有概要性論述，可用表 5-1 及表 5-2 來表示。

「專業力」與「創發力」是所有教育人員的共同基礎，它們的內涵是「教育專業的能力」、「關愛助人的能力」、「應變危機的能力」、「研究發展的能力」，教師與校長通用，一致性較高。「統合力」及「執行力」就是教育的核心技術，以教師而言，指的是「課程設計的能力」、「班級經營的能力」、「有效教學的能力」、「輔導學生的能力」；校長必須是

表 5-1　教師及校長的基本素養及核心能力

基本素養	〈教師〉　　核心能力　　〈校長〉
專業力	教育專業的能力、關愛助人的能力
統合力	課程設計的能力、統整判斷的能力 ＋ 班級經營的能力、計畫管理的能力
執行力	有效教學的能力、實踐篤行的能力 ＋ 輔導學生的能力、溝通協調的能力
創發力	應變危機的能力、研究發展的能力

表 5-2　學生的基本素養及核心能力

基本素養	核心能力
學習力	閱讀寫作的能力、數學資訊的能力
知識力	通識經驗的能力、專門學能的能力
藝能力	時空美感的能力、個殊才藝的能力
品格力	優質習慣的能力、服務助人的能力

優質的教師出身，除了前述的核心技術必備的能力之外，尚須有經營學校的核心技術與能力，它們是「統整判斷的能力」、「計畫管理的能力」、「實踐篤行的能力」、「溝通協調的能力」，其間的關係形成如圖 5-2 所示。

　　學生的核心能力是什麼？教育界的同仁還停留的眾說紛紜的階段，作者嘗試為其建立初步的系統結構。作者認為就學生而言，狹義的核心能力指的就是一個人的「學習力」，也就是讀、寫、算及運用資訊科技的能力。廣義的核心能力仍以「學習力」為軸心，隨著年歲增長及教育學習的成果，相輔相成而具有的「知識力」、「藝能力」、「品格力」，它們之間的關係也就形成了如圖 5-3 的系統模型。

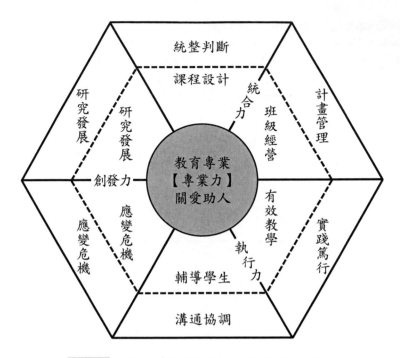

圖 5-2　教師及校長的核心能力系統模型

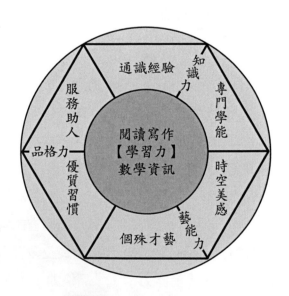

圖 5-3　學生的核心能力

　　校長厚實教育人員核心能力的經營要領，可參照下列作法：(1)標準進用法：學校教育人員的進用，必須符合國家規定的條件標準，目前大學教師一律要有博士學位，學校行政人員要有高普考或特考資格，符合一般公務員層級之規範；中小學教師要符合師資培育的條件（大學以上畢業＋教育學程），通過教師資格檢定考試及教師甄選，如有碩士學位者優先進用；(2)專業社群法：學校教師的核心能力必須經常維持在高峰狀態，其專門及專業領域的能力能有同儕交流學習成長的機會，才能維持核心能力的滋長，因此，校長必須帶領幹部及教師同仁，自組多元專業社群，激勵進修及專業成長；(3)行動任務法：賦予各種專業社群明確的教育任務及產品，對於教師同仁核心能力的發揮及貢獻最具效果；(4)合作學習法：就學生而言，也以同儕合作學習、學習共同體的運作模式來促進有效學習，提升學生的核心能力；(5)標竿認證法：校長帶動教師及行政幹部申請領域教學認證、參加教學卓越獎競賽、參加 GreaTeach 與 InnoSchool 方案獎勵，學生則發展各類學習護照，激勵學生追求各種標竿認證，學校的整體經營則參加優質學校、學校特色、「教育111」標竿學校認證。標竿認證法是檢驗師生核心能力及激發提升核心能力的有效作為。

二、轉動智慧資本的軸心：價值認同

　　我們臺灣的教育，教育人員的核心能力都在國家標準認可之上，但整體的教育競爭力未能有預期成效，主要原因在：(1)學校行政與教學雙系統組織運作，各自為政，連結度不夠；(2)教師進用取得正式教師資格之後，受到政府的保障過於周全，導致不適任教師及績效薄弱教師沒有退場機制；(3)部分校長經營學校欠缺系統思考，未具備「經營策略」及「實踐要領」的素養與知能；(4)教育人員績效責任的觀念剛在起步，「學生標準化基本能力檢測」與「教師評鑑」尚未實施；(5)教育人員對品質保證機制及持續

改善的教育訴求，了解程度不普遍，更不知如何操作；(6)教師及教育人員的個人生命願景及教育志業與學校的教育願景各自發展，沒有融合一致。

這些原因背後潛藏的問題是：教育人員沒有「價值認同」的引導與形塑，以致於教育上的「教育愛」、「關照能」、「使命感」、「責任心」逐漸淡化了，教師教學及教育活動的執行，成為一種工作、一種「勞務」，而不再是什麼神聖的「希望工程」。有人把這種現象比喻為「和尚撞鐘」，剛開始是「鐘鳴大地」，喚醒了沉睡中的學子，但日復一日、年復一年，鐘聲愈來愈小，幾近於聽不見了。

「價值認同」是教育事業「意義化」與「積極化」的關鍵，校長經營學校，可以參照下列的作法：(1)認同政策計畫，精緻教育機制的價值：當前的學校教育是典型的「計畫教育」，從學制、課程、師資、設備及學校年度做計畫，教育要配合「時代需求」與「社會變遷」，適時調整充實，逐步改善，邁向精緻；政府的教育政策與教育計畫就是扮演充實改善教育機制的教育功能，校長應將重要的教育政策及學校教育計畫之價值向教師們宣導說明，爭取認同支持，融合課程與教學實踐；(2)認同課程與教學創新教育內涵的價值：尤其是政府定期修訂「課程綱要」，學校發展校本課程及特色課程，主要在傳承優質文化知能的同時，也能適度創新教育內涵，並符合學校（或班級）學生的最需要，經營創發學校教育的內容品牌；(3)認同弱勢優先帶好每位學生的價值：在現代化與後現代交織的世代，價值多元、學生背景多元、先備條件多元，大家在一起接受教育，教育人員要有弱勢優先的價值觀，強化生活支持系統、學習輔助系統、適應支持系統，才能帶好每位學生，實踐一個都不少的教育價值；(4)認同順性揚才激發優勢亮點的價值：「有教無類，因材施教」是中國傳承的教育理念，「多元智能理論」強調學生的優勢智能明朗化，可以看到學生相對的亮點，中西文化融合後，教師面對學生時，更應「順性揚才」。「上善若水，水可就

下，因材器使，成就萬物；教育若水，激發潛能，順性揚才，玉成眾生」（鄭崇趁，2012b，頁317）。

三、活絡智慧資本的動能：實踐力行

智慧資本的第二大元素「認同程度」，可以劃分成兩大階段：「價值認同」與「實踐力行」。「價值認同」喚醒生命事業的價值意識，為「為什麼我們這樣教育學生」做註解，激勵教師深耕志業的潛在動能。「實踐力行」則進一步誘發此一潛在動能，化作具體行動，將自身的知識智慧，透過研究、教學、輔導、服務的歷程，創發教育產品、提高教育品質，且願意多花一些時間協助弱勢學生，帶好每位學生。因此，「實踐力行」才能將個人的智慧資本轉化成具體的動能貢獻。

校長帶動幹部及教師同仁「實踐力行」的要領，得參照下列作為：(1)融合論述價值認同：教師要認同的教育價值繁多，校長必須能夠融合論述，融合個人及組織的願景價值，融合學校計畫執行教育政策，精緻化教育機制價值，融合化約常態教育及中介教育的學生本位價值，運用學校最適化的「個別化」與「階段化」願景領導策略，融合論述價值認同；(2)推動認同實踐方案：校長可用最適化的「個別化」與「階段化」願景領導策略，帶動核心幹部發展「願景實踐方案」，在方案中設定各階段價值認同的宣導事項及方法；(3)布建價值實踐環境：將各種價值認同的精神標語結合處室、專科教室、領域課程、教育活動的內涵，以學校的願景（Vision）、任務（Mission）、核心價值（Core Value）為軸心，系統布建，帶領師生實踐力行；(4)獎勵實踐力行表現：全校師生因有實踐力行價值認同，激發核心技術及核心能力的動能貢獻，彰顯有效智慧資本者，公開表揚獎勵，擴大示範帶動效果。

四、創發智慧資本的貢獻：智慧管理

「智慧管理」是「知識管理」的進階名詞。當前的校長經營學校，不但要做好「學校的知識管理」與「教育人員的知識管理」，更要進一步經營學校的「智慧管理」。學校的知識管理主要是管理學校教育的核心技術，包括：學校的常態性事務、計畫性方案、課程設計、教學教案、核心校務的 S.O.P 以及處室業務執行成果資料、每位教師自身的知識管理系統，以及建置各種課程、教學、主題式計畫資源知識庫等。「智慧管理」則將這些知識管理的成果，精選出本校教師共同發展，而其他學校或教師不見得擁有的知識資料，給予系統管理；這些超越一般知識管理的教育產品及傳承創新教育核心技術的知識，代表人類珍貴的智慧。在一個學校中，有數十位、數百位教師匯聚，個別教師在學校中教育學生，傳遞知識，就會產生珍貴的智慧；教師都是高級知識分子，透過專業社群的實踐，更會有綿延不絕的新教育產品（智慧）誕生。學校應針對這些同仁們的智慧進行有效管理，永續經營，實質提升教育品質，優化教育機制。

校長經營「知識管理」的要領，得參照下列作法：(1)分享中摘取智慧：運用分享（share）機制，促進同仁知識螺旋（knowledge spiral），提升知識基模，改變心智模式，是知識管理的核心技術；校長應指定幹部及專業社群專業同仁，在學校各種會議及專業分享平臺交流中，摘取核心知識及校本智慧；(2)方案中匯聚智慧：學校經由分享平臺匯集的核心知識及智慧產品再匯聚成課程或教育活動，以有形的方案計畫來轉化智慧的運用性；(3)行動中實踐智慧：智慧行動方案計畫完成後，必須結合領域或大規模教育活動實踐力行，促使智慧資本在學校中永續經營；(4)行銷中拓展智慧：學校的智慧資本，除了造福校內師生之外，行有餘力，則可透過行銷及交互觀摩活動，兼及觀照鄰近學校或提供來訪交流學校參考，拓展智慧資本能量及影響力。

肆、結語：自我實現論及智慧資本論開啟校長學研究新契機

本章強調六個重點：(1)校長學的研究融合「人」與「組織」兩大層面，是一種「成就人」與「旺學校」的工作；(2)「自我實現論」及「智慧資本論」是融合學校中的「人」與「組織」任務功能，最具效果的範例；(3)校長經營學校，要促成自己、幹部、教師、學生及學校得以自我實現，讓每個人的生命願景及教育志業在學校中實踐，成就人的尊嚴與組織的價值；(4)智慧資本的主要元素包括「核心能力」及「認同程度」，「有能力」又「願意做」的「人」，才是學校「組織有效的智慧資本」；(5)校長經營學校當務之急，在帶動同仁及學生的「價值認同」以及「實踐力行」，將靜態的智慧資本活化成有效的智慧資本，促進「有核心能力的教育人員」對「學校組織」產出動能貢獻；(6)「自我實現」的追求，增益了人與組織「智慧資本」的動能貢獻；「智慧資本」的發揮，也深化了人與組織「自我實現」的價值程度，兩者具有交互作用、整合發展的縝密關係。

過去的校長學研究，多配合校長職涯發展歷程，強調四階段的重點：(1)尚未考上校長階段：重視校長核心能力及應考答題技巧，可以校長培育班課程24學分班為例；(2)考上校長儲訓候用階段：強調學校教育職能及理論結合實務的學習，可以國家教育研究院儲訓課程為例；(3)初任校長階段：重視跟著師傅（優質校長）臨校學習；(4)中堅及資深校長階段：研議發展校長專業認證辦法。

這四個階段的研究串聯，很難為「校長學」建立完備的系統結構。作者從2010年起，在博士班開授「校長學」，首次從「人」與「組織」的融合，發展「成就人、旺學校」的校長學九論，由前述「自我實現論」及「智慧資本論」的摘要論述，以及2012年《教育經營學：六說、七略、八要》

一書的出版，適可以「人」為主體，融合運用六種「原理學說」、七種「經營策略」、八種「實踐要領」。自我實現論「成就人的尊嚴價值」，樂為人師，扮演自我滿意的校長及教育人員；智慧資本論「激發人的動能貢獻」，校長活化學校的靜態智慧資本。兩者的交互作用，賦予「教育人員」在「學校組織」中的嶄新意涵與價值，為倡旺校務、提升教育競爭力奠定牢靠基石，也為校長學研究開啟了新契機。

（本文原發表於 2013 年，教育行政學術研討會，臺北市立教育大學主辦）

第六章 定位「校長評鑑」的鉅觀知識、微觀技術及實踐能力

壹、緒言：知識、技術、能力三位一體

　　校長評鑑究竟要評鑑校長的什麼？評校長的知識？評校長的辦學技術？或者是評校長的行為能力？好像都是，也好像都不確定。從當前已經實施的「新北市試辦校長評鑑」之評鑑指標觀察，或者從當前各直轄市、縣市的「校務評鑑」關於校長領導的評鑑指標觀察，好像都在評校長的辦學「績效表現」，不像是知識，也不像是技術，更不像是能力。

　　「校長評鑑」是屬於「人」的評鑑，應該直接評鑑當事人的知識、技術及能力，「知識→技術→能力」三位一體，是判準每一位校長能否勝任校長角色責任的重要指標。基於此一觀點，本章將逐一探討「校長學」的鉅觀知識、「校長評鑑」的核心技術，以及優質校長應備的核心能力，將「知識→技術→能力」知識遞移化約模式，提供給主導「校長評鑑」規劃人員以及執行評鑑的評鑑委員們參照。

貳、「知識→技術→能力」知識遞移化約模式

　　教育旨在「教人之所以為人」，理想中的人是一個「全人發展」的人。全人發展係指每一個人都要完整地發展完成六大角色責任：成熟人、知識人、社會人、獨特人、價值人，以及永續人（鄭崇趁，2012b）。尤其是知識人，係各種教育機制最核心的焦點。每一個大人都期待自己的孩子，透過教育學到知識、學到技術，擁有帶得走的能力，廣義的知識即包括技術

及能力。「知識→技術→能力」係作者撰寫三本「經營教育之學」的書籍之後發現的「知識遞移」化約模式（鄭崇趁，2012b，2013a，2014a）。所謂知識遞移，係指教學者（教師）能夠將自己身上的知識或者教材上的知識，有效地遞送轉移到學習者（學生）身上，成為學習者（學生）帶得走的能力。學習者（學生）不但要「了解、知道」這些知識的意涵，同時也要學會「操作、運用」這些知識裡頭的技術（或次級系統知識），才能成為真正帶得走的能力。「知識→技術→能力」三位一體才能詮釋成功的「知識遞移」，才是「有效的學習」，學生有效的學習，才是所有教育活動與教育機制共同的本質。

「知識遞移」核心技術的研發應該成為當代教育議題共同的焦點，例如：課程領導、教學領導、教師領導、校長教學領導、校長學習領導、校長評鑑、教師評鑑等教育議題，都應該回歸教育真正的本質，「教人之所以為人」，教學習者學會知識、技術及能力，讓學習者都處在「有效學習」的教育歷程之中。校長要領導所有教師及學生關注「知識遞移」的核心技術，實施「有效教學」以及「有效學習」。

有關「知識→技術→能力」知識遞移化約模式，鄭崇趁（2015a）曾舉三個實例說明，這三個實例是「智慧型手機」、「系統思考」，以及「新五倫及其核心價值」，概要如表 6-1、表 6-2 及表 6-3 所示。

智慧型手機擁有超強的功能，這些功能如果用在人的身上，就是能力。手機的這些能力（功能）是怎麼來的？我們可以說是中間的「數位零組件」、「組裝連結技術」、「結構系統技術」、「功能介面技術」等核心技術統整組合而來的，我們學會了操作、運用這些技術，「智慧型手機」的知識（東西），就變成了我們帶得走的能力。擁有中間核心技術能力的廠商，也就有能力產製「智慧型手機」。「知識→技術→能力」三位一體，而最關鍵的是中間「核心技術」的學習。

表 6-1 智慧型手機的知識、技術、能力分析

知識 ——→	技術 ——→	能力
智慧型手機	1. 數位零組件 2. 組裝連結技術 3. 結構系統技術 4. 功能介面技術	1. 訊息傳輸能力 2. 資訊蒐尋能力 3. 育樂休閒能力 4. 知識管理能力

資料來源：鄭崇趁（2015a，頁 3）

表 6-2 系統思考的知識、技術、能力分析

知識 ——→	技術 ——→	能力
系統思考	1. 觀照全面 2. 掌握關鍵 3. 形優輔弱 4. 實踐目標	・計畫擬定 ・讀書求學 ・考試應答 ・做人處事 〕都會呈現系統思考的能力

資料來源：鄭崇趁（2015a，頁 4）

表 6-3 新五倫及其核心價值的知識、技術、能力分析

知識	技術（次級系統的知識）——→		能力
	新五倫	核心價值	
・品德教育	第一倫　家人關係	親密、觀照、支持、依存	・好習慣的能力
・情意教學	第二倫　同儕關係	認同、合作、互助、共榮	・勤服務的能力
・全人格教育	第三倫　師生關係	責任、創新、永續、智慧	・樂助人的能力
・人際關係教育	第四倫　雇主關係	專業、傳承、擴能、創價	・有貢獻的能力
・學生輔導工作	第五倫　群己關係	包容、尊重、公義、博愛	・享幸福的能力

資料來源：鄭崇趁（2015a，頁 7）

　　系統思考的知識，在學習型組織理論流行之後，「系統思考的修練」（第五項修練）就成為教育界與管理界耳熟能詳的話題，「系統思考」成為一種觀念、一種態度、一種能力，也是一種習慣、一種素養，愈有系統思考能力的人，做事愈有效能與效率，往往是組織中的傑出人才。系統思考到底是什麼？如何操作？鄭崇趁（2012b）運用四大步驟來註解系統思考，它們是「觀照全面→掌握關鍵→形優輔弱→實踐目標」，這四個步驟就是操作系統思考的「核心技術」，我們掌握住這四個技術要領，在讀書求學、計畫擬定、考試應答、做人處事時，都會擁有卓越的系統思考能力。掌握「知識本身」中的「核心技術」，就能將知識轉化成自己帶得走的能力。

　　品德教育、情意教學、全人格教育、學生輔導等都是教育上的「重要知識」，「新五倫」、「核心價值」是這些重要知識次級系統的知識，我們可以命名為「微觀知識」，或者「微觀技術」、「核心技術」，用新五倫的人際類別劃分，以及其「核心價值」與「行為規準」的研發、實踐，能夠培育「好習慣的能力」、「勤服務的能力」、「樂助人的能力」、「有貢獻的能力」，以及「享幸福的能力」。這些能力的綜效就是適配幸福人生。找出操作知識的核心技術，就會變成每一個人帶得走的能力。

　　各級學校校長，是國家計畫培育的教育領導人才。校長要領導全校師生經營學校，當學「成就人」與「旺學校」的知識、技術及能力。校長評鑑也要完整檢核校長學的鉅觀知識、校長評鑑的微觀技術，以及實踐作為的能力表現。「知識遞移」化約模式，可以提供校長評鑑規劃者與實踐者參照。

參、校長學的鉅觀知識與經營教育之學

　　校長學的知識是從「教育學」及「管理學」的交織建構而來，是以「人」為主體的知識基模系統重組。鄭崇趁（2013a）出版國內第二本校長

學專書，主張校長當學「成就人」及「旺學校」，而發表成人旺校九論。九論包括九章，章名為：第一章「自我實現論〈成就人的價值尊嚴〉」；第二章「智慧資本論〈激發人的動能貢獻〉」；第三章「角色責任論〈實踐人的時代使命〉」；第四章「專業風格論〈領航人的品味文化〉」；第五章「計畫經營論〈帶動學校精緻發展〉」；第六章「組織創新論〈活化組織運作型態〉」；第七章「領導服務論〈創化專業示範模式〉」；第八章「溝通價值論〈深化多元參與脈絡〉」；第九章「評鑑品質論〈優化歷程績效品質〉」。成人旺校九論的系統架構，讀者可參考第一章的圖 1-2。

　　圖 1-2 的內圈是「成就人」四論，校長要從「自我實現」、「智慧資本」、「角色責任」，以及「專業風格」來成就學校中的每一個人，先成就自己（當上校長），再成就幹部及教師，成就每一位教師能夠人盡其才、才盡其用、貢獻學校、貢獻國家與社會，善盡角色責任及專業風格，再成就每一位學生，讓每位學生均有優勢專長，將來成為責任公民，己立立人，己達達人。外圍為「旺學校」五論，校長要掌握行政歷程的五大核心事項，做好「計畫經營」、「組織創新」、「領導服務」、「溝通價值」，以及「評鑑品質」，運作核心價值，導引核心工作的優化歷程與績效價值，暢旺學校，讓學校的教育品質具有市場競爭力，社區家長競相為其子女選校就學，暢旺校務，經營學校成為具有品牌系統的學校。

　　校長學來自「教育學」以及「管理學」交織而成的「經營教育之學」，經營教育之學尚包括：《教育經營學：六說、七略、八要》（鄭崇趁，2012b）、《教師學：鐸聲五曲》（鄭崇趁，2014a），以及《家長教育學：「順性揚才」一路發》（鄭崇趁，2015a），前兩本書的系統結構前幾章已有提及，《家長教育學：「順性揚才」一路發》一書的系統結構如圖 6-1 所示。它們都是「校長評鑑」時應考量到的與「校長學」攸關的、上位系統的「鉅觀知識」。

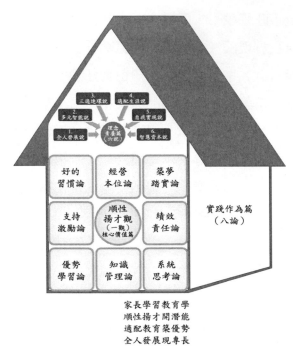

家長教育學：「順性揚才」一路發

家庭是父母及孩子住的地方

家長用「一觀、六說、八論」

帶好孩子「順性揚才」一路發

圖 6-1　《家長教育學：「順性揚才」一路發》一書的系統結構

資料來源：鄭崇趁（2015a，頁 14）

肆、校長評鑑的微觀技術與次級系統知識

　　校長評鑑是評鑑原理在「校長」身上的運用，藉以了解校長的知識、技術、能力，是否符合經營一個學校的標準。為了執行校長評鑑，教育行政機關必須策訂「校長評鑑指標系統」，並頒布「校長評鑑實施要點」，以作為辦理校長評鑑的基礎工具。因此，就「校長評鑑」事理而言，「校長」是主角，「評鑑」是配角（工具），兩者都有各自的系統知識，但「校長學」是上位而鉅觀的知識，是評鑑實施的主體，「評鑑學」是次級（下位）而微觀的技術，是為了有效了解校長「教育知識」、「經營策略」、「辦學技術」、「實踐能力」，以及「績效價值」的評鑑技術之運用。

　　教育評鑑的原理與方法具有時代性，不同時代的教育學者對教育評鑑的實施都有不同的註解，我們要實施「校長評鑑」，就要用當代最被接受的教育評鑑理念以及新穎而流行的作法。鄭崇趁（2015b）認為，教育評鑑如欲發展本土化評鑑方案，應關注「理念化」、「標準化」、「專業化」，以及「價值化」的知識脈絡與實踐技術。

　　在「理念化」部分，要包括「評鑑主體」的理念以及「評鑑本身」的理念，例如：要探索「校長評鑑」，就要掌握「校長學：成就人、旺學校」的教育核心理念（知識脈絡），就要掌握當前評鑑本身的重要原理發展趨勢，如「全面品質管理理論」、「回應性評鑑」、「智慧資本理論」、「PDCA 模式」、「CIPP 模式」、「平衡計分卡」、「認可制評鑑」、「績效責任」將共同主導帶動二十一世紀教育評鑑的發展。各種教育評鑑的工具（評鑑指標系統以及實施要點），都必須統整這兩大群組（評鑑對象及評鑑本身）的核心理念而設計，理念化愈深、愈到位，才會是優質的教育評鑑（含校長評鑑）。

　　在「標準化」部分，主要有五：(1)評鑑內容標準化：評鑑的分項與指標內容是共同的、一致的，大家都要評一樣的內涵；(2)評鑑歷程標準化：從進入受評單位到離開「聽取簡報」→「環境參訪」→「教學觀察」→「資料檢閱」→「多元座談」→「釐清問題」→「綜合座談」等歷程，都要遵守「標準作業程序」（S.O.P）；(3)委員資格標準化：評鑑係具有上位資格條件的人來檢核次級系統資格條件的人之辦事情形，為避免以下評上，是以各種評鑑的評鑑委員均有資格條件之規範（同一等級者至少要有優質、得獎的榮譽事蹟者才適合當評鑑委員）；(4)評鑑等級標準化：等第制的評鑑對於「特優」、「優等」、「甲等」、「乙等」、「未通過」的標準，要有明確的分數區間，或者明確的共識決（委員投票）標準規範；採認可制的評鑑，對於「通過」、「有條件通過」、「待觀察」及「未通過」的

標準，也應有具體明確的條件規範；(5)報告運用標準化：各單位評鑑報告的整體「形式」要一致，評鑑結果的獎勵與懲處也要有一致規範，評價的適用與擴能（如考績、遷調、任免）更要標準化。

在「專業化」方面，主要有五：(1)指標系統專業化：分項指標的內容要依據教育理論，指陳核心工作事項，以及呈現邏輯系統排列，是教育專業化的極致表現；(2)互動歷程專業化：整體評鑑流程以及多元座談的對話，都是友善的、民主的、教育的、專業的互動歷程；(3)資料呈現專業化：學校的簡報、書面資料、電腦數位檔案，都是學校知識管理的專業化資料，不是拼湊而未經系統整合的；(4)價值判斷專業化：評鑑是價值判斷的歷程，評鑑委員的共同決議是經由所有委員專業發揮所做的價值判斷；(5)報告內容專業化：評鑑報告的內容是所有評鑑委員對於評鑑事項描述與專業評價的共同結晶，也可以反映教育核心技術應用的妥適性，最值得教育單位進行知識管理。

在「價值化」方面，以「校長評鑑」為例，評鑑指標及評鑑報告要能夠呈現受評校長的下列五大價值：(1)校長有核心價值：校長具備明確清晰的教育核心價值觀；(2)校長能願景領導：校長能在公開會議場所揭示經營學校的願景（Vision）、任務（Mission），以及核心價值（Core Value），闡明三大詞性區隔，進行願景領導；(3)校長會價值論述：校長在重要會議及大型教育活動講話時，能夠運用核心價值註解論述教育事務之核心意涵與價值；(4)校長帶價值研發：校長能夠帶領幹部及課程發展委員會領域小組召集人，用行動研究方式，研發核心教育事務及領域核心教材之教育核心價值，進行價值研發與價值領導；(5)校長展價值行銷：校長能夠用經營教育的核心價值，對校內教師及校外家長、長官、教育人員進行價值行銷，點亮學校的教育特色亮點，增進學校的教育競爭力。

伍、校長評鑑要評校長的實踐能力

　　校長評鑑要評校長的實踐能力，評這個人在學校經營校務的實踐能力。校長經營學校的實踐能力包括下列四個面向：(1)校長本人的「核心能力」；(2)校長對學校教育的「價值認同」；(3)校長實際經營校務有效的「經營策略」；(4)校長在學校創發的「績效價值」。在「核心能力」方面，鄭崇趁（2013a）主張當代的校長應具備四大基本素養及八大核心能力，四大基本素養為專業力、統合力、執行力，以及創發力；八大核心能力為：(1)教育專業的能力；(2)關愛助人的能力；(3)統整判斷的能力；(4)計畫管理的能力；(5)實踐篤行的能力；(6)溝通協調的能力；(7)應變危機的能力；(8)研究發展的能力。其中，(1)(2)是實踐「專業力」的核心能力，(3)(4)是實踐「統合力」的核心能力，(5)(6)是實踐「執行力」的核心能力，(7)(8)是實踐「創發力」的核心能力。其系統結構如第四章的表 4-1 所示。

　　在「價值認同」方面，校長應有下列四大價值認同：(1)認同教育機制與政策價值：無論哪一層級教育的校長，都要認同整體教育機制及當前教育政策的正向價值，結合政策機制，有效經營學校教育；(2)認同學校社區與師生價值：校長要認同自己服務學校所在的社區，以及校內現有的人力、物力資源，融入學校，善盡本位經營的責任；(3)認同文化傳承與教育需求：校長要了解學校及社區的優勢文化，認同傳承在地優質文化，深層了解地區家長及學生的教育需求，為其規劃校本特色課程；(4)認同校本課程與學校特色：校長剛到學校任職時，要先認同學校既有的校本課程與學校特色，再參酌自己體會的學校優質文化傳承及教育需求，漸進決定、永續深耕部分的校本課程，或逐步調整校本經營方向及內容，優化學校品牌特色。

　　在「經營策略」方面，校長有效經營學校的策略繁多，但能有明確策略名稱且能夠與績效價值連結者更佳。鄭崇趁（2012b）曾以專書陳述學校

基本而常用的七大經營策略：(1)願景領導策略；(2)組織學習策略；(3)計畫管理策略；(4)實踐篤行策略；(5)資源統整策略；(6)創新經營策略；(7)價值行銷策略，合稱七略；七大經營策略，行動鋪軌，達育才之善。校長簡報學校經營策略時，能夠明確提二至三項具體經營策略之名稱及其經營重點，即為優質有為的校長。

在「績效價值」方面，校長要能「成就人」與「旺學校」，校長辦學的「績效價值」也是校長實踐能力的具體表現。校長要能經營學校下列四大績效價值：(1)專長亮點的學生：學校中每位學生都有相對的專長亮點，一個都不少；(2)卓越貢獻的教師：每位教師都能充分自我實現，同時也是學校、社會、國家的有效智慧資本；(3)成人旺校的校長：校長能夠成就自己、成就幹部、成就教師、成就學生，也能夠暢旺學校，有優質教育計畫，專業示範系統思考運作模式；(4)特色品牌的學校：學校能夠本位經營，優勢學習，順性揚才，產出精緻學校本位課程，學校教育特色成為系統品牌，吸引社區家長送子女到學校就讀。

陸、運用「知識→技術→能力」知識遞移化約模式來設計校長評鑑機制

教育評鑑的本質與功能，已從「目標達成程度的檢核」與「績效成果的判斷」，發展到「品質保證機制」、「持續改善訴求」，以及「創新人與組織新價值的認可」（鄭崇趁，2013a，頁288）。教育評鑑可以創新受評的人與組織之新價值，教育評鑑的實施歷程本身也是重要的「教育機制」，校長接受校長評鑑也可以創新校長本人的「知識→技術→能力」，並創新校長經營學校的「知識→技術→能力」。

　　知識遞移係指「教師能夠將自己或教材上的知識，有效地遞送轉移到學生的身上」，也就是「教會學生」，學生能學到具體的知識、技術及能力。「知識→技術→能力」化約模式強調下列四個焦點：(1)學習者學會操作知識裡頭的技術，就會成為帶得走的能力；找到知識裡頭的技術，針對技術進行有要領的教與學是最重要的關鍵；(2)鉅觀知識的次級系統知識就可以稱之為技術，以校長評鑑為例，「校長學」及「評鑑學」都是鉅觀的知識；「校長評鑑」用得到的「理念化、標準化、專業化及價值化」都是微觀的技術；(3)學習者學到帶得走的能力，才是教育真實的目的；學習者本身要「了解、知道」知識的意涵，也會「應用、操作」此一知識裡頭的技術，才能成為帶得走的能力，知識、技術、能力三位一體；(4)找到知識裡頭可操作的技術有要領可循，發現知識的原型、分析知識的元素、註解知識的成因、探究知識的脈絡、定位鉅觀的知識與微觀知識間的系統結構關係，任何「抽象的」知識都可解析其「操作型定義」，以碩博士論文為例，在研究架構中，其可操作的研究主題是知識，主題的次要變項就是技術；論文完成，通過審查，取得學位，就代表「帶得走的能力」；整篇碩博士論文，都是在重新定位各相屬系統知識（含鉅觀的知識以及微觀的技術）之間的新結構關係。

　　用「知識→技術→能力」化約模式來分析校長評鑑的「鉅觀知識」、「微觀技術」，以及「實踐能力」，概要如表 6-4 所示。

表 6-4　校長評鑑的知識、技術、能力分析

知識 →		技術 →		能力
校長評鑑	校長學及經營教育之學	・成人旺校九論 ・六說、七略、八要、五曲	校長評鑑指標系統 校長評鑑實施要點	・四大基本素養與八大核心能力 ・校長的價值認同取向 ・校長有效的經營策略 ・實踐四大績效價值： 1. 專長亮點的學生 2. 卓越貢獻的教師 3. 成人旺校的校長 4. 特色品牌的學校
	評鑑學理念化標準化專業化價值化	・八大理論理念 ・評鑑內容、評鑑歷程、委員資格、評價等級、報告運用標準化 ・指標系統、互動歷程、資料呈現、價值判斷、報告內容專業化 ・有核心價值、能願景領導、會價值論述、帶價值研發、展價值行銷		

　　校長評鑑的知識源頭來自「校長學」及「評鑑學」的鉅觀系統知識脈絡，以校長學為主軸的知識系統，上位及次級系統的知識最縝密者尚有「教育經營學」及「教師學」。校長學、教育經營學、教師學三者合稱為「經營教育之學」，意謂著：校長要領導教師、經營學校教育，教育經營學是經營教育的經緯，校長學是經營教育的軸心，教師學是經營教育的基點。軸心就是方向盤，校長必須掌握經緯的元素（六說、七略、八要），轉動基點，才能經營「成就人、旺學校」的教育事業，因此經營教育之學是校長評鑑更為鉅觀的知識。以評鑑學為主軸的知識系統，教育評鑑原理與方法的知識繁多，鄭崇趁（2015b）將之歸納為四大發展趨勢，在傳統的「標

準化」與「專業化」訴求之上，強調「理念化」及「價值化」的四大取向並重之教育評鑑，期待由四大取向的知識，研發出更優質的「校長評鑑指標系統」，以及更精緻的「校長評鑑實施要點」。

　　校長評鑑的技術就是要整合「校長學」的核心技術以及「評鑑學」的核心技術。就校長學的核心技術層面而言，狹義的是「成人旺校九論」，廣義的就宜擴展至教育經營學的「六說、七略、八要」以及教師學的「鐸聲五曲」，所以在表 6-4 中，標示了六說、七略、八要、九論、五曲。就評鑑學的核心技術層面而言，理念化部分指全面品質管理理論、智慧資本理論、PDCA 模式、CIPP 模式、平衡計分卡、績效責任、回應性評鑑、認可制評鑑等八大理論理念。標準化部分指評鑑內容、評鑑歷程、委員資格、評鑑等級、報告運用標準化。專業化部分指指標系統、互動歷程、資料呈現、價值判斷、報告內容專業化。價值化部分指受評的校長本人，要有核心價值，能願景領導、會價值論述、帶價值研發、展價值行銷。校長評鑑的統整技術就是將這些「校長學」及「評鑑學」的核心技術，統整成為具體的書面文件：「校長評鑑指標系統」以及「校長評鑑實施要點」。

　　校長評鑑是人的評鑑，是在評鑑能力，在評鑑校長經營學校的實踐能力，所以在「能力」的欄位，標示了四大重點：(1)校長的四大基本素養（專業力、統合力、執行力、創發力）以及八大核心能力（教育專業、關愛助人、統整判斷、計畫管理、實踐篤行、溝通協調、應變危機、研究發展能力）；(2)校長的價值認同取向（認同學校、社區、師生）；(3)校長有效的經營策略；(4)校長的四大績效價值（專長亮點的學生、卓越貢獻的教師、成人旺校的校長、特色品牌的學校）。

　　「知識→技術→能力」化約模式是知識遞移的有效模式，運用在校長評鑑上的規劃，可以幫助規劃者系統思考，關照知識深度、廣度、高度及密度，進而掌握「校長學」及「評鑑學」的關鍵系統知識。依據核心知識

尋繹其核心技術，重組定位各次級系統知識及其核心技術之間的關係，使之成為有系統結構的「校長評鑑指標系統」以及「校長評鑑實施要點」，帶動校長評鑑的實施符合「理念化」、「標準化」、「專業化」，以及「價值化」的時代趨勢與訴求，並且明確地將校長評鑑的性質定調為「人」的評鑑，定調為「校長實踐能力」的評鑑。校長評鑑也具有教育的功能，檢核激勵校長「實踐能力」的增長與強化。

柒、結語：「人」的評鑑更需要「價值化」的 評鑑指標系統

教育評鑑的發展先由「物」的評鑑（如設備安檢），進展到「事」的評鑑（如課程教學評鑑、主題教育評鑑），再進展到「人」的評鑑（如教師評鑑、校長評鑑）。尚未進展到人的評鑑之前，教育評鑑的共同訴求是「標準化」與「專業化」；林天祐（2004）曾用八大指標檢核我國教育評鑑符合「標準化與專業化」的程度，發現當時的符合度「中等偏弱」，十幾年後的現況，改善幅度十分有限。鄭崇趁（2015a）主張在「標準化」及「專業化」之上再補強「理念化」及「價值化」，用理念化帶動標準化及專業化的深度，用價值化創新教育人員與組織的績效價值，或許可以幫助本土化的評鑑方案更到位的系統思考，產出優質的「評鑑指標系統」及「實施要點」。

作者更進一步推薦「知識→技術→能力」三位一體的校長評鑑化約模式，以校長的「實踐能力」及「績效價值」為軸心，回推「微觀的核心技術」以及「鉅觀的知識系統」。在回應教育機制的本質時，教育旨在「教人之所以為人」，理想中的人是有知識、有技術、有能力的人，校長評鑑是人的評鑑，整個評鑑歷程，就是「知識→技術→能力」的檢核與評價，

價值化與理念化的意涵充滿了全套評鑑指標系統，優化了校長「人之所以為人」的意義、價值與尊嚴，讓校長評鑑成為精緻的評鑑美學。

（本文原發表於 2015 年，東亞校長學學術研討會，國立臺北教育大學主辦）

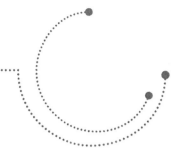

第二篇
創客教師篇

創客教師　教師創客
　　研發　有創意　學習食譜
　　教導　能創造　操作學習
　　建構　再創新　知能模組
　　完成　做創客　實物作品
開展　新五倫　智慧創客學校

第七章　創客教育的理論基礎與實踐作為

壹、緒言：從創新、創意到創客與智慧

當前的時代，稱為知識經濟的時代，知識經濟時代的核心價值是「創新」，意謂著「創新知識」（含產品）所產生的經濟價值，超越了過去「土地、人口、設備、資金」等傳統因素的經濟價值。最明顯的例子有三：比爾蓋茲（Bill Gates）的「微軟世界」、賈伯斯（Steve Jobs）的「蘋果天下」，以及羅琳（J. K. Rowling）的《哈利波特》，三者所創造的經濟價值都席捲全球，不但增加了個人財富，也豐富了相關人員的財富，更豐厚了全人類的生活內涵，改變了人的文化與文明，累增了人的意義、價值與尊嚴，有「人之所以為人」的感覺，讓人類駕馭知識有了新的工具與環境。

在教育領域中，對這三個人的偉大貢獻，約有三個階段不同的詮釋：創新知識→創意思維→創客實踐。第一個階段約在二十世紀末到二十一世紀初，微軟世界取得全世界優勢之後，大家都強調「創新」的重要，教育在創新知識，創新的知識才能有創新的產品。第二個階段在智慧型手機問世之後，尤其是 iPad 及 iPhone 零組件超強功能的進化，教育的焦點即轉移到「創意」，大家認為日常生活事務的「創意思考」，都有可能全面提升生活品質。2005 年《MAKE》雜誌出刊，掀起了全球性的「自造者運動」（makers movement），2009 年的自造者嘉年華會宣傳海報上標示：「從自造者到創客」。教育界開始用「偉大的創客」來詮釋這三大偉人，「maker education」（創客教育）逐漸被使用，這是第三階段用「創客實踐」來歌頌他們的貢獻。第三階段的註解對教育啟示最大：教育事業就是「創客的

教師」及「創客的學生」共同經營「教育產品」的事業；有教育產品的師生都是創客。

教育部（2002）頒行「創造力白皮書」，開始以國家政府的力量帶動學校創新經營，並獎助各級學校培育「創造力」人才。國內知名的《教育研究月刊》在 2006 年出版「學校創新經營」主題專刊，鄭崇趁（2006c）歸納「學校創新經營的策略」可著力下列十二項工作：(1)提升開會品質與效率；(2)落實分層負責及績效責任；(3)激勵創意思考，實踐共同願景；(4)設置建言獎，鼓勵創意點子；(5)增進教師會專業成長的組織功能；(6)倡導教師普遍參與行動團隊及行動研究；(7)鼓勵教師進行知識管理並建置個人教學網頁；(8)對教師及學生實施激勵策略；(9)開發多元教育資源，有效進行資源整合；(10)發表學校特色課程與教學，展現創新經營賣點；(11)舉辦班級創新教育活動競賽；(12)推展教師及學生能力護照。

歷經十年的發展與實踐，前述十二項工作已有相當程度的績效價值，尤其是各級學校課程與教學的創新，約有 80%以上的學校均有校本課程及學校特色教育，每位教師均有自己的教學檔案及部分的自編主題教學教案；唯獨「提升開會品質與效率」的創新最不明顯，甚至有部分學校的校務會議要吃兩個便當，行政幹部也經常被每週的行政會議所牽絆，「會議領導」與「開會創新」沒有預期的效果，作者認為這一階段，學校教育領導者（學校為主）沒有掌握到「創新」知識裡的「技術」，不會操作會議的創新技術（要領）所致（不會操作知識裡的技術，就不可能成為帶得走的能力）。

教育部於 2010 年召開第八次全國教育會議，並依據教育會議的成果，於 2011 年頒布「中華民國教育報告書：黃金十年、百年樹人」（第二本教育白皮書）。第八次全國教育會議及第二本教育白皮書均將「新世紀、新教育、新承諾」作為臺灣二十一世紀的教育願景，並揭示四大教育核心價

值（目標）：精緻、創新、公義、永續。「創新」列為四大核心價值之一，即在呼應「知識經濟」時代之訴求，由教育的「創新思維」扎根，培育更多創意人才，期能開創百業興隆的新臺灣。

鄭崇趁（2013a，頁161-185）依據「知識先天論」的觀點，主張創新就是「賦予存在」（to being）的歷程。人類百業事務，只要從業人員經由「實→用→巧→妙→化」的經營，都可以創新自己的生活，創新自己的知識，創新自己的工作流程（S.O.P），創新自己的業務產品，人人都可創新，人人也都可以成為創客。創新的教育意涵有五：(1)創新是發現新的教育產品；(2)創新是發現新的因果關係；(3)創新是發現新的深層結構；(4)創新是發現新的方法策略；(5)創新是發現新的意義價值。

近十年來，自造者運動的成就受到全世界關注，每年的自造者嘉年華會在世界各地舉行，每一個地方都有成千上萬的人參訪，它已成為人類文明的風向球，人類將來的生活，就靠這些「創客」及其「產品」在前頭鋪路，自造者嘉年華也逐漸地超越了各地的「電腦資訊展」，參觀創客、參與創客、教育自己成為創客，也日益成為一般知識分子的心聲與共同願景。用「創客」一詞取代「自造者」的用語，更符合「人的本質」，人可以「生人」，人的本能就是「創客」，人每天要生活、每天要工作，人本來就應當是生活的創客（有自己的生活品味），人本來就應當是工作的創客（做出好的產品，或提供優質的服務；符合S.O.P及夠標準的行為）。創客教育也開始受到重視，2015年新北市開始規劃實施「創客教育實驗學校計畫」，教育部國民及學前教育署將創客教育當作2016年起的核心施政重點。從「創新知識」到「創意思維」再到「創客實踐」，教育單位（人員）找到了創新經營教育的著力點。

2016年4月、5月間，臺灣與中國大陸發生震驚世界的「電信詐騙集團」事件：臺灣的電信技術高手夥同大陸人員，在肯亞透過數位科技的協

助，詐騙臺灣及中國大陸人民的血汗錢，高達數十億元。這些罪犯都受過高等教育，擁有高人一等的「知識」、「技術」及「能力」，但欠缺德育（道德），或少了核心價值的教育，才會選擇有害他人的「行業」或「行為表現」。本書主張，「創客教育」要結合「智慧教育」一起實施，要推動「知識→技術→能力（作品）→價值」四位一體的「智慧創客教育KTAV（教學）模式」。在單元教學時都要有「知識→技術→能力（作品）→價值」的關照，學生才會成為「智慧人‧做創客」，因此，下文中的「創客教育」與「智慧創客教育」交互使用。

貳、創客教育的理論基礎

教育界新接觸的「創客教育」，多與數位科技、3D列印，以及操作體驗的教育有關，例如：食農教育、童軍教育、動手做（DIY）陶藝、溯溪攀岩、技藝教育、木工造形、各種機器人和汽機車模型、手工藝品的教育等。把從前與「做中學」有關的教育活動、體驗學習，以及數位科技（3D列印）的產品，稱之為創客教育，這是狹義的創客教育，也是一般教育人員對於創客教育的基本認識。

廣義而合宜的創客教育，應整合分析（系統思考）創客教育的理論基礎及其核心價值，並依據理論分析結果，規劃設定學校教育的實踐作為，再由行政單位或學校主體，策訂創客教育主題式計畫，籌集必要資源，核定執行計畫（方案）。有優質的創客教育計畫，且有永續深耕的教育人員（以行政人員、校長、教師為主），創客教育才有可能達成預期績效（價值），實質改變教育型態與內涵，全面提升教育品質。

創客教育的理論基礎重要者有六：(1)自造者運動；(2)做中學（learning by doing）理念；(3)探索體驗學習；(4)知識管理理論；(5)知識遞移理論，

以及(6)知識創新理論。六者與創客教育基本定義的關係如圖 7-1 所示。作者將「創客教育」的基本定義化約成下列三點：(1)創新知識的人；(2)會操作知識裡的技術學習者；(3)有教育產品的師生。

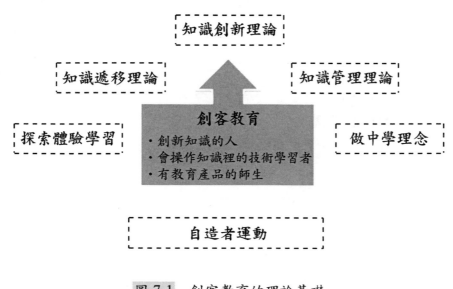

圖 7-1　創客教育的理論基礎

一、自造者運動

　　自造者運動是今日創客教育的總源頭，李欣宜（2015）曾分析其十年來的大事包括：(1)2005 年，《MAKE》雜誌誕生，Maker 一詞出現；(2)2005 年，Arduino 開源開發版誕生；(3)2005 年，手工藝電商平臺 Etsy 創立；(4)2006 年，舉辦第一屆 Maker Faire，全球最大自造者嘉年華；(5)2007 年，第一家 TechShop 自造空間開張；(6)2009 年，熔融沉積 3D 列印技術專利到期；(7)2009 年，全球規模最大募資平臺 Kickstarter 創立；(8)2012 年，Pebble 智慧手錶在 Kickstarter 上成功募資 1,030 萬美元，創下募資案最高金額；(9)2012 年，樹莓派開發版誕生；(10)2014 年，雷射燒結 3D 列印技術

專利到期。

國立臺北教育大學也在 2015 年，配合教育部核定的「教學卓越計畫」，開設「創客特色人才培育學分學程」，其課程科目主要如下：(1)電腦繪圖設計；(2)產品動畫設計；(3)3D 列印業務；(4)介面互動設計；(5)多媒體網頁設計；(6)互動媒體設計；(7)模型製作；(8)文創商品設計開發；(9)展示設計與製作；(10)創客學習雲。

自造者運動對教育的啟示主要有：(1)動手做（DIY）成為新流行的教育歷程，所有的學科都在 DIY，注重活動中學習；(2)教育的歷程關注知識之模組（系統結構），課程模組化、學習產品模型化；(3)用操作來學習實物知識（技術導向的知識）；(4)對於抽象的知識也應該有可以操作的技術，只是我們人類尚未找到。

二、做中學

杜威（John Dewey）的做中學理念重新受到教育界的關注，幾乎所有主張創客教育的教育人員，都會多次的重複提及 learning by doing，做中學確實是 DIY 最貼切的學理基礎，也是教育連結自造者運動最重要的橋梁。杜威是二十世紀實用主義教育領導人，其著作豐富，《民主主義與教育》（*Democracy and Education*）一書註解了「全民參與」及「全民教育」的新人類生活，主張「教育即生活」、「生活即教育」、「如何思考？」，以及「做中學」的教育，讓教育的致用程度達到前所未有的結合，所以稱為實用主義的教育。在美國（1931 年），曾有杜威思想主軸的實用主義實驗學校花了八年的時間研究，成果雖不如預期理想，但作者認為，如果當年有今日科技數位工具（如電腦軟體及智慧型手機）的配合，做中學的教育績效與價值可能就會與預期成果接近，當時實驗未能成功，但無損於杜威的遠見。

　　就杜威的教育思想以及做中學的觀點，作者認為對於創客教育有更為深層的啟示：(1)做中學的教育更貼近人的生活，只要教師及父母有好的專業示範，人人可以做中學，人人可以做創客；(2)做中學就是在學習操作知識中的技術，做中學的學習者比較容易掌握學習「知識對象」本身的核心技術；(3)身體的手腳及感官直接接觸體驗「鉅觀的知識」及其「微觀的技術」，有助於新系統結構關係的建立，並能產出作品（知識模型或實物）；(4)任何知識都是可以操作的（可以做中學），是以當前碩博士論文及所有研究著作都要有明確的概念型定義及操作型定義。

三、探索體驗學習

　　食農教育、童軍教育、大地遊戲、生態遊學步道、溯溪、攀岩、高空彈跳、垂釣、木工製作、空間設計、各種飾品及生活用品 DIY 等，都由於創客教育的強調，跟隨著做中學的腳步，「探索體驗學習」成為第三個創客教育的理論基礎。探索體驗學習有下列特質：(1)身心感官與自然環境整合的學習，讓知識的探索經由身體的體驗，顯得格外真實；(2)追求高峰經驗的學習，例如：攀岩、高空彈跳、溯溪等經驗對多數的學生而言，都是高峰經驗，證明自己的能力「做得到」；(3)探索的歷程往往會發現新事物，新事物也是知識，探索體驗就是在創新自己的經驗知識；(4)人的生命要面對諸多挑戰與超越，探索體驗學習安排了挑戰試煉的情境，直接豐厚生命的意涵。

四、知識管理理論

　　創客概指創新知識的人，能夠創新知識的創客，必須先擁有知識，再用知識創新知識，「知識管理理論」也就形成了創客教育的第四個理論基礎。知識管理概指人蒐集、擷取、儲存、運用、分享、擴散、創新知識的

歷程，$KM=(P+K)^S$ 是日本學者 Nonaka 與 Takeuchi（1995）發表的知識管理公式，為當代教育學界及管理學界認同，直接翻成中文即是：知識管裡＝「人」用「資訊科技」管理自己及組織「知識」的「分享」次方。鄭崇趁（2012b，2015a）認為此一公式有五大要義：(1)人與知識的匯通是管理的基礎；(2)人用資訊科技進行知識管理；(3)人與知識是否能有效管理，決定在「分享」的因素；(4)知識分享占知識管理成果的（累積與乘積）「次方角色」，代表知識分享平臺愈暢旺，知識管理成果愈好；(5)資訊科技是知識管理的工具，而知識分享機制則是知識管理的方法策略。

知識管理理論的應用與實踐幫助了所有的人與企業組織，人與其任職的單位都因為知識管理做得好，享受到「人之所以為人」的價值與尊嚴（對自己能夠自我實現，對組織能夠產生動能貢獻，成為有效智慧資本）。知識管理對創客教育有下列四大啟示：(1)最好的知識管理仍然是將「知識」管理在「人」自己的身上最佳，自己的內隱知識有新的系統重組，才是真的學到知識；(2)將學到的知識與他人分享，才能驗證自己得到知識的真偽與精熟度；(3)與他人「分享知識」就是創客行為，即是「知識基模系統重組」的初步成果；(4)留下知識產品（著作、實物作品）就是最佳的知識分享，做創客（有著作）可以說是最好的知識管理（可以分享、可以流傳、可以創價）。

五、知識遞移理論

「知識遞移」係探索知識管理理論之後的衍生理論。知識遞移係指教師能夠將自己身上的知識或教材中的知識，有效地遞送轉移到學生的身上，學習者不但要了解、知道這些知識的意義，也同時要會操作這些知識裡的技術，才能變成帶得走的能力。能力實踐往往用「作品」表現，成為有「價值」的行為，因此，學習者學會「知識→技術→能力（作品）→價值」，

並且四位一體，才算知識遞移成功（鄭崇趁，2015a，2016）。依據Bloom認知教學目標的「知識、理解、應用、分析、綜合、評鑑」六個層次分類，至少要達到前四個層次，否則就都只學習到一知半解的知識。「知識遞移」成功，才是教育的本質，知識是教與學的核心對象，知識的呈現也是課程教材編製的核心因子，任何的教育活動都在促進「知識遞移」，知識遞移理論應成為知識管理理論之後，教育領域最應當研發定位的教育（教學）理論。

知識遞移理論強調「知識→技術→能力（作品）→價值」四位一體，對於創客教育的開展有下列四大啟示：(1)學習知識要從知識本身的次級系統知識開始，這些次級系統知識可稱之為知識本身的核心技術；學會這些核心技術，就可以變成帶得走的能力，有能力駕馭知識，成為創客；(2)能夠定位知識本身（鉅觀知識）及其次級系統知識（微觀技術）之間的新系統結構關係，代表有能力駕馭這些知識；(3)促進師生「知識遞移」的核心技術（要領）有：探究知識的原型、元素、成因、脈絡、系統，是當代教師最核心的使命；(4)依據知識遞移理論，研發授課領域（學科）「知識→技術→能力（作品）→價值」的智慧創客學習食譜及智慧創客教育 KTAV教學模式（如圖 7-2 所示），是教師的當務之急。

六、知識創新理論

知識經濟時代來臨之後，各行各業都在強化「知識的管理」與「知識的創新」，認為「人與組織」之知識及其核心技術能夠持續創新、有新的產品，企業單位（組織）才能永續經營，組織成員（個人）的知識也要持續創新，至少要能具備任職單位開展的新產品核心技術，才能為公司永續創價，此稱之為知識創新理論。知識創新理論引進教育領域之後，林新發（2009）指導多位教育博士研究生時，多將學校創新經營分類為：行政效

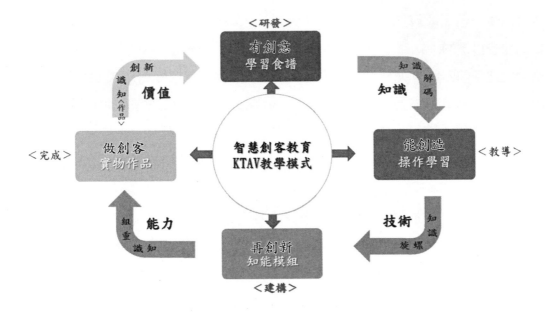

圖 7-2　智慧創客教育 KTAV 教學模式

能創新、課程教學創新、學校輔導創新、環境資源創新，以及學生表現創新五大類。

　　知識創新理論在教育領域的運用實踐已十分縝密。鄭崇趁（2015a）認為，教育與知識創新理論之關係，下列四點最重要：(1)教育機制都在創新知識：教育創新個人知識、教育創新組織知識、教育創新課程教學、教育創新經營模式；(2)教學歷程在創新教師經營技術：教師用教學經營學生的學習技術、學生的團隊動能、學生的知識螺旋，以及學生的智慧管理；(3)師生文化也可以創新經營：如深耕理論的師生文化、學以致用的師生文化、研究發展的師生文化，以及活力生新的師生文化；(4)教育可以創新經營新世代：包括資源設施的創新經營、課程教材的創新經營、教學技術的創新經營，以及績效價值的創新經營。這些創新經營的實踐，亦可稱之為創客經營新教育的世代。

參、創客教育的實踐作為

作者有幸於 2015 年起有多次輔導新北市規劃創客教育實驗學校之機會，曾依據前述六大理論基礎，以及創客教育的核心價值（真實、體驗、生新、創價），系統思考學校主體的創客教育，其實踐作為可歸納為下列十六個項目，包括：(1)成立創客教育中心學校；(2)規劃系列的智慧創客領導研習；(3)遴選創客教育實驗學校；(4)甄選學校特色創客教育方案；(5)研發領域（學科）的智慧創客學習食譜；(6)註解單元知識及技術的最佳教學要領；(7)設計單元創客教學教案及師生作品；(8)彙編領域（學科）的創客學習教材；(9)實驗知識領域（學科）「知識→技術→能力（作品）→價值」的智慧創客教育 KTAV 教學模式；(10)實驗活動領域（學科）「知識→技術→能力（作品）→價值」的智慧創客教育KTAV教學模式；(11)布建QR-code智慧創客學習步道；(12)活化交流創客教學觀摩；(13)辦理教師智慧創客教材教案競賽；(14)舉辦學生智慧創客學習成果展示；(15)定期舉行師生教育產品競賽及展示會（智慧創客教育嘉年華）；(16)舉辦創客教育學術研討會。 逐一說明其實踐（內容）如下。

一、成立創客教育中心學校

直轄市及縣市教育局（處）可依縣市「創客教育推動計畫」之規模，成立四種層次之「創客教育中心學校」：(1)創客教育實驗學校之中心學校（依學校層級分立）：示範學校整體型態之創客教育方案及創客領導研習等共同事項；(2)領域（學科）的創客教材研發之中心學校（依國教輔導團之領域或學科分立）：專業示範「智慧創客學習食譜」之研發工作，以及「知識→技術→能力（作品）→價值」的智慧創客教育 KTAV 教學模式推廣事宜；(3)學校創客教育活動之中心學校（依學校層級分立）：示範學校

舉辦教師智慧創客教材教案競賽、師生教育產品展示、智慧創客教育嘉年華、創客教育學術及實踐研討會等重點的創客教育活動；(4)學校創客教育「計畫方案」輔導中心學校（必要時設置）：結合學者專家及優秀的校長教師，輔導策訂學校適合推動之「優質創客教育計畫（或方案）」。

二、規劃系列的智慧創客領導研習

直轄市及縣市教育局（處）之教育研究發展單位，應針對所屬學校校長、主任、組長及課程發展委員會領域（學科）小組召集教師，辦理系列的智慧創客領導研習，帶領教育實務領導者，充分了解創客教育的定義、理論基礎、實踐作為，以及推動創客教育之核心價值，認同創客教育可以全面提升教育品質與教育競爭力，並學會研發「知識→技術→能力（作品）→價值」四位一體之授課領域（學科）的智慧創客學習食譜及智慧創客教育 KTAV 教學模式。

三、遴選創客教育實驗學校

直轄市及縣市教育局（處）應遴選校長幹部或領域教師優質學校，作為整體創客教育實驗學校或領域（學科）創客教材研發學校，每年並指定創客教育中心學校舉辦師生教育產品展示、智慧創客教育嘉年華等活動，且敦請學者專家輔導協助創客教育實驗工作之進行。直轄市教育局及縣市政府教育局（處）宜在 2016 年內頒布「創客教育實驗學校遴選要點」及「中小學創客教育標竿學校認證指標系統」。

四、甄選學校特色創客教育方案

直轄市及縣市政府教育局（處）應鼓勵所屬學校將學校本位經營之「學校特色」、「校本課程」，以及「優質化工程」結合「知識→技術→能力

（作品）→價值」的智慧創客教育 KTAV 教學模式，轉化為「學校特色智慧創客教育方案」，加強研發「學校特色」之核心技術以及師生之教育產品，讓校本課程、優質化工程及學校特色創客化，都能為學校師生留存豐厚的教育產品，並加速提升教育歷程品質。

五、研發領域（學科）的智慧創客學習食譜

創客教育承續傳統教育，並且要優化下列三大要務：(1)將學習地圖進化為學習食譜：學習地圖提供學生需要學習的課程名稱與主題，讓學生按圖索驥，逐一學習；學習食譜係何福田（2010，2011）在三適連環教育中所提出來的觀點，其認為我們要提供給學生的學習教材內容都是「知識、技術、能力、價值」的重要媒介，就像食譜一般，教師要將主菜及配料炒過（教學歷程），再提供給學生成為學習美食；(2)教材要引導學生掌握知識中的次級系統技術：讓學生直接學習操作知識中的技術（做中學）；(3)教學歷程及學生學習結果要有相對的「教育產品」以及必要的作品價值詮釋：以多元教育產品來呈現學生的「知識→技術→能力（作品）→價值」（四位一體）。

直轄市及縣市國民教育輔導團應配合創客教育的推動，優先開發輔導授課領域（學科）之智慧創客學習食譜，每一年級至少要有十大單元的主題知識及其核心技術名稱，並推薦最佳的學習要領（方法）之單元智慧創客學習食譜樣張，如表 7-1 所示。

創客教育實驗學校得由學校課程發展委員會的各領域（學科）小組召集教師，結合同一領域（學科）授課教師，針對學校實驗領域或學校特色校本課程或優質化工程教育主題，優先開發成單元教學之智慧創客學習食譜。用具體的智慧創客學習食譜引導教師創客教學實踐，有效留存師生的創客教育產品。

表 7-1　智慧創客教育（KTAV 教學模式）單元學習食譜

單元名稱：	年級領域：		設計：
K 知識 致用主題知識 ⇨	**T 技術** 能操作學習技術 ⇨	**A 能力** 實踐行為能力 ⇨	**V 價值** 人類群己教育價值
知識名稱及意涵	教學活動(學習步驟)	師生實物作品	成果價值詮釋
學習要領	做中學規劃或數位連結	知能模組 (作品需要的知識、技術、能力系統重組)	教育價值 ☐真實 ☐創價 ☐體驗 ☐傳承 ☐生新 ☐永續

六、註解單元知識及技術的最佳教學要領

單元智慧創客學習食譜（如表 7-1 所示）除了明確提列「知識→技術→能力（作品）→價值」之焦點內容外，主要功能在引導教師的「教」以及學生的「學」能夠聚焦在如何有效操作主題知識之內的核心技術，由「學習食譜」設計者推薦或註解「學習要領」，最能掌握各道「美食」的原味。智慧創客學習食譜可提供給不同的教師來實踐教學，每一位教師採用的方法要領可以「彈性自主」，但原有的「標準作業程序」（S.O.P）之標示，亦可幫助直接「智慧創客教學」。

七、設計單元創客教學教案及師生作品

智慧創客學習食譜已經深化課程綱要，明確標示了每一單元教師要教及學生要學的「知識→技術→能力（作品）→價值」與其推薦的教學要領，每一位教師在實際教學之前仍要預為準備：設計此一單元創客教學的教學

簡案、具體規劃教與學之流程步驟、需要的教材輔具、數位科技媒材運用、教育產品樣本範例、解析模型等，確保在有限的教學時間內，學生能夠完整學習，師生都能完成留下優質的教育產品，師生都有智慧創客的感覺。

八、彙編領域（學科）的創客學習教材

直轄市及縣市教育局（處）之教育研究發展中心（科）應輔導所屬的國民教育輔導團，結合創客教育實驗學校，依據每年的智慧創客學習食譜研發成果以及智慧創客教育 KTAV 教學模式實驗回饋，彙編各領域（學科）的智慧創客學習教材，印發給學校教師參採使用，導引創客教育之實踐，並依據使用教師及學生的回饋意見，持續更新單元教學之智慧創客學習食譜，產製更為豐厚多彩的師生教育產品。

九、實驗知識領域（學科）「知識→技術→能力（作品）→價值」的智慧創客教育 KTAV 教學模式

創客教育實驗學校應選定兩個認知領域（學科），敦請授課教師採用「知識→技術→能力（作品）→價值」的智慧創客教育 KTAV 教學模式，進行教學簡案編製及實驗教學，增加學生「操作技術」活動之形成性作品以及總結性作品，以操作技術來學習完整的知識，並完成預期作品來驗證習得的能力。「知識→技術→能力（作品）→價值」四位一體，並為學校（教師及學生）留下厚實的教育產品。

十、實驗活動領域（學科）「知識→技術→能力（作品）→價值」的智慧創客教育 KTAV 教學模式

創客教育實驗學校應選定兩個活動領域（學科），例如：球類、藝文、童軍、食農教育，敦請授課教師，依據該領域（學科）的智慧創客學習食

譜，編寫教學簡案，設定主題知識之核心技術教學步驟及要領，並運用當代數位科技，拍攝學生之核心技術學習過程，在課堂中觀摩討論，帶動學生外顯知識與內隱知識之螺旋效果，精緻化各階段核心技術之學習，順利在單元結束前完成預定的學習作品。

十一、布建 QR-code 智慧創客學習步道

創客教育實驗學校應針對學校實驗的二至四個智慧創客教學科目（或領域），商請授課教師結合資訊數位科技專長人員（如教師、職工或替代役人員）將各學科單元知識之核心技術及其學習要領，拍攝成一至三分鐘的示範影片，並布建成○○領域（學科）的 QR-code 智慧學習步道，提供學生運用手機及平板自主反覆進入學習環境。QR-code 智慧學習步道建置完成之後，授課教師應引導班級學生，專業示範操作學習步驟與要領，並將學生分組（三至五人為宜），給予適當時間進行群組學習，運作團隊動能，協助帶好每位學生（精熟單元學習的知識、技術、能力、價值）。

十二、活化交流創客教學觀摩

智慧創客教育 KTAV 教學模式有以下四大特質：(1)操作中學習教學：在教導學生如何操作學習主題知識中的核心技術；(2)操作的核心技術要與學習預定完成的作品攸關；(3)連結數位產品教學：學生操作智慧型數位產品進行操作中學習；(4)教學之後學生完成的實物作品或學習單，要能夠反映學生學到的「知識→技術→能力→價值」，並且四位一體。

創客教育實驗學校應徵求授課教師同意，針對創客教育實驗教學進行錄影錄音，數位儲存，並由該領域小組教師共同觀摩，討論精進，以優質單元教學提供全校教師及跨校教師交流觀摩，讓各級學校教師為自己盡快找到最佳的智慧創客教育 KTAV 教學模式。

十三、辦理教師智慧創客教材教案競賽

直轄市及縣市教育局（處）應指定創客教育中心學校，每年辦理所屬學校教師「智慧創客教材教案競賽」，甄選優秀的「智慧創客學習食譜」以及「智慧創客教育 KTAV 教學模式」，激勵教師為教育事業產生動能貢獻，並公開表揚及展示交流，拓增「知識遞移」之績效價值，藉由智慧創客教育（豐厚的師生教育產品）快速提升教育品質與教育競爭力。

十四、舉辦學生智慧創客學習成果展示

參與創客教育實驗之學校應分季辦理個別領域（學科）學生的智慧創客學習成果展示，分學期辦理學校師生的智慧創客教育學習成果展演活動，依學年舉辦師生智慧創客教育嘉年華，與學校師生及家長分享智慧創客教育的教材設計原理及師生智慧創客教育產品，闡揚「真實、體驗、生新、創價、傳承、永續」之創客教育核心價值，導引「知識→技術→能力（作品）→價值」的學習模式，翻轉回歸教育本質。教育即創客，創「知識→技術→能力（作品）→價值」的客，才是真實生新的教育。

十五、定期舉行師生教育產品競賽及展示會

直轄市及縣市教育局（處）每年應指定創客教育中心學校為所屬學校舉辦一次全縣市的「智慧創客教育嘉年華」（與師生教育產品競賽及展示會可共同舉行）。要求所屬學校全面參與（每校一攤位），各校群英爭輝，均展出其近年來獲獎的師生教育產品以及將來智慧創客發展方向，並安排學校師生交流觀摩，逐年豐厚教育產品的數量以及精緻品質。

十六、舉辦創客教育學術研討會

直轄市及縣市教育局（處）應結合在地教育大學，每年舉辦創客教育

學術研討會乙次，蒐集發表創客教育的理論基礎、核心價值、研究分析、國際脈絡，以及在地方案，據以理論結合實務，檢討策進直轄市或縣市的創客教育計畫方案，調整創客教育年度實施計畫及配套措施，落實創客教育績效價值，永續經營創客教育。

肆、創客教育的計畫經營

當前的教育都是「有計畫的」稱之為「計畫教育」，從學制、師資、課程、設備、日課表、上下課時間的規劃都可以證實當前的學校教育是完全計畫的教育。「計畫教育」因應社會的變遷與時代的挑戰，須要「教育計畫」來充實、改善、調整、優化，使教育機制更符合人民的需求，培育百業興隆的人才。因此，「真正的教育改革，需要優質的教育計畫」（鄭崇趁，1995）。「創客教育」是國家新興的教育政策，創客教育政策的實踐必須要以「優質的教育計畫（方案）來呈現」，始能找到著力點，進而帶動學校校長及教師的務實實踐。

優質教育計畫的辨識指標有五：(1)計畫的型態具有系統結構，尤其是目標、策略、項目等三者彼此關係密切，且可以用圖或表來呈現；(2)計畫的背景緣由或實施原因是一種教育理念的實踐，整個計畫的意涵具有教育理論的基礎；(3)計畫的實施項目與內容是可行的、可操作的，也是教育組織當前最需要的；(4)計畫的執行設定了固定的期程、項目與經費，資源投入的量與質規劃妥適；(5)計畫本身包含了「配套措施」的設定與執行，推動計畫本身的「組織」、「運作」、「考核」、「檢討」、「回饋」、「品質保證」等機制，有明確規範（鄭崇趁，2012b）。

為提供教育行政單位及創客教育實驗學校策訂「優質創客教育計畫」之參照範本，作者依據本章論述之理論基礎及實踐作為，結合「目標設定

技術」、「策略分析技術」，以及「項目選擇要領」，撰擬二種計畫模組，呈現優質創客教育計畫（方案）之系統結構（如表 7-2、表 7-3 所示）。

一、「創客教育實驗學校」計畫模組

表 7-2　○○市（縣）創客教育實驗學校計畫表

目標	策略	執行項目
優化創客領導，深化創客食譜，厚植新教育創客智慧資本；活化創客教學，動化創客展演，成就新世紀創客優質人才。	一、規劃創客領導研習，提升師生創客素養。	1. 成立創客教育中心學校。 2. 規劃系列的智慧創客領導研習。 3. 遴選創客教育實驗學校。 4. 甄選學校特色創客教育方案。
	二、研發創客學習食譜，編製領域創客教材。	5. 研發領域（學科）的智慧創客學習食譜。 6. 註解單元知識及技術的最佳教學要領。 7. 設計單元創客教學教案及師生作品。 8. 彙編領域（學科）的創客學習教材。
	三、實驗領域創客教學，促進學生創客動能。	9. 實驗知識領域（學科）「知識→技術→能力（作品）→價值」的智慧創客教育 KTAV 教學模式。 10. 實驗活動領域（學科）「知識→技術→能力（作品）→價值」的智慧創客教育 KTAV 教學模式。 11. 布建 QR-code 智慧創客學習步道。 12. 活化交流智慧創客教學觀摩。
	四、動態系列創客展演，擴展教育創客價值。	13. 辦理教師智慧創客教材教案競賽。 14. 舉辦學生智慧創客學習成果展示。 15. 定期舉行師生教育產品競賽及展示會（智慧創客教育嘉年華）。 16. 舉辦創客教育學術研討會。

二、「創客教育輔導團」計畫模組

表 7-3　○○市（縣）國民教育輔導團創客教育實施方案

目標	策略	執行項目
闡揚創客理念，研發創客教材，翻轉新世紀創客教育；教學核心技術，評量學習作品，實踐新承諾創客師生。	一、探討創客理論，銜接教育實踐。	1. 參與系列智慧創客領導研習。 2. 參訪智慧創客教育標竿學校領域（學科）的課程教學。 3. 擬定領域（學科）的智慧創客教育實施方案。
	二、研發學習食譜，編製創客教材。	4. 學習「知識→技術→能力（作品）→價值」的智慧創客教材設計模式。 5. 研發每一年級十個單元領域（學科）的智慧創客學習食譜。 6. 編製領域（學科）的智慧創客教育教材。
	三、實驗創客教學，操作核心技術。	7. 編寫單元智慧創客教學簡案。 8. 實驗「操作核心技術」的智慧創客教育 KTAV 教學模式。 9. 檢核「知識→技術→能力（作品）→價值」四位一體的教與學。
	四、評量實物作品，優化學習成果。	10. 設定學生在學習中操作事物及學習成果作品。 11. 討論評量學生期中及期末實物作品（兼重知識、技術、能力、價值之品質檢核）。 12. 舉辦師生創客教育產品展示活動。

　　優質的教育計畫應有較佳的「計畫格式」，就直轄市及縣市規模的主題式教育計畫，標準的計畫格式及主要內容概要為：

壹、計畫緣起（包括計畫擬定的背景緣由、SWOT 分析、理論理念或核心價值，以及計畫形成，總篇幅不宜超過二頁）。

貳、計畫目標（內含小策略及小目的）。

參、經營策略（銜接目標及其小策略）。

肆、執行項目（計畫的實際工作項目，要成為實踐策略的工作群集）。

伍、執行內容〔依據項目順序撰寫每一項目的「單位→操作方法→結果（或目的）」成為計畫整體的本文，寫明每一項工作怎麼做〕。

陸、配套措施（也可使用「執行要領」或「行動步驟」，包括推動本計畫的「組織—任務編組」、「運作方式」、「檢核回饋系統」，以及「品質保證機制」）。

柒、經費需求（依項目執行需求估算，包括行政事務及諮詢輔導評估經費）。

捌、預期成效（分量的績效及質的績效敘寫）。

上述這些標準格式的撰寫要領（核心技術）及優質範例，可參考作者《教育經營學：六說、七略、八要》一書的第九章「計畫管理策略」（鄭崇趁，2012b，頁 157-176）以及《校長學：成人旺校九論》一書的第五章「計畫經營論」（鄭崇趁，2013，頁 133-160）。

優質教育計畫的系統結構最重要，除了用表格呈現計畫的主要內容之外，亦可以以圖示來表達，讓讀者能夠清楚計畫的整體風貌。表 7-2 的內容可以用圖 7-3 來表達，表 7-3 的內容可以用圖 7-4 來表達。

伍、結語：創客教育的核心價值

本章之主要目的有五：(1)認同創客教育政策：認同政府推動創客教育的遠見與妥適性，創客教育作得好，可以快速全面提升教育品質；(2)主張

策略一：規劃創客領導研習，
　　　　提升師生創客素養。

1. 成立創客教育中心學校。
2. 規劃系列的智慧創客領導研習。
3. 甄選創客教育實驗學校。
4. 甄選學校特色創客教育方案。

策略二：研發創客學習食譜，
　　　　編製領域創客教材。

5. 研發領域（學科）的智慧創客學習食譜。
6. 註解單元知識及技術的最佳教學要領。
7. 設計單元創客教學教案及師生作品。
8. 彙編領域（學科）的創客學習教材。

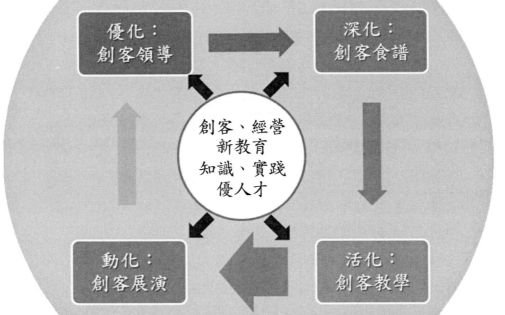

策略四：動態系列創客展演，
　　　　擴展教育創客價值。

13. 辦理教師智慧創客教材教案競賽。
14. 舉辦學生智慧創客學習成果展示。
15. 定期舉行師生教育產品競賽及展示會（智慧創客教育嘉年華）。
16. 舉辦創客教學術研討會。

策略三：實驗領域創客教學，
　　　　促進學生創客動能。

9. 實驗知識領域（學科）「知識→技術→能力（作品）→價值」的智慧創客教育 KTAV 教學模式。
10. 實驗活動領域（學科）「知識→技術→能力（作品）→價值」的智慧創客教育 KTAV 教學模式。
11. 布建 QR-code 智慧創客學習步道。
12. 活化交流智慧創客教學觀摩。

圖 7-3　○○市（縣）創客教育實驗學校計畫結構圖

策略一：探討創客理論，
　　　　銜接教育實踐。
1. 參與系列智慧創客領導研習。
2. 參訪智慧創客教育標竿學校領
   域（學科）的課程教學。
3. 擬定領域（學科）的智慧創客
   教育實施方案。

策略二：研發學習食譜，
　　　　編製創客教材。
4. 學習「知識→技術→能力（作品）→價
   值」的智慧創客教材設計模式。
5. 研發每一年級十個單元領域（學科）的智
   慧創客學習食譜。
6. 編製領域（學科）的智慧創客教育教材。

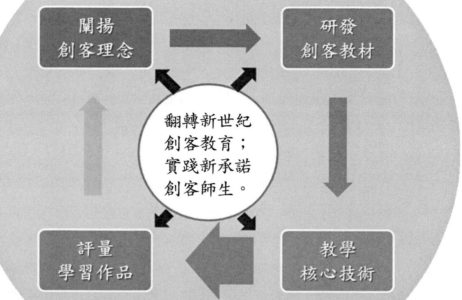

策略四：評量實物作品，
　　　　優化學習成果。
10. 設定學生在學習中操作事物及
    學習成果作品。
11. 討論評量學生期中及期末實物
    作品（兼重知識、技術、能
    力、價值之品質檢核）。
12. 舉辦師生創客教育產品展示活
    動。

策略三：實驗創客教學，
　　　　操作核心技術。
7. 編寫單元智慧創客教學簡案。
8. 實驗「操作核心技術」的智慧創客教育
   KTAV 教學模式。
9. 檢核「知識→技術→能力（作品）→價
   值」四位一體的教與學。

圖 7-4　○○市（縣）國民教育輔導團創客教育實施方案計畫結構圖

科技化及普及化兼顧的創客教育才能成功：運用現代科技、3D列印技術，動手做完成的教育產品是科技化的創客教育，是狹義的創客教育；唯有各領域（學科）教師及學生都能普遍全面參與的創客教育，才是廣義的創客教育，兩者兼顧，創客教育才能真正到位、真正成功；(3)論述創客教育的理論基礎有六：自造者運動、杜威做中學理念、探索體驗學習、知識管理理論、知識遞移理論，以及知識創新理論；這些理論基礎的系統思考，發展出「知識→技術→能力（作品）→價值」四位一體之智慧創客教育KTAV教學模式；(4)歸納分析十六大項創客教育的實踐作為：逐一敘寫其作法與實施內容，並專業示範兩種「計畫經營」模組供教育行政機構及學校規劃創客教育時之參照；(5)研發智慧創客教育KTAV教學模式之單元學習食譜，為教師參與創客教育找到具體著力點。

　　優質的教育政策都要有核心價值的揭示，創客教育的核心價值是：真實、體驗、生新、傳承、永續、創價。學生動手做，直接學習操作知識中的核心技術，是相對「真實知識」的探索。創客教學的歷程注重學生感官經驗的學習，生命高峰經驗的挑戰，在「體驗」中豐富生命的教育意涵。創客教育增加了教師及學生的教育產品，有產品的人生就有「生新」的感覺與意涵，學習的成果是新的、知識是新的、心情也是新的，天天都生新，對未來充滿著希望。有教育產品的師生就稱之為創客，創客留下的教育產品是個人生命成長的印記，是珍貴的，可以「傳承」的，也是可以「永續」的「創新價值」。

（本文原發表於 2016 年，第四屆師資培育國際學術研討會，國立臺灣大學主辦）

第八章　教師學與新師資培育政策：
打造一個「責任良師」造就「責任公民」的新世代

壹、緒言：「教師學」為教育政策把脈

本章的部分內容原發表於 2014 年 10 月 24 日國立臺北教育大學舉辦之「與政策對話：師資培育的回顧與前瞻」學術研討會。作者選用「中華民國師資培育白皮書」（教育部，2012）（以下簡稱「師資培育白皮書」）及已出版之《教師學：鐸聲五曲》（鄭崇趁，2014a）兩者，作為「政策對話」的基礎素材，並介紹兩者對於培育「責任良師」、造就「責任公民」的理念與實踐，據以進行「師資培育政策五大核心議題」的深層對話，提出五個師資培育政策發展建議。在本章中，作者特再補強《教師學：鐸聲五曲》及「師資培育白皮書」兩者之「理論模式」融合分析，期能尋求其理念脈絡和比較兩者在核心內涵上的異同，並將研究結果分享給更多關心「師資培育政策發展」之教育人員與研究者，為國家校準「政策機制」，打造一個「責任良師」造就「責任公民」的新世代。

貳、「教師學」與「經營教育」之學

作者任職的單位是「教育經營與管理學系」，內含「教育政策與管理碩士班、博士班」，並附設「中小學校長培育與專業發展中心」，授課的任務都在教學生、教師、主任、校長如何辦教育，如何經營教育。是以近年關注「經營教育之學」的研發，2012 年出版《教育經營學：六說、七

略、八要》一書，2013 年出版《校長學：成人旺校九論》一書，2014 出版
《教師學：鐸聲五曲》一書。基本的主張是「教育是可以經營的」，經營
教育之學來自「教育學」與「管理學」交織對話的成果，也是兩大學門「知
識基模系統重組」的新興「知識系統」。作者認為，「經營教育之學」從
鉅觀（組織）的立場來看，就是「教育經營學」，從微觀（個人）的立場
來看，就是「校長學」及「教師學」。教育經營學是經營教育的「經緯」，
校長學是經營教育的「軸心」，教師學則是經營教育的「基點」，三者的
關係如第二章的圖 2-2 所示。

　　在經營教育的「經緯」方面，《教育經營學》一書，用「六說、七略、
八要」來註解其內容。六說指六大原理學說，包括：價值說、能力說、理
論說、實踐說、發展說、品質說，「原理學說」尋根探源，立知識之真。
七略指七大經營策略，包括：願景領導策略、組織學習策略、計畫管理策
略、實踐篤行策略、資源統整策略、創新經營策略、價值行銷策略，「經
營策略」行動鋪軌，達育才之善。八要指八大實踐要領，包括：系統思考、
本位經營、賦權增能、知識管理、優勢學習、順性揚才、績效責任、圓融
有度，「實踐要領」著力焦點，臻教育之美。教育是可以經營的，「六說、
七略、八要」提供教育行政人員，尤其是教育領導幹部，找到經營教育知
識的「真」，找到經營教育的「軌道」邁向育才之善，找到經營教育的「焦
點」技巧，追求教育的美，讓我們實際的教育現況和我們的教育目標「真、
善、美的一生」一致。

　　在經營教育的「軸心」方面，《校長學：成人旺校九論》一書闡述「成
就人，旺學校」的「經營要領」與「核心技術」。在「成就人」的層面，
校長得用「自我實現論」來成就人的尊嚴價值，用「智慧資本論」來激發
人的動能貢獻，用「角色責任論」來實踐人的時代使命，用「專業風格論」
來領航人的品味文化。在「旺學校」的層面，校長應致力於「計畫經營

論」，來帶動學校精緻發展；校長應致力於「組織創新論」，來活化組織運作型態；校長應致力於「領導服務論」，來創化專業示範模式；校長應致力於「溝通價值論」，來深化多元參與脈絡；校長應致力於「評鑑品質論」，來優化歷程績效品質。

在經營教育的「基點」方面，《教師學：鐸聲五曲》一書用「鐸聲五曲」來註解教師：教師像鐘鳴大地，是「人師」；教師像朝陽東昇，有「使命」；教師像春風化雨，展「動能」；教師像明月長空，講「品質」；教師像繁星爭輝，現「風格」。首部曲「鐘鳴大地・人師」，描述教師的生命願景與教育志業；二部曲「朝陽東昇・使命」，分析教師的核心價值與專業示範；三部曲「春風化雨・動能」，闡述教師的核心能力與智慧資本；四部曲「明月長空・品質」，探討教師的教育品質與績效責任；五部曲「繁星爭輝・風格」，論述教師的系統思考與順性揚才。

參、《教師學：鐸聲五曲》一書的知識脈絡分析

學習成為責任良師的系統知識稱之為「教師學」，《教師學：鐸聲五曲》一書用「鐸聲五曲」來詮釋教師，旨趣有四：(1)喚醒教師的教育初心，樂為人師，傳唱教育；(2)教師能夠充分自我實現，同時也是組織（學校、國家）的有效智慧資本；(3)教師的生命願景與教育志業能夠在學校中實踐，是有貢獻、有價值（有績效產品）的人生；(4)符合新世紀、新教育、新承諾時代訴求的教師。總體而言，期待經營一個「責任良師」造就「責任公民」的新世代。介紹如下。

一、首部曲：鐘鳴大地・人師

教師是人師，像鐘鳴大地。人師情懷的實踐在莫忘初心，在認同教育，

在歡喜成長，更在承諾力行。人師的願景抱負在扮演學生的生命之師、知識之師、智慧之師，以及風格之師。彩繪人師的軌跡，要從「傳生命創新之道」、「授知識藝能之業」、「解全人發展之惑」，以及「領適配生涯之航」四個面向著力。教師像「晨鐘暮鼓」，是一位「時中其機」的教師；教師像「希望之聲」，是一位「事畢其功」的教師；教師像「醒世清韻」，是一位「人盡其才」的教師；教師像「師道鐸音」，是一位「才盡其用」的教師（鄭崇趁，2014a，頁 13-76）。

二、二部曲：朝陽東昇·使命

教師有使命，像朝陽東昇。教師是新世紀責任良師，要扮演「教書匠與教育家」、「表演者與大導演」、「選書人與創作師」，以及「育英才與博濟眾」的角色責任。教師要創新教育的新價值，從教學、研究、輔導、服務四大使命中，彰顯「專業、精緻、責任、價值」之個人核心價值的追求。教師要專業示範四大承諾：承諾帶好每位學生、承諾教好每一節課、承諾輔導弱勢學生、承諾承擔績效責任。教師像「啟明之光」，在成就知識公民；教師像「希望之光」，在成就世界公民；教師像「溫厚之光」，在成就自主公民；教師像「智慧之光」，在成就責任公民（鄭崇趁，2014a，頁 77-154）。

三、三部曲：春風化雨·動能

教師展動能，像春風化雨。教師要展現自己的核心能力，驅動學生從優勢學習入手，經營師生成為「有能力」、「有專長」、「願意做」、「能創價」的有效智慧資本。教師要帶著學生建構新五倫及其核心價值：家人關係（親密、依存），同儕關係（認同、共榮），師生關係（責任、智慧），雇主關係（專業、創價），群己關係（包容、博愛），春風化雨新

世界。教師像「春風送暖」，教育有感的生命；教師像「春風傳知」，教育覺識的生活；教師像「春風有情」，教育幸福的生涯；教師像「春風帶意」，教育大用的公民（鄭崇趁，2014a，頁 155-224）。

四、四部曲：明月長空‧品質

教師講品質，像明月長空。教師要善於轉化運用「經營管理」、「課程教學」、「輔導學生」，以及「教育服務」之核心技術來提升教育品質。教師要創新經營師生的知識遞移、知識管理、核心技術、優質文化、智慧管理，促成「和諧中努力」的教育、「精緻有質感」的教育、「動能具價值」的教育、「知識成智慧」的教育。教師像「皎潔明月」，是學生的常新之師；教師像「達道明月」，是學生的行動之師；教師像「美善明月」，是學生的標竿之師；教師像「永恆明月」，是學生的品質之師（鄭崇趁，2014a，頁 225-294）。

五、五部曲：繁星爭輝‧風格

教師現風格，像繁星爭輝。教師的風格在系統思考，教師從知識系統、教學系統、經營系統，以及教育系統展現交互整合新人生。教師的風格在順性揚才，教師順自己之性，揚卓越專長之才；順學生之性，揚優勢亮點之才；順幹部之性，揚經營取向之才；順學校之性，揚特色品牌之才。教師的風格在圓融有度，教師圓融有度的修練，創發知識價值新文化，帶來人際圓融新文化，樹立志業有度新文化，開展師道品味新文化。教師的風格在繁星爭輝，教師是精緻之星，是永續之星，是創新之星，是卓越之星，綻現繁星爭輝新風格（鄭崇趁，2014a，頁 295-362）。

肆、教師學對師資培育政策的啟示

作者的《教師學：鐸聲五曲》一書，共有二十章約二十萬字，期待建構一個「責任良師」造就「責任公民」的新世代。其對師資培育政策的啟示有五：(1)師資培育是「人師」的培育：人師的表現像鐘鳴大地，教師像晨鐘暮鼓，是一位「時中其機」的教師；教師像「希望之聲」，是一位「事畢其功」的教師；教師像「醒世清韻」，是一位「人盡其才」的教師；教師像「師道鐸音」，是一位「才盡其用」的教師；(2)師資培育是「使命」的培育：師道的使命像朝陽東昇，要扮演責任良師，責任良師是教書匠與教育家，是表演者與大導演，是選書人與創作師，要育英才與博濟眾；(3)師資培育是「動能」的培育：具動能的教師像春風化雨，教師要「有能力」、「有專長」、「願意做」、「能創價」，經營學校師生成為有效智慧資本；(4)師資培育是「品質」的培育：講品質的教師像明月長空，教師要從「核心技術」、「創新經營」，以及「知識管理」，扮演學生的常新之師、行動之師、標竿之師，以及品質之師；(5)師資培育是「風格」的培育：展現風格的教師像繁星爭輝，是交互整合新人生的「系統思考」風格，是形優適配新希望的「順性揚才」風格，是品味價值新文化的「圓融有度」風格，繁星爭輝的風格讓教師成為精緻之星、永續之星、創新之星，以及卓越之星。

伍、師資培育政策的挑戰與趨勢

我國師資培育政策最大的變革為 1994 年的《師資培育法》，將從前的計畫培育、公費制度、統一分發，轉變為開放多元、加乘培育、檢定甄試、能力本位政策，加上臺灣少子女化的衝擊，近二十年來，是臺灣師範教育

（師資培育政策）最不安定的時期，也是傳統師範教育核心價值受到最大挑戰的階段，政府及人民都在適應，教育行政人員以及學校教師都在面對挑戰，因應統整，在為「師資培育機制」謀求更好的出路，為教師找到最佳的「時代定位」。此一不安的時期，迄至 2010 年第八次全國教育會議，2011 年政府頒布「中華民國教育報告書：黃金十年、百年樹人」（第二本教育白皮書），2012 年教育部接續公告「中華民國師資培育白皮書：發揚師道、百年樹人」，並成立國家教育研究院。2013 年中央政府組織再造，教育部設置「師資培育及藝術教育司」，並於 2014 年實施十二年國民基本教育（配合十二年國民基本教育的實施修訂《教育經費編列及管理法》，將教育經費占國家前三年歲入平均 21.5%提高為 22.52%，每年平約增加二百億至二百五十億元）。至此，我國的師資培育政策重現曙光、逐步定調，中小學「教師」的尊嚴與定位，獲得較為明確的詮釋，期待新世紀「責任良師」的經營深耕，可以造就新時代的「責任公民」，共創臺灣的第二次經濟奇蹟。2012 年「師資培育白皮書」統整規劃今後的師資培育政策，2013 年成立「師資培育及藝術教育司」來實踐推動白皮書中的政策規劃，就「組織運作」的系統思考而言，可謂盡善盡美，確實能夠彰顯政策規劃「系統思考」的特質，具有「觀照全面→掌握關鍵→形優輔弱→實踐目標」之優點（鄭崇趁，2012b）。作者呼籲社會大眾及教育行政界同仁，應給予認同及肯定，讓我國的師資培育機制在此一政策的帶動之下，早日進入「精緻教育」的新世代。

　　「師資培育白皮書」從國內社會變遷、國際趨勢，以及現行相關政策進行分析，提出師資培育十大挑戰與契機，並結合黃金十年的國家發展藍圖，以「師道、責任、精緻、永續」為核心價值，從「師資職前教育」、「師資導入輔導」、「教師專業發展」，以及「師資培育支持體系」四大面向，擬定九項發展策略與二十八個行動方案，期能建構兼具「專業標準

本位」與「師資培用理念」的師資培育體系，擘劃未來十年的師資培育施政藍圖，培育富教育愛的人師、具專業力的經師、有執行力的良師，進而實現「培育新時代良師以發展全球高品質教育」之願景（引自教育部，2012）。

陸、「師資培育白皮書」的五大特點

作者長期講授碩士班的「教育政策分析」，多次閱讀「師資培育白皮書」，為撰寫本章，又將全書精讀乙次，認為其具有下列五大特質。

一、企圖傳承創新我國師資培育的新機制

國家的教育政策都須遵照民主機制與「漸進決策模式」，逐次調整、整合規劃。我國的師資培育機制，近二十年來面對的衝擊最大，師資培育環境最不穩定，教師士氣處於低迷消極階段，而白皮書即為政策規劃書，企圖傳承傳統師範的優質特色，創新我國師資培育新機制，經營教育新世代。

二、頒布師資培育願景

這是我國第一本「師資培育白皮書」，能夠順應當代管理學及企業組織經營的作為，揭示國家師資培育之願景（Vision）、任務（Mission）、核心價值（Core Value），以及實踐目標。作者將其整理如下：

願景（Vision）

培育新時代良師以發展高品質教育。

任務（Mission）

教師（個人）：

1. 富教育愛的人師。

2. 具專業力的經師。

3. 有執行力的良師。

培育學校（組織）：

1. 標準本位的專業成長系統。

2. 培用理念的政策運作網絡。

核心價值（Core Value）

1. 師道：每位教師發揮出社會典範精神。

2. 責任：每位教師致力於帶好每個學生。

3. 精緻：每位教師用心在提升教育品質。

4. 永續：每位教師熱切傳承與創新文化。

教育目標

1. 達成傳道授業解惑的教師使命。

2. 建立專業標準本位的師資培育。

3. 建構師資培用理念的政策網絡。

4. 形塑教師終身學習的校園文化。

三、明確註解教師圖像及核心內涵（能力）

「師資培育白皮書」認為，社會環境對於教師最大的關注點在於教師敬業心、教師專業知能與實際教育成效，是以當代的師資培育，應以培育富教育愛的人師、具專業力的經師，以及有執行力的良師為階段任務（使命）。富教育愛的人師要有「洞察」（insight）、「關懷」（care）、「熱

情」（passion）的核心能力與素養；具專業力的經師要有「國際觀」（international perspective）、「批判思考力」（critical thinking）、「問題解決力」（problem solving）的核心能力與素養；有執行力的良師要有「創新能力」（innovation）、「合作能力」（cooperation）、「實踐智慧」（practical wisdom）的核心能力與素養（教育部，2012，頁12-13）。新時代良師圖像如圖8-1所示。

圖 8-1　新時代良師圖像

資料來源：修改自教育部（2012，頁14）

四、發展策略規劃師資培育政策的九大軌道

「師資培育白皮書」的第五章「發展策略」（教育部，2012，頁33-50），為國家今後的師資培育政策規劃了九大條軌道，行動鋪軌，可以達育才之善。這九個發展策略是：(1)強化選材育才以確保優質專業師資；(2)培育特定師資以符應國家社會需求；(3)健全實習體制以落實師資培用作

為；(4)協助初任與偏鄉教師以完善任職環境；(5)建立系統化與實踐本位教師在職進修；(6)激勵專業教師與推動教師評鑑制度；(7)統合組織與資訊以革新師資培育行政；(8)支持師資培育之大學以深化師培之功能；(9)建構教育人員體系以精進學校教育品質。

五、二十八個行動方案實踐師資培育政策

「師資培育白皮書」從「師資職前教育」、「師資導入輔導」、「教師專業發展」，以及「師資培育支持體系」四大面向，擬定了二十八個行動方案（教育部，2012，頁 53-124），以具體的行動作為來實踐九大政策的內涵。二十八個行動方案總共有一百二十個工作項目，由教育部結合直轄市、縣市教育局（處）以及師資培育大學，協助各級學校教師，培育富教育愛的人師、具專業力的經師，以及有執行力的良師，達成培育新時代良師以發展高品質教育的共同願景。

柒、《教師學：鐸聲五曲》及「師資培育白皮書」之理念模式融合分析

我國第一本「中華民國師資培育白皮書：發揚師道、百年樹人」於 2012 年頒行出版，揭示師資培育的願景（Vision）為「培育新時代良師以發展高品質教育」，並以具有「富教育愛的人師」、「具專業力的經師」，以及「有執行力的良師」為培育的任務（Mission），是以核心價值（Core Value）強調「師道、責任、精緻、永續」（教育部，2012，頁 11-18）。

作者的《教師學：鐸聲五曲》一書在 2014 年出版，主要理念在強調：培育「責任良師」，造就「責任公民」（近似「師資培育白皮書」的願景），論述介紹「是人師、有使命、展動能、講品質、現風格」責任良師

之「核心知識及其技術」（近似「師資培育白皮書」的目標），是以揭示的教師核心價值（Core Value）在「專業、精緻、責任、價值」。就主要內涵而言，「師資培育白皮書」及《教師學：鐸聲五曲》各有獨特的知識系統，而《教師學：鐸聲五曲》一書受到「師資培育白皮書」的啟發與影響亦有脈絡可循，兩本書都同時「傳承創新」先儒韓愈「師說」的理念（「師者，所以傳道、授業、解惑也」），以及近代教育家劉真先生（1991）的觀點「教書匠與教育家」（教書匠要符合四大條件：合法的教師資格、豐厚的教材知識、純熟的教學方法、專業的服務精神；教育家應有四項精神：慈母般的愛心、園丁般的愛心、教士般的熱忱、聖哲般的懷抱。教書匠以「書」為中心，以「言教」為主；教育家以「人」為中心，以「身教」為主。真正的教書匠難求，真正的教育家更難求，都是每一位教師嚮往與應努力學習的對象）。比較分析兩本書的理念傳承脈絡，概要如表8-1所示。

　　就理念脈絡尋根，「師資培育白皮書」的「人師」強調教育愛，也就是對「人的導引」，係遵循「師說」中的「傳道」理念而來；《教師學：鐸聲五曲》則進一步將「傳道」的核心知識定位在傳「生命創新」之道。

表8-1　「師資培育白皮書」及《教師學：鐸聲五曲》的理念脈絡分析表

傳承	創新	
	「師資培育白皮書」（2012）	《教師學：鐸聲五曲》（2014）
1. 韓愈（「師說」） ・傳道 ・授業 ・解惑 2. 劉真（1991） ・教書匠 ・教育家	・富教育愛的人師 ・具專業力的經師 } 新時代 ・有執行力的良師 } 良師	・傳生命創新之道 ・授知識藝能之業 } 責任 ・解全人發展之惑 } 良師 ・領適配生涯之航 }
	（第三章，頁11-18）	（第三章，頁45-60）

「師資培育白皮書」的「經師」強調具備「專業力」，係依循「師說」中的「授業」理念而來；《教師學：鐸聲五曲》則接續強化其「授業」的焦點在授「知識藝能」之業。「師資培育白皮書」的「良師」強調要有「執行力」，意味著探索知識及做人處事，疑惑解除了，才能「實踐篤行」，具有執行力，有績效價值的教師稱之為「良師」，係依循著「師說」的「解惑」之後，再加上「專業執行」而來的。《教師學：鐸聲五曲》一書則進一步分為兩軌，「解全人發展之惑」及「領適配生涯之航」，生命發展之惑能解，教師帶著學生過適配幸福一生，教育最為圓滿。「師資培育白皮書」及《教師學：鐸聲五曲》的理念脈絡均有「傳承創新」的發展與實踐。

　　「師資培育白皮書」是一本「政策」報告書，核心內涵在「經營策略」的規劃與執行；《教師學：鐸聲五曲》則以教師為主體，論述「培育責任良師、造就責任公民」的應然與實然作為，核心內涵取向稍有不同，然以造就「良師」的共同「目標」，則十分一致。在良師導向的「培育目標」下，「師資培育白皮書」及《教師學：鐸聲五曲》規劃的篤行實踐作為，軌道稍有不同，分析其脈絡如表 8-2 所示。

　　由表 8-2 觀察，「師資培育白皮書」對於「良師」的「經營技術」，係強調人師、經師及良師三者的特質導向規劃，新時代良師是「富有教育愛的人師」，是「具有專業力的經師」，同時也是「帶有執行力的良師」三者兼備。對於教師行為能力的描述，重在良師內在的「素養」表達：富教育愛的人師，其核心內涵是洞察、關懷、熱情；具專業力的經師，其核心內涵是：國際觀、批判思考力、問題解決力；有執行力的良師，其核心內涵是創新能力、合作能力、實踐智慧，將新時代良師圖像以（ICP）[3]（愛師培）來描繪，頗為傳神，具有「國際化」之優點。

　　《教師學：鐸聲五曲》一書對於「責任良師」的「經營技術」，採用「角色責任」的方式詮釋，認為責任良師要同時扮演四大角色責任：「教

表 8-2 「師資培育白皮書」及《教師學：鐸聲五曲》的「實踐良師」脈絡
分析

	知識 →	經營技術 →	能力（目標、價值）
「師資培育白皮書」	新時代良師 人師 經師 良師	富教育愛的人師 具專業力的經師 有執行力的良師 （第三章，頁 11-18）	洞察、關懷、熱情 國際觀、批判思考力、問題解決力 創新能力、合作能力、實踐智慧 （第三章，頁 11-18）
《教師學：鐸聲五曲》	責任良師 經師 人師 良師	教書匠與教育家 表演者與大導演 選書人與創作師 育英才與博濟眾 （第五章，頁 79-96）	帶好每位學生 教好每一節課 輔導弱勢學生 創發教育價值 （承擔績效責任） （第七章，頁 117-136）

書匠與教育家」、「表演者與大導演」、「選書人與創作師」，以及「育
英才與博濟眾」。對於教師行為能力的描繪，則偏向外顯實際行為的績效
表現，認為責任良師要能夠「專業示範」四大「承諾力行」：帶好每位學
生，教好每一節課，輔導弱勢學生，以及創發教育價值（承擔績效責任）。
就內容導向而言，具有「本土化」及「操作性」兩大優勢，教師們閱讀之
後，較易理解，知道如何著力深耕，以邁向新時代責任良師（鄭崇趁，
2014a，頁 79-96，頁 117-136）。

捌、永續教育政策的深層對話

教育部在 2011 年頒布「中華民國教育報告書：黃金十年、百年樹人」，2012 年頒布「中華民國師資培育白皮書：發揚師道、百年樹人」，揭示了師資培育的願景、目標、核心價值，並以九大發展策略及二十八個行動方案（共一百二十個工作項目），來實踐政策內涵，實已體現「系統思考的計畫施政」，政策帶動的績效價值指日可待，期待「責任良師」造就「責任公民」的新世代早日來臨，為臺灣創造第二次經濟奇蹟。然就作者參與「師資培育白皮書」討論的經驗，以及撰寫《教師學：鐸聲五曲》一書之心得，覺察到下列五個焦點是永續師資培育政策的核心，尚須深層對話。

一、探討「核心價值」的教育政策

教育旨在「教人之所以為人」，人之所以為人的核心價值是什麼？師資培育機構〔教育部、教育局（處）、師資培育大學、各級學校〕組織的核心價值又如何建立？教師個人應備的核心價值又是什麼？「師資培育白皮書」揭示了教師「師道」、「責任」、「精緻」與「永續」的核心價值，卻沒有設法連結願景（Vision）、任務（Mission），以及核心價值（Core Value）三者之間的關係，或提示學校（組織）及教師（個人）也要建構自己的生命願景與教育核心價值。作者認為，有必要探討核心價值之教育政策，帶動教育人員了解並實踐新時代的「願景領導策略」。

二、研發「知識遞移」的核心技術

教師的核心工作是教學與研究，都是在處理「知識遞移」的工作，也就是教師如何將自己的知識及教材上的知識，遞送轉移到學生身上。「知識遞移」的效能與效率，才是「教學」與「學習」成敗的主要因素。知識

遞移須要知識本身的「核心技術」，其核心技術指的是知識本身建構的系統結構或流程步驟（包括知識本身內在的原型、元素、成因、脈絡）。研發「知識遞移」的核心技術是《教師學：鐸聲五曲》一書多次強調的「有效教學」關鍵，倡導「核心知識」→「核心技術」→「核心能力」之新教學模式。「師資培育白皮書」的政策內涵尚未對此給予關注，有待政策倡導，激勵教師研發授課領域（學科）的知識遞移核心技術，增益實質教學績效，並以學生習得會「操作」的「知識、技術」質量，做為教師的考評依據，創發新師資培育價值。

三、面對「教育實習」與「準備教檢」的混淆

依據當前的制度設計，學生在修畢學程規定的學分之後，要先完成四個學分的「教育實習」，才能參加「教師資格檢定考試」，造成學生在「教育實習」期間多用於「準備考試」，而非積極的「實習教育工作」。執行學生「教育實習」之中小學校長、主任及輔導教師亦多為學生優先通過教檢考量，未便要求學生務實執行「實習任務」，致使「教育實習」成為「變調咖啡」，失去預期的教育功能。「教育實習」原本係傳統師範教育最大的「特色」，師範教育精神與教育的使命感多在「教育實習」課程中薰陶教育，今日教師的教育使命感與人師的精神不夠濃烈，與「教育實習」變調攸關。

四、檢討「公費生」沒有發揮楷模典範的事實

我國的師範教育執行了好長一段「公費」與「自費」並行機制，原本「全部公費」時期的畢業生因無對照組，且定量培育，也不必「教檢」及「甄試」，「教育」及當「老師」就是他唯一的選擇，但實際的績效表現尚稱平實。目前中小學教育現場的校長與主任們都有共同發現，「公費生」

的實際表現，非但沒有發揮楷模典範作用，卻常成為學校「職務分配」上的包袱，顯然「公費」培育制度也具有「時代性」，必須規劃縝密配套。

五、師道目標與人倫綱常的定位

「教師評鑑」入法，臺灣的教育立即可以進入「精緻教育」新世代的里程碑，而法制化的進程阻力重重，且最大的阻力來自教師團體，讓可以成為國家教育進步之動力，且垂手可得之作為，卻停留在「大家看法尚不一致」、「能拖一天算一天」的情況，顯然現職教師對於「師道目標」與自己「人倫綱常」的定位，與政府過去「政策」的期待有明顯落差。目前的「師資培育白皮書」有重新揭示「師道目標」，但並沒有探討「新師生關係」、「教師的老闆是誰」、「教師與國家的雇主關係」應有的人倫綱常。事有事理、物有物理、人有人理（人倫綱常），政府的政策就是在引導此三者的「知識基模系統重組」，共同為國家創發最大的價值，教育政策如此，師資培育政策更是如此，我國的師資培育政策宜要有討論「新時代教師」、「新人倫綱常」定位的篇章。

玖、《教師學：鐸聲五曲》一書與新師資培育政策共舞

作者有三個寶貴經驗：(1)2009 年參與國家政策基金會研究的「因應少子化師資培育之大學國小師資培育品質提升與供需調整之可行策略研究」（李建興、鄭崇趁、林進山、林來利、陳星貝，2009），在專案研究期末報告中，由作者撰寫擬定「2010～2015 新優質師資培育中程計畫」，有部分建議已被「師資培育白皮書」採納；(2)有機會參與「師資培育白皮書」討論會議四至五次；(3)2014 年全年撰寫《教師學：鐸聲五曲》一書（約二十萬字），是對於師資培育政策的反覆思考心得，個人不斷地反問自己，

政府要有什麼樣的教育政策，才可以培養「鐸聲五曲」筆下的教師。讓「教師學」與「教育政策」共舞，促成臺灣的教師都能充分自我實現，同時也都是國家、社會、學校教育的有效智慧資本。因此，作者對「新師資培育政策」提供下列五大前瞻性的規劃建議。

一、將「教育實習」移至「教師資格檢定考試」之後，並以公費「教學碩士學分」培育，規範教育實習須兼取領域（學科）的教學證照

教育實習是培育「人師」與鍛鍊教育「使命」之職前培育核心機制，也是教師自己檢核「教學品質」與「性向風格」吻合程度的關鍵時段。當前的教育實習安排在「教檢」之前，形成「準備教檢」與「落實實習」的兩難，實習學校、輔導教師、指導教授對「實習生」的期望分歧，實習學生「教檢能否通過」的壓力高於「教育實習」的績效壓力。作者建議將教檢安排在「實習」之前，將可避免此一現象，並且建議「通過教檢而尚未教育實習者」，進一步規劃以公費「教學碩士學分」培育，並規範其應兼取領域（學科）的教學認證，以教學證照報考教甄，取得正式教師資格。

二、試辦「教師資格檢定考試」，轉為「國家高考」，將中小學教師身分界定為國家專門職業公務員

目前教師的薪津高出一般公務員一成至二成，而教師資格檢定考試的嚴謹程度卻沒有國家高考精密，教師的身分尚不能稱之為國家專門職業公務員，形成失衡與弔詭。作者建議將「教師資格檢定考試」逐年轉為「國家專門職業高等考試」，比照司法官考試，凡大學畢業修畢教育學程者，均可報名，考取者再由政府「公費教育實習」一年，修習教學碩士學分，兼取領域（學科）的教學證照，再依原縣市需求缺額及領域（學科）的專

長分發任教。先試辦雙軌，依縣市提報教師缺額為高考考試名額，約六至十年即可全面轉為國家高考。

三、全面提升中小學師資碩士化比例至 85%以上，提升專長任教比例（有教學證照）至 80%以上

教育品質來自教師素質，臺灣教育領先其他華人地區教育的最大優勢在於「中小學師資碩士化程度」。碩士化師資的優勢在教師可以規劃國際教育，可以進行行動研究，可以自編教材，可以進行立即補救教學，就像芬蘭，其之所以成為中小學教育輸出大國，中小學師資全面碩士化是其主要因素。政府有能力規劃各種激勵政策，擬定行動方案，在十年內將碩士化比例提升至 85%以上。

政府亦應結合各師資培育大學教授，擬定各領域（學科）的教學認證指標，以約八學分的教學碩士學分作為教師取得專科教學認證的標準，其通過檢測評量者發給專科教學證書。規範學校依教師之專長排課，十年內授課總時數符合教師取得專科教學認證比例至少 80%以上。教育品質的提升，要先有「形式表象」的品質，才有「實質內涵」的品質；教育政策也要先有形式規範，才能講究實質規範。

四、將「教師學」列為教師職前教育及專業進修的課程，將「教育經營學」及「校長學」列為校長、主任培育的課程

教育部師資培育及藝術教育司自 2015 年起在各縣市成立「校長及教師專業發展中心」，執行校長評鑑、教師評鑑及教師領域（學科）的教學專長認證業務。作者除樂觀其成外，建議將「教師學」、「校長學」，以及「教育經營學」列為主要研習課程，系統思考「核心知識」→「核心技

術」→「核心能力」的新時代培育模式與課程內涵。

■ 五、闡揚「新五倫及其核心價值」的教育

新時代教師的「師道目標」，與教師「人倫綱常」的定位，在《教師學：鐸聲五曲》一書中，有較為清晰的討論，例如：新世紀的師道目標是：「傳生命創新之道」、「授知識藝能之業」、「解全人發展之惑」、「領適配生涯之航」；教師的角色責任在：「教書匠與教育家」、「表演者與大導演」、「選書人與創作師」、「育英才與博濟眾」。教師執行情意教學與品德教育時，「新五倫及其核心價值」是可以參照的「知識系統」，它們是：

> 家人關係：「親密」中相「依存」。
> 同儕關係：「認同」中能「共榮」。
> 師生關係：「責任」中帶「智慧」。
> 雇主關係：「專業」中能「創價」。
> 群己關係：「包容」中有「博愛」。

新五倫及其核心價值之詮釋，或許可以統整當前教育人員的共同需求，願意做一個充分自我實現的教師，也願意做一個有效智慧資本的教師，這樣一來教育人員（教師）才知道自己的定位，以及應該著力的焦點（鄭崇趁，2014a，頁 217-220，頁 285-289，頁 334-338）。

拾、結語：教育的「核心技術」是政策關照的新焦點

一個國家「教育事業」的經營，有其「核心技術」，教育經營的核心技術是什麼？就是「教育政策」，就是適合國家現階段最具價值的教育政策，更為清楚的分析，就是「教育政策」本身的「系統結構」與「彼此交

互」的「創價綜效」。學校經營也有其「核心技術」，即是「課程設計」、「班級經營」、「有效教學」，以及「輔導學生」。教師教育學生，執行學校經營的核心技術外，更重要的是在「教會學生」，教會學生是一種「知識遞移」的工作，教師要將自己的知識及教材上的知識遞送轉移到學生身上，成為學生能夠使用的核心能力。因此，成功的教師就是很會「專業示範」單元「核心知識」之「核心技術」操作系統的教師，學生就很容易學會。教師教學的核心技術，不應只停留在「活化教學」與「翻轉教室」，師資培育政策要設法激勵（幫助）教師，儘快找到（系統整理）自己授課領域（學科）的主要教學單元「核心知識」之「核心技術」，才能培育「責任良師」，進而造就「責任公民」新世代。

（本文原載於 2015 年，國立彰化師範大學主編，《師資培育與教育專業發展期刊》）

第九章　從「教師學」
看「教師領導」的意涵

壹、緒言：教師學領導

在撰寫本章時，當下內心出現一個聲音：教師要領導誰？把學生教好就是領導嗎？還是時代已經進步到教師要領導其他教師，教師要向上領導校長了？如果教師真的要領導其他教師、要領導校長，那麼教師的「專業自主權」不就非常可議。最後猛然醒悟，專業自主權的發揮，就是一種領導歷程，因此配合《教師學：鐸聲五曲》一書的撰寫歷程，決定了本章章名，認同教師有領導，「教師領導」是存在的，但是教師要「學習領導」，要不，教師就很難真的「實踐領導」。

教師領導，教師學領導，教師要學領導的教育意涵，要學教育領導的特質，要學領導來創新教育，要學領導來經營教育，也要學領導來促成自己的自我實現，更要學領導來促成自己是教育組織的有效智慧資本。本章立基於此一方向，從「領導學」的發展與「教師學」的建構，來交織論述教師領導的特質及其發展趨勢，期能符合本章章名的旨趣，教師有了「領導」，從此成為「清醒」的巨人。

貳、「領導學」與「教師學」的發展

一、「領導學」的發展及教育領導的特質

在教育行政學者中探討研究領導者，國內較知名的有黃昆輝（1986）、

羅虞村（1986）、謝文全（2004）、蔡培村、武文瑛（2004）、秦夢群（2010），以及林新發（2011a，2011b）等人，他們對於領導學的發展多分成四個時期：1930 年以前為特質論時期，1930～1960 年為行為論時期，1960～2000 年前後為情境論時期，2000 年以後則為新興領導理論時期。

　　特質論時期的領導學研究，最經典的代表是 Stogdill（1972）曾發表領導者的五大特質：能力（ability）、成就（achievement）、責任（responsibility）、參與（participation），以及地位（status）（引自謝文全，2004）。在行為論時期，最經典的代表則為美國俄亥俄州立大學發展的「領導者行為描述問卷」（Leader Behavior Description Questionnaire, LBDQ），該問卷將領導者的領導行為分為兩大類：「關懷行為」（consideration behavior）和「倡導行為」（initiation of structure），強調「高倡導、高關懷」是領導行為的最高藝術，但一般領導者不容易做到。

　　情境論時期則以 Fiedler 的權變領導最為經典，他認為領導行為可分為「工作導向」以及「關係導向」，這兩種層面行為可同時存在。領導者必須視「情境」因素，彈性調整兩者之比重，是以領導者的領導行為也必須要有「順應情境→掌握情境→發展情境→創新情境」的實踐效果（鄭崇趁，2013b）。Burns 則進一步將領導發展成互易領導及轉型領導，強調兩者互為基礎不可偏廢，而「轉組織文化的型」（創新情境）是最高明而有效的領導行為表現。

　　新興領導時期的理論是從僕人領導（servant leadership）及轉型領導（trains-formational leadership）開始，有「主題式領導行為」的名詞出現，並且逐漸結合校長職能的需求，例如：道德領導、變革領導、價值領導、知識領導、課程領導、教學領導、學習領導、創意領導、正向領導、空間領導，以及延續領導等。這些新興主題式領導理論有如百花齊放、多采多姿，不但能活化學校領導的策略與方法，也能使教育領導者容易掌握核心

論點及操作行為。新興領導理論能夠在教育領域逐漸流行，而被研究與運用，與其能夠回應教育領導的特質有關（鄭崇趁，2013b，頁194）。

　　作者在《校長學：成人旺校九論》（鄭崇趁，2013a）一書中主張，校長當學「成就人」與「旺學校」。成就人就是立己達人，校長要從「自我實現論」、「智慧資本論」、「角色責任論」，以及「專業風格論」成就自己、成就學校教師，更要成就每一個學生。旺學校則要從「計畫經營論」、「組織創新論」、「領導服務論」、「溝通價值論」，以及「評鑑品質論」等五大核心歷程，暢旺學校。教育領導的核心在促成學校中的「人」與「組織」交互整合、永續經營、創新發展，並將教育領導歸納為五大特質：(1)具備教育的專業素養與核心能力；(2)了解教育組織機制與核心技術；(3)掌握學校的發展脈絡及師生需求；(4)善用學校師生的專長與優勢學習；(5)形塑教育的核心價值與願景領導。此五者雖以「校長本位」的視角出發，較為鉅觀，但仍然可作為「教師學領導」的基礎脈絡。教師由「被領導」發展為「領導」同儕師生，先要有鉅觀的視野與素養。

二、「教師學」的建構及其對教師領導的啟示

　　作者近年來致力於「經營教育之學」的研發，基本理念是「教育是可以經營的」，只要教育人員（包括：教育領導者、行政人員、校長、教師）能夠就其職務權責，掌握經營教育的「核心知識」和「核心技術」，順勢轉化成自己的「核心能力」，共同經營教育，我們的教育一定可以更為精緻化、卓越化，具有績效價值，為國家培育責任公民，創造百業興隆榮景，促進民強國富的基石。經營教育之學是「教育學」與「管理學」長期交織對話之後，所產生的新興學門，也是「經營教育理論與實務」、「知識基模系統重組」的成果。這一新興學門，從鉅觀（組織）的立場來看，就是「教育經營學」，此即為作者在2012年出版的《教育經營學：六說、七

略、八要》一書；而從微觀（個人）的立場來看，包括了 2013 年出版的
《校長學：成人旺校九論》和 2014 年出版的《教師學：鐸聲五曲》二本
書，後者是在講述學習成為「責任良師」的系統知識，並用「鐸聲五曲」
來頌揚教師、傳唱教育。完備「經營教育三學」，其系統結構如第二章的
圖 2-2 所示。

　　作者對經營教育三學的定位是：「教育經營學」是經營教育的經緯；
「校長學」是經營教育的軸心；「教師學」則是經營教育的基點。《教師
學：鐸聲五曲》一書共分五部曲、二十章，其篇名與章名簡介請見第二章
及第八章的介紹。

參、教師領導的特質

　　由前述「領導學的發展及教育領導的特質」以及「教師學的建構及其
對教師領導的啟示」，作者將教師領導定義為：「教師帶著學生把學習的
工作做好；教師示範給同儕，如何教好每一位學生；教師帶頭實踐，經營
好學校甚至國家的教育事業。」在此一定義下，教師領導的特質有六：知
識遞移、專業示範、優勢學習、順性揚才、價值實踐，以及全人發展。簡
要論述說明如下。

一、知識遞移的領導

　　教師領導的主要對象是學生，是教師帶著學生，透過教學、學習知識，
將自己的知識或者教材所呈現的知識，設法讓學生學會，變成學生的知識。
教師領導學生從事所有教育活動的學習，主軸都在學習知識，都可稱之為
知識遞移的領導。知識遞移有時成功，有時沒有成功，關鍵有四：(1)知識
的特性與難度要符合學生認知發展的成熟度，學生要能夠理解所學知識；

(2)要有類化或知識螺旋歷程，學習的知識才能夠與既有的知識產生融合，產生新的內隱知識；(3)要有適度的練習，精熟至一定的程度，才能成為學生自己的知識；(4)要有適度的運用，知識才能夠系統重組後，應用產出，是學生知識學習成功的證明，也是教師知識遞移領導成功的佐證。

二、專業示範的領導

教師領導學生學習，第二個特質是一種專業示範的領導。教師講解授課知識內容的系統結構，是一種專業示範；教師教導學生學習當下的知識要領，更是一種專業示範；教師要做給學生看，掌握操作要領的順序與步驟，並配合解析核心技術之所在。專業示範得好，學生才能順利學會主題教育的知識技能，累進達成教育目標。學生知識藝能的學習需要教師的專業示範領導，學生的為人處事學習也需要教師專業示範的領導，教師要提供楷模標竿給學生模仿學習，學生在處理情緒、表達情感、培育情操上，更需要教師專業示範的領導，給予共鳴性的了解，給予溫暖的支持與陪伴。專業示範是教育工作者（教師）領導的本質。

三、優勢學習的領導

教師領導學生學習，第三個特質是一種優勢學習的領導。依據多元智能理論的主張，優勢潛能得到激發，有明朗化的機會，就會形成學生的相對優勢與亮點；有專長亮點的學生，學習生活較有意義、有價值、有尊嚴。所謂優勢學習的領導，教師要領導學生符合「興趣性向」的學習，教師要領導學生順應「相對專長」的學習，教師也要領導學生發展「特色風格」的學習，善用「環境配備」的學習，統整「資源系統」的學習。

教師領導同儕教師，也要從優勢學習入手，例如：共同籌組專長群組學習社群、共同進行行動研究、共同承擔專案任務、共同撰寫研究成果報

告、共同發表文章著作、共同出版專業專門書籍，以及共同編輯教學手冊
等，從優勢專長學習入手，產出與自己專長學習成果有關的教育產品，為
自己進行知識管理、智慧管理，並分享給教師同儕，就是所謂的教師領導、
教師同儕的專業自主領導。

四、順性揚才的領導

教師領導的第四個特質是順性揚才的領導。教師領導學生要順學生之
性，揚其可揚之才，「順性」是廣義的，教師要順應學生的背景習性，教
師要順應學生的喜好興趣，教師要順應學生的優勢專長，教師也要順應學
生的理想抱負，經營學生本位的教育，經營多元智能的教育，經營形優輔
弱的教育，經營永不放棄的教育，才能「順性」鋪軌，達「揚才」之善。
教師領導的特質，要像水的善性，因材器使，成就萬物；教師若水，激發
學生潛能，順性揚才，玉成眾生。

「順性揚才」與「適性育才」稍有不同，都是學生本位教育的實踐，
但「適性」多為「大人想的」，而「順性」多為「學生要的」，有「主體」
與「主動」程度上的不同。就教育的主體而言，「順性」比「適性」更以
學生為本位出發；就學生學習的動力而言，「適性」的啟動者似乎仍在學
校及教師，「順性」則充分注重「學生的意願」以及「學生要學什麼」，
並考量學生本然的學習條件。

五、價值實踐的領導

教師領導的第五個特質是價值實踐的領導。教師與學生在學校中從事
「教學」與「學習」的教育工作，教育在「教人之所以為人」，教育組織
（學校）有組織的教育目標與核心價值，教師個人也有自己的核心價值及
教育理念，教師領導學生學習，就是價值實踐的領導，即是把知識價值、

技能價值、人際品德價值透過教師的註解，實踐在學生的身上，成為學生的價值之一，或者成為價值參照的元素。

價值實踐的領導，在「知識價值」及「技能價值」的層面比較明顯，價值分析的觀點也比較一致，教師領導學生「價值實踐」相對容易；「品德價值」層面的領導實踐較沒定論，較不容易領導，例如：中國以前的五倫之教及五常之教（五倫：父子有親、君臣有義、夫婦有別、兄弟有愛、朋友有信；五常：仁、義、禮、智、信），現在很難在學校現場操作實踐，作者建議運用新五倫及其核心價值的標示，似乎可以有效協助教師價值實踐的領導。新五倫及其核心價值是：(1)家人關係（親密、依存）；(2)同儕關係（認同、共榮）；(3)師生關係（責任、智慧）；(4)雇主關係（專業、創價）；(5)群己關係（包容、博愛）。

六、全人發展的領導

教師領導的第六個特質是全人發展的領導。教師要經由教育領導學生發展，發展成成熟人，發展成知識人，發展成社會人，發展成獨特人，發展成價值人，也要發展成永續人（鄭崇趁，2012b，頁91-107）。教師全人發展的領導，著眼學生的未來，以學生將來在社會上生存與發展的整全考量，避免過往過於重視「知識人」與「社會人」的偏失，在追求知識的同時，個人的獨特性與自主性也要兼顧。教師更要領導學生，建構自己的核心價值與永續經營生命的理念，來調整（平衡）社會人與獨特人之間的經營比重。

全人發展的領導來自全人教育的訴求，目前教育界對全人教育有三種註解：(1)五育的教育：依《國民教育法》揭示的德、智、體、群、美五育均衡的教育，稱為全人教育；(2)全人格教育：在情意教育層面上，由「情緒處理」→「情感表達」→「情操培育」的全人格教育，也被稱為全人教

育；(3)全人發展教育：教育協助每一位學生，發展成成熟人、知識人、社會人、獨特人、價值人，以及永續人，六種人的角色職能雖然不同，但同等重要，是全人發展的教育。本章採第三義，教師要領導學生接受教育，學習成長，才具有全人發展領導的特質。

肆、教師領導的趨勢

領導學在教育領域的運用，是從教育行政學開始的。教育行政的五大核心歷程是「計畫、組織、領導、溝通、評鑑」，領導是五大核心歷程之一，教育領導的適用對象以「行政長官」及「學校校長」為主軸，探討行政長官及學校校長如何領導「行政同仁」以及「學校教師」，一起辦好教育，經營國家教育事業。領導原理與核心技術的運用也多有「上對下」的階層組織系統，以及「行政學」和「管理學」特質上的考量。

教師學領導，是從專業自主以及專業示範的身分特質出發，探討教師如何領導學生學習，探討教師的專業表現行為，如何領導同儕認同及實踐，領導者與被領導對象之互動內涵有別於傳統的教育領導。本章特別將《教師學：鐸聲五曲》一書對於教師的註解，結合領導學的發展脈絡，將「教師領導的意涵」，歸納為以下六大特質，主張教師領導是一種知識遞移的領導，是一種專業示範的領導，是一種優勢學習的領導，是一種順性揚才的領導，也是一種價值實踐的領導，更是一種全人發展的領導。

作者於 2013 年發表〈校長領導的創新經營：領導服務論的意涵與脈絡〉一文，摘述介紹《校長學：成人旺校九論》的第七章「領導服務論〈創化專業示範模式〉」，為教育領導的特質界定在「系統思考」、「專業示範」、「實踐篤行」，以及「創新經營」，並結合領導學在 2000 年以後「新興主題式領導」的發展，主張校長領導的發展趨勢有以下五大項：價

值領導、經營領導、學習領導、方案領導，以及特色領導。就國內的教育生態而言，各級學校校長多由優秀教師出身，校長的領導特質與趨勢，仍然可以當作今日討論教師領導的參照。

　　教師領導是校長領導的進階發展，其與校長領導的最大不同有三：(1)對象不同：校長領導的主要對象是教師、幹部和學生，教師領導的主要對象是學生，次要對象是同儕（教師同仁）；(2)核心不同：校長領導的核心價值在學校（組織）發展，教師領導的核心在「知識遞移」的領導；(3)專業取向不同：校長領導需要教育、管理與經營的專業，教師領導則需要授課知識與班級經營的專業。但兩者也有共同願景，都在「成就人」與「旺教育」。

　　作者立基於「領導學」、「領導學對教育領導的啟示」、「教師學」、「教師學對於教師領導的啟示」、「教育領導的特質」，以及「教師領導的特質」，綜合歸納，主張教師領導的發展焦點有六，包括：「知識領導」、「價值領導」、「課程領導」、「方案領導」、「教學領導」，以及「學習領導」，分別說明如下。

一、知識領導

　　「知識遞移」的領導是教師領導的最大特質，事實上，知識遞移的領導是知識領導的核心過程與結果。教師領導要教師領導學生學習知識，教師要將自己的知識或教材上的知識，教給學生，轉移到學生身上，或教會學生「管理這些知識」，就領導的本質（特性）而言，稱為知識遞移的領導，就教師本人應重視的領導焦點而言，稱之為知識領導。

　　教師經營「知識領導」要掌握下列四大要領：(1)自己要有豐厚的專業知識及專門知識，才能做到知識領導的專業示範；(2)要會操作「知識螺旋」，促進學生的知識基模系統重組，產生知識遞移效果；(3)教會學生分

析知識本身的「系統結構」與「價值意涵」，讓知識與生活結合；(4)領導學生做好「知識管理」及「智慧管理」，讓知識的學習作為全人發展的重要基石。

二、價值領導

教師要重視價值領導，所謂價值領導係指教師教育學生時，要同時讓學生明白「知識價值」：我們學這些知識有什麼用處，如何使用這些知識造福自己及自己隸屬的組織（例如：家庭、學校、社會、國家）。教師也要配合學校經營規劃，適時讓學生了解學校（組織）的願景與核心價值、班級經營計畫與學校品德教育所推動的「核心價值」、教師個人的教育理念與核心價值，讓學生統整串聯「價值教育」，建構個人的人生價值。

教師的價值領導容易流為傳統的「威權訓話」，教師應予避免，並可從下列事項經營：(1)價值論述：配合學校的願景標示及品德中心德目的頒布，向學生說明論述核心價值意涵，喚醒學生價值意識；(2)價值分享：如在班上設置「日行一善」分享平臺，每天由教師、學生二至三位，分享今日「日行一善」的事蹟及其價值意涵；(3)價值實踐：將學校、班級、品德教育的核心價值發展為行為規準，激勵師生共同實踐；(4)價值研究：參與教師專業社群，以行動研究的方式，進行學校、班級以及教師群組的核心價值與行為規準研究，確立學校（組織）及教師（個人）辦學的核心價值與願景。

三、課程領導

教師領導的第三個趨勢是「課程領導」。課程是教育的內容，教師要扮演責任良師，要有能力為學生設計適合其需要的課程，要有能力以學生的最大價值考量，進行課程統整，也要有能力實踐「校本課程」以及「班

本課程」；課程設計、課程統整以及課程實踐的積極表現，稱之為課程領導。

　　教師課程領導的經營，有下列幾個要領可以參照：(1)研修課程理論與課程設計原理，教師本身要有課程理念與素養，才能為學校及學生提供課程領導服務；(2)要配合學校校本課程的研發，融合自己的領域（學科）教學，研發主題教學教案及授課教材，進行課程統整教學；(3)為自己授課領域（學科）建置課程教學資料庫（系統），掌握最經典、最新、最有價值，以及最有系統的課程資訊；(4)出版自編教材、專門著作或自編講義，作為授課教材；教師使用自己的專門著作授課，是最好的課程領導。

四、方案領導

　　教師領導的另一個趨勢是方案領導（也稱計畫領導）。教師要扮演責任良師之角色，要能夠設計課程方案，發展學校本位課程，發展班級本位課程，教師要能夠撰寫班級經營計畫以及領域（學科）教學計畫，實施方案計畫之教育活動，此之謂方案領導。方案領導有時包括「主題」教學教案之撰寫及為學校擬定的「主題式教育計畫」，用最簡易的說法，教師要會撰寫計畫方案的能力，計畫方案寫得好，能夠善盡職責，教好學生，帶動學校發展，足供其他教師同儕學習者，就是在實踐方案領導。

　　教師方案領導的經營要領，可參照下列作為：(1)篤行實踐計畫教學：當教師是一輩子的事，教育工作與活動均要有計畫或方案；教師應為自己任教的班級及授課領域（科目），逐年擬定課程方案、經營計畫、教學綱要，篤行實踐計畫教學；(2)系統思考方案設計：方案計畫可大可小、可繁可簡，但計畫一定要呈現系統結構，「目標」、「策略」、「項目」三者要環環相扣，有系統結構的計畫方案才是優質的計畫，才是方案領導的標竿作品；(3)有效管理方案計畫：個人及學校方案的計畫管理，成為學校知

識管理的資訊系統之一；方案計畫的傳承與創新就是教師方案領導的核心技術之一；(4)爭取方案競賽榮譽：教師提送自己的教育計畫、方案設計、教材教案參與校內外方案競賽，爭取榮譽，再以參賽的作品來實際教學，來與同仁分享，就是方案領導。

五、教學領導

教學領導代表很會教書、很會靈活運用各種教學方法與工具，即使是困難的教材，也能夠化繁為簡地教給學生，讓學生很快學會。教學領導的另一個意涵是教師也很會教資質不夠優秀的學生，全班學生的學習可以縮小程度落差問題，大家都能學會，通過標準化的基本能力檢測，一個都不少。教學領導的第三個意涵是教師的教學績效卓著，能夠為班級學生開創學習新價值，有高峰經驗，例如：學生領域（學科）成績高過全國、全縣、全鄉或全校平均值 10%以上，或者是學生的競賽成績有卓越表現，獲獎頻仍。

教學領導的主要對象是學生時，其意涵概括指前述三項；教學領導的對象如是同儕教師時，則應再增加下列兩大意涵：(1)可以示範完整的有效教學歷程，提供給教師同儕觀摩、討論、批判、學習、複製、實踐，教師同儕交互領導學習，共同提升教學品質與績效；(2)教師在觀摩教學時，可以提供主題知識教學的核心技術，示範核心技術，分享教學的關鍵技巧。

六、學習領導

教師的學習領導，係指教師教學時能夠一併教會學生使用最佳的學習方法，學會單元主題知識及其核心技術。因此，學習是教學的一體兩面，教師關注教學領導的同時，也要關注學習領導，以學生學習為主體，專業示範知識的系統結構，以及學習知識系統結構的流程步驟，運作有效的學

習要領及技術，學會知識的意涵，學會知識的系統結構，學會知識的操作次要變項，學會知識的統整與運用。

教師學習領導的經營要領，可參照下列作為：(1)閱讀學生學習專業書籍，例如：「佐藤學」學習共同體系列專書，可增進學習領導的基本素養；(2)參與觀摩學生學習為主題的教學演示，學會操作學習領導的教學技術；(3)參與學生學習專業社群，並進行學生學習行動研究，研發學習領導的課程與教材；(4)配合「優質學校」政策，積極爭取「學生學習」優質項目的標竿認證，落實學校教師的學習領導（鄭崇趁，2013a，頁213）。

伍、結語：教師領導的系統結構

本章從「領導學」、「教育學」，以及「教師學」三者的交織來看「教師領導」，因為《教師學：鐸聲五曲》（鄭崇趁，2014a）一書已出版，作者刻意摘述其主要內容。在分析「教師學領導」應有的先備「知識脈絡」時，作者認為教師培育本身就是浩瀚的工程，教師要先學習「責任良師」（教育學及教師學），再學習如何帶著學生一起被領導（教育經營學），最後才有教師領導的實踐（領導學及教師學的交織）。教師要先能善盡自己的本分職責、教學表現卓越、學生績效價值明顯、接受評鑑，證明自己是責任良師，才有立場學習領導。

教師要領導學生及教師同儕，除了表現卓越之外，一定要有自己的「教育產品」，這些教育產品指的是教育著作、教育計畫、行動研究報告、教材手冊、教具輔具，或得獎的教學方案等，教師領導的歷程需要教師將自己專長的內隱知識，適度的外顯化，讓大家看得到專門、專業外顯知識，大家才容易跟隨教師，被教師領導。

本章歸納教師領導的特質有六：(1)知識遞移的領導；(2)專業示範的領

導；(3)優勢學習的領導；(4)順性揚才的領導；(5)價值實踐的領導；(6)全人發展的領導。教師領導的趨勢也有六：(1)知識領導；(2)價值領導；(3)課程領導；(4)方案領導；(5)教學領導；(6)學習領導。教師領導就是領導如何透過「知識遞移」來辦教育，並且把教育辦好。教育事業是一種「人教人」的事業，一種「教人之所以為人」的事業，因此教師領導必須與校長領導匯通，一起做好「成就人」與「旺教育」的事業。茲以人體做隱喻，教師領導的特質及趨勢如圖 9-1 所示。

圖 9-1　教師領導的特質及趨勢

　　以人體做隱喻，身體軀幹的部分是「知識領導」，這是教師領導的核心；頭為總樞紐，是「價值領導」，是教師領導取向決策的源頭；兩個肩膀擔負著「課程領導」與「方案領導」的重責大任；雙腳則為「教學領導」

與「學習領導」，是創發知識新價值的實踐步伐。在身體周圍環繞著教師領導的六大特質：知識遞移、專業示範、優勢學習、順性揚才、價值實踐，以及全人發展，這些都是孕育教師領導行為的本質與元素。教師領導著學生，教育著學生，發展成「人之所以為人」，讓每一個人（師生）的生命意義、價值、尊嚴得致最充分的開展，每一個人都能自我實現，每一位師生都是家庭、學校、社會、國家的有效智慧資本。

（本文原發表於 2014 年，喚醒沉睡的巨人：教師領導學術研討會，臺北市立教育大學主辦）

第十章　從知識遞移的績效價值探討教師領導及課程教學領導的本質

壹、緒言：課程領導、教學領導以及教師領導都在探討「知識遞移」

　　我國師資培育機制的優化，有脈絡可循，先注重課程領導，再重視教學領導，目前則合併兩者重視教師領導。2000 年「國民中小學九年一貫課程綱要」的頒布，其中「課程統整」精神的訴求以及「學校本位課程、學校特色課程」的實踐，促成了對「課程領導」的重視，師範大學、教育大學以及部分設有教育學程的一般大學之「課程與教學研究所」，如雨後春筍般地設置（目前至少有十所）。這些研究所提供教師進修、研究課程設計與有效教學，由校本課程、特色課程，以及領域融入主題教學教案的設計與執行，實踐教師的課程統整。2000 年前後，可以說是「課程領導」最為興盛的時期。

　　2010 年前後，臺北市與新北市同時推動日本佐藤學教授的「學習共同體」，開拓了「以學定教」的新時代，流行教室走查，教師要與教師群組（有時包括學生、家長）共同備課、議課、觀課並實施群組教學，用學習共同體的型態，以學生學習為主體，策動團隊動能，期待「以學定教」，讓學生的學習更為踏實。後因「翻轉教室」及「磨課師課程」的流行，學生可以經由數位課程與資訊科技的輔助，自主自動學習，教學領導受到空前的重視；連校長的培育與核心能力的養成，「教學領導」已被列為最優先，而且廣義的教學領導已包含了課程領導。因此，目前臺灣教育現況是「教學領導」超越「課程領導」的階段。

　　2014 年，臺北市立大學舉辦「喚醒沉睡中的巨人：教師領導學術研討會」，為長期以來的教師專業發展以及「師傅教師」（或稱教學輔導教師）試辦機制，定位新的標題與方向，也為 2005 年開始試辦的「教師專業發展評鑑計畫」找到新的出口。教育界同仁可以發展「教師領導」，不一定是「教師評鑑」，也嘗試為「教師評鑑」未能順利入法，尋找可能的註解與趨勢。「教師領導」雖才開始在國內倡導，其以「教師標準本位」為核心，整合「課程領導」及「教學領導」的意涵則至為明顯，從 2012 年教育部頒布之「師資培育白皮書」的「培育新時代良師」之願景（Vision），以及「富教育愛的人師」、「具專業力的經師」、「有執行力的良師」三大任務（Mission）觀察，「教師領導」確能整合「課程領導」以及「教學領導」，為臺灣師資培育的課程統整開闢新天地，而此也意味著「教師評鑑」只要評鑑教師的「教師領導」有沒有做好即可，因為教師領導的最基本成分就是教師本人有無做好「課程領導」以及「教學領導」。

　　作者近年來致力於研發「經營教育之學」，2012 年出版《教育經營學：六說、七略、八要》一書（約二十二萬字）、2013 年出版《校長學：成人旺校九論》一書（約十八萬字）、2014 年出版《教師學：鐸聲五曲》一書（約二十二萬字），最大的心得是：「知識遞移」是課程領導、教學領導、教師領導三者共同的焦點，但長期沒有受到關注，是以國內的「課程領導」、「教學領導」、「教師領導」都沒有看到預期的成果，作者建議此三種領導都要強化探討「知識遞移」的績效價值。

貳、知識遞移的意涵及其績效價值

　　「知識管理」（knowledge management）、「知識螺旋」（knowledge spiral）、「知識基模系統重組」（reorganising knowledge scheme sys-

tem），以及本章強調的「知識遞移」（knowledge transition），都是「教」
與「學」知識的重要名詞，都是以「知識」為主體，「教育學」及「管理
學」為方法技術，探討「知識」性質所衍生的相關名詞。知識管理係指人
對知識的取得、儲存、運用、分享、創新、擴散的歷程。Nonaka 與 Takeuchi
（1995）發表了知識管理的公式（如圖 10-1 所示），此一公式主導了知識
管理的探討與發展，聚焦知識管理的關鍵事項，並孕育知識分享的重要性，
產出知識螺旋的深層意涵與價值。

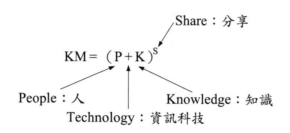

圖 10-1　知識管理公式

資料來源：修改自 Nonaka 與 Takeuchi（1995）

此一公式直譯中文為：知識管理＝「人」用「資訊科技」管理自己組
織「知識」的「分享」次方，其核心意涵有五（鄭崇趁，2015a，頁
232-233）：

1. 人與知識的匯通是管理的基礎。

2. 人用資訊科技進行知識管理。

3. 人與知識是否能有效管理，決定在「分享」的因素。

4. 知識分享占知識管理成果的（累積與乘積）「次方角色」，代表知
   識分享平臺愈暢旺，知識管理成果愈好。

5. 資訊科技是知識管理的工具，而知識分享機制則是知識管理的方法

策略。

「知識螺旋」為知識管理的核心技術，是指個人的內隱知識，由於學習或分享活動，與他人的外顯知識所產生之「交互作用、整合發展」效應；知識螺旋效應愈佳，學生的學習成果愈好。

「知識基模系統重組」為作者於《教育經營學：六說、七略、八要》（鄭崇趁，2012b）一書中的重要心得，「知識」結合皮亞傑（J. Piaget）「基模」（scheme）的觀念，任何的學習和任何的教育產品（著作），都是在進行「知識基模系統重組」，個人將教育經營學的知識，系統重組為：六大原理學說（六說）、七個經營策略（七略）、八個實踐要領（八要）。原理學說尋根探源，立知識之真（立真）；經營策略行動舖軌，達育才之善（達善）；實踐要領著力焦點，臻教育之美（臻美）。教育是可以經營的，《教育經營學：六說、七略、八要》可以經營教育的真、善、美。「知識遞移」則是《教師學：鐸聲五曲》（鄭崇趁，2014a）一書中的進階心得，主張「知識遞移」才是「知識管理」、「知識螺旋」，以及「知識基模系統重組」的共同目的與焦點。教師從事教育工作一輩子，從其本分職能而言，就是在做「知識遞移」的工作。「知識遞移」的績效價值才是造就「人之所以為人」的必要條件，教育才是可欲的。

「知識遞移」係指教師能夠將自己身上的知識或教材上的知識，遞送轉移到學生身上，學生不但「知道、理解」這些知識，還能夠「操作、運用」這些知識中的技術，成為學生「帶得走的能力」。成功的知識遞移依Bloom 的認知教學目標：「知識、理解、應用、分析、綜合、評鑑」六個層次的學習，至少要達到第四個層級以上，學生才算「真正學會」，才有可能成為「帶得走的能力」（綜合、評鑑）。

「知識遞移」的績效價值，可以經由「知識→技術→能力」之經營模式的運作而大幅改善。作者認為，知識是一種群組系統的組合，不同的知

識元素，組合成各種原理學說、理論、理念及微觀與鉅觀的「知識基模」或「知識系統」：微觀知識通常是同系列鉅觀知識的「元素」或「零組件」，分析這些元素或零組件的銜接原理、流程步驟及其系統結構，就是知識本身的「核心技術」，學會知識本身「核心技術」的操作，就能有效掌握知識，成為學生的能力。「知識→技術→能力」的有效經營（知識遞移）模式，適用於國家經營學、教育經營學、校長學、教師學。

以國父孫中山先生的國家經營學為例，他倡導「三民主義」以及「五權憲法」，合稱為孫文學說，這是最核心的知識，後來為了「治國」需要，再將這些知識轉化為可以實際操作的「建國大綱」以及「建國方略」，認為國人據此而為，就可以達成其「上李鴻章書」中的治國理想：「人盡其才、地盡其利、物盡其用、貨暢其流」，其化約模式概如圖 10-2 所示。臺灣的「中華民國憲法」及行政自治，係遵循孫文學說的「知識」及「技術」而建構，蔣經國先生擔任行政院長及總統期間在技術層面加碼推動「十項建設」，更造就了「臺灣奇蹟」，這是國家級的經營層次中，「知識遞移」最成功的典範，也是經營國家、暢旺民生、掌握新知識及其技術最明確的例證。

再以整個國家的教育經營為例，教育部於 1995 年頒布了第一本教育白皮書，1996 年頒布了「教育改革總諮議報告書」，2011 年頒布了第二本教育白皮書，2012 年頒布了「師資培育白皮書」，無非是在告訴國人：當前的教育環境需求、政府發展教育的理想抱負，以及經營教育的方向重點，期待凝聚全民力量共同促成。作者以「知識→技術→能力」之教育經營模式（知識遞移）加以註解，如圖 10-3 所示。

由圖 10-3 觀察，四本白皮書的「知識」，要創化國人的「能力」（目標、價值），最需要中間「核心技術」的銜接，四本白皮書的成敗也在其「核心技術」有否被「精準研發」與「務實實踐」。銜接教育白皮書「知

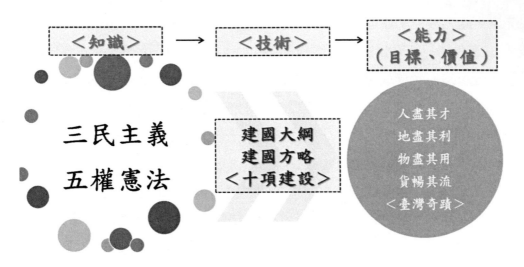

圖 10-2　國家經營學的「知識→技術→能力」（知識遞移）之模式

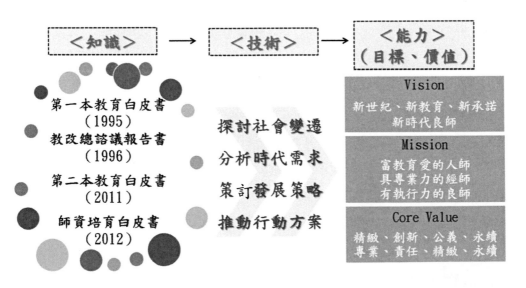

圖 10-3　經營教育的「知識→技術→能力」（知識遞移）之模式（政策篇）

識」到「能力」的核心技術有：「探討社會變遷」、「分析時代需求」、「策訂發展策略」，以及「推動行動方案」四者。四者到位，教育「競爭力」的提升立即可見。

　　再以「組織」及「人」為主體，探討「知識→技術→能力」的教育經營（知識遞移）模式，就會化約如圖 10-4 所示。

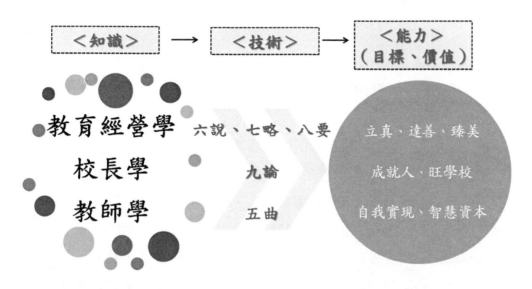

圖 10-4　經營教育的「知識→技術→能力」（知識遞移）之模式（教師篇）

　　教育經營學、校長學、教師學都是「系統知識」，六說、七略、八要、九論及五曲都是這三門鉅觀系統知識中的次級系統知識，也都是可以操作的技術。這些技術操作得妥適，我們的教育人員（行政幹部、校長主任、教師學生）就有能力造就「立真、達善、臻美」的教育實境，校長與教師都在「成就人、旺教育」，國人都能充分自我實現，人人也都是家庭、學校、社會、國家的有效智慧資本。

　　「六說、七略、八要」為「教育經營學」的核心技術，六說是指「價

值說、能力說、理論說、實踐說、發展說、品質說」等六個原理學說；七略是指「願景領導策略、組織學習策略、計畫管理策略、實踐篤行策略、資源統整策略、創新經營策略、價值行銷策略」等七個經營策略；八要是指「系統思考、本位經營、賦權增能、知識管理、優勢學習、順性揚才、績效責任、圓融有度」等八個實踐要領。作者撰寫時，將「六說、七略、八要」分二十一章撰寫，每一章均以四節約一萬字的篇幅，寫明其「概念型定義」、「操作型定義」，以及「操作實踐」要領。學生閱讀修課時，容易「知道、理解」這些知識，並且直接學習操作知識裡的技術，學會操作運用這些「技術」，就成為碩博士班學生帶得走的能力，可以經營學校教育「立真、達善、臻美」，彰顯「知識遞移」的績效價值。

「成人旺校九論」為「校長學」的核心技術，包括「成就人」四論以及「旺學校」五論。作者認為，校長當學「成就人」與「旺學校」：成就人要從「自我實現論：成就人的尊嚴價值」、「智慧資本論：激發人的動能貢獻」、「角色責任論：實踐人的時代使命」，以及「專業風格論：領航人的品味文化」四論著力深耕，操作其知識裡的核心技術，實現「己立立人，己達達人」的校長職分。旺學校要從「行政管理」的五大核心歷程：計畫、組織、領導、溝通、評鑑，賦予經營學校教育的核心價值、勤奮經營，包括：「計畫經營論：帶動學校精緻發展」、「組織創新論：活化組織運作型態」、「領導服務論：創化專業示範模式」、「溝通價值論：深化多元參與脈絡」，以及「評鑑品質論：優化歷程績效品質」。每章的主標題是「知識」，副標題則為「技術要領」的脈絡。校長從行政管理的五大核心歷程，結合「核心價值」與「技術要領」永續深耕，就可以暢旺校務，提高學校的教育競爭力（具有「知識遞移」的績效價值）。

「鐸聲五曲」是「教師學」的核心技術：首部曲「鐘鳴大地‧人師」，敘述教師的生命願景與教育志業；二部曲「朝陽東昇‧使命」，分析教師

的核心價值與專業示範；三部曲「春風化雨・動能」，闡明教師的核心能力與智慧資本；四部曲「明月長空・品質」，探討教師的教育品質與績效責任；五部曲「繁星爭輝・風格」，詮釋教師的系統思考與順性揚才。五部曲的內容總共二十章，每一章撰寫四節約一萬餘字，敘明每一章的「核心知識及其技術」、「操作系統」，以及「實踐要領」。作者認為，「知識→技術→能力」是有效教育經營（知識遞移）的模式，依循此一化約模式，強化知識本身核心技術的直接學習與操作，就可以提升「知識遞移」的品質與數量，增益「知識遞移」的績效價值。

　　「教師學」是經營教育的基點，「校長學」是經營教育的軸心，「教育經營學」則是經營教育的經緯，三者構成了「經營教育三學」，其知識脈絡系統結構如第二章的圖 2-2 所示，作者用「五曲、六說、七略、八要、九論」撰寫其「核心知識及核心技術」，建構「知識→技術→能力」教育經營（知識遞移）的化約模式，期待能為臺灣的教育經營與師資培育，開拓新的方向。

　　師資培育系統的知識，至少應包括下列四大類：(1)教師學之核心知識及其技術；(2)教學原理方法之核心知識及其技術；(3)學生身心發展之核心知識及其技術；(4)領域（學科）主題之核心知識及其技術。這四類之「知識」及其「技術」若都能研發完成，並給予「鉅觀知識系統」與「次級微觀知識」妥適定位，形成系統結構，再教給所有的教師及師資培育學生參照，學生不但能學會「知道、理解」的知識意涵，也會「操作、運用」知識裡的技術，這些知識及其技術，也就成為每一個學生帶得走的能力。師資培育系統「知識遞移」的核心技術研發方案，如第二章的圖 2-6 所示。

參、知識遞移是課程領導的方向與內涵

　　林天祐（2001）認為，課程領導係指在課程發展中，對於教學方法、課程設計、課程設施，以及課程評鑑提供支持與引導，以幫助教師有效教學而提升學習效果的作為。秦夢群（2013）則將課程領導定義為：針對學校之相關課程政策與實施，領導者提供必要的資源與服務，協助教師進行課程規劃、發展、實施與評鑑之領導作為。作者認為，課程領導最淺顯的定義是：能夠領導學校教師為學生開發最有價值的課程，或者能夠領導學校教師開展學校本位課程及學校特色課程。前者以「學生」為主體論述，後者以「組織」（學校）為主體論述，兩者有時會矛盾衝突，因為以學生為主體必須盡量「客製化」、「因材施教」；以學校為主體（本位），則要以大多數的學生需求為系統思考基礎，「客製化」的程度較難兼顧。

　　優質的課程領導有下列四個指標可以觀察：(1)學校有明確的校本課程及特色課程，校本課程符合學生最需要，特色課程能夠彰顯學校的品牌價值；(2)學校各領域課程均有系列教學主題與學校本位課程銜接，實踐整體課程與校本課程之統整；(3)各領域教學教師能配合校本課程系列主題，設計自編教學教案，實踐班級教學之課程統整；(4)教師之自編主題教學教案，能夠有效整合校本課程之「知識主題」及其核心技術，讓學生學到帶得走的能力（由校本課程強化的能力）。

　　從領導的視角看課程領導也有下列四個指標可觀察：(1)校本特色課程已成為學校特色品牌，值得他校觀摩學習；(2)學生的行為表現已能凸顯校本特色課程的知識內涵；(3)學生認同校本特色課程，並多能結合個人的優勢專長，發展自己的藝能、運動專長，多數為有專長亮點的學生；(4)教師皆能認同校本特色課程，並擁有自編主題教學教案的能力，能夠示範教學觀摩。

　　學生從校本課程學到很多應備的知識、技術、能力，就是「知識遞移」的績效價值明顯，教師能夠提供校本課程觀摩教學，就是課程設計獨特，可以提供典範；如果課程設計獨特，其「主題核心知識及技術」必然明顯，可以讓學生學會校本課程的核心知識及其技術，成為可以表現的能力。師生組織文化愈「校本」課程化、特色化，代表校本課程確實能夠有效「課程統整」（知識遞移），逐漸彰顯績效化、價值化，師生日漸習以為常。「知識遞移」核心知識及其技術的探討，是課程領導的方向與內涵。

肆、知識遞移是教學領導的功能與目的

　　教學領導原本也是以校長及行政人員對教師的領導為主，後來才逐漸成為教師對其他教師的教學領導。Tacconi-Moore（2005）即將其簡單定義為：「領導者對於促進高品質教與學的相關活動，以提升學生表現的行為。」吳清山、林天祐（2005）則將其定義為：「校長直接協助教師教學、促進教師專業成長與發展、進行學校本位課程發展，以及帶動教師從事行動研究過程中，對於教學方法、課程設計、課程實施，以及課程評鑑提供支持與引導，以幫助教師有效教學和提升學生的學習成果。」作者認為，教學領導係指教師能夠有效教學，其教學方法與步驟流程，能夠有效帶領學生探索知識，學習知識中的技術，很快學會操作運用知識，成為學生帶得走的能力。

　　教學領導之觀察指標，從教師為主體來看有四：(1)擅於教書，能夠充分掌握單元主題知識及技術；(2)能夠專業示範、註解知識，並操作裡頭的技術；(3)教學方法與技術靈活，能夠引導學生有效學習；(4)學生學習評量成績達到標準，證明教師有效教學，學生也學會主題單元知識及其技術。

　　再從學生（學習）為主體來分析教學領導的觀察指標也有四：(1)教材

內容已有相當程度數位化，學生能夠預先自主主動學習；(2)教學歷程由於資訊科技輔助，學生要學習的「知識」及其「技術」能夠「專業示範」與「楷模學習」（例如：書法教學有數位影片的運筆技術教學）；(3)教師安排的「教」與「學」歷程，能夠讓學生藉由「群組學習」產生「團隊動能」，在較經濟的時間內，大部分的學生都學會這些核心知識及其技術；(4)學生的學習成果豐碩，都可以展示實物作品、展演活動或書面化教育成果，學生之間可以交互分享，共學共榮。

教學領導已有諸多成功的案例：2015年澎湖縣的「特色學校及教育111標竿學校認證」剛認證完竣，其中「池東國小」的學校特色「手腳達人：扯鈴、足球」的教學領導就做得十分成功。該校將臺灣本土發展的扯鈴，研究編寫成二十八個核心技術，將足球的動作技術編寫成三十個核心技術，由教師指導學生逐一拍成數位影片，並將核心技術的「學習要領」精確簡要敘明，製作成一張張的QR-code並由教師配音，展示在教室牆面上而成為「扯鈴學習步道」以及「足球學習步道」。學校配合健康與體育領域教學，將這些核心技術融入十二個單元主題教學教案，進行三十六小時的正式課程教學，並輔以「扯鈴社團」及「足球社團」培訓，因此池東國小四、五、六年級學生，每個人都成為「手腳達人」，參加扯鈴競賽展演及足球競賽展演，成果至為豐沛、亮眼，已成為學校的榮譽，兩位擔任教學的教師，已受到關注，成為教學領導成功的範例。

教學領導的焦點在於「知識」核心技術的解析，從知識本身的核心技術進行「專業示範」教學，並指導學生掌握「技術」的學習要領，進行「操作性」的學習。學生學會操作這些知識的技術，就能完全「知道、理解、應用、分析」這些知識，成為自己帶得走的能力，再學習系統化知識，進行鉅觀（整體）的「知識基模系統重組」，也就有能力到業界擔任「綜合、評鑑」的知識任務。因此，知識遞移的歷程與實際成果，就是教學領導的

功能與目的之所在。

伍、知識遞移是教師領導的基點與軸心

在Katzenmeyer與Moller（2009）發表〈喚醒沉睡的巨人：協助教師發展成為領導者〉（Awakening the Sleeping Giant: Helping Teachers Develop as Leaders）一文，張德銳（2010）發表〈喚醒沉睡中的巨人：論教師領導在我國中小學的發展〉一文之後，2014年假臺北市立大學舉辦「喚醒沉睡的巨人：教師領導學術研討會」，教師領導從此受到教育人員的普遍關注，且有以教師領導來整合課程領導及教學領導之趨勢。

Katzenmeyer與Moller（2009）對教師領導的定義是：教師領導者在教室內和超越教室之外進行領導。他們認同教師係學習者、領導者的社群並對其有所貢獻，影響其他教師一同改進教育實務，同時接受達成領導結果的責任。張德銳（2010）則將教師領導定義為：「教師依其正式職位或以非正式的方式，在教室內，特別是超越教室之外，貢獻於既是學習者也是領導者的社群，影響他人一同改進教育實務，進而提升學生學習的歷程」，此一定義含有以下五個要點：(1)教師領導是教師發揮專家權和參照權影響力的歷程；(2)教師領導可以發生在正式職位上，也可以發生在非正式職位上；(3)教師領導可以發生在所屬教室內，但更被期待能夠走出教室，發揮正向影響力；(4)教師領導的最佳管道係在「學習者和領導者的社群」；(5)教師領導負有績效責任：改善教育實務，進而提升學生學習的成效。

作者出版《教師學：鐸聲五曲》（鄭崇趁，2014a）一書，並發表〈從教師學看教師領導的意涵〉一文（鄭崇趁，2014b），認為教師由「被領導」發展到「領導他人」，是一種專業績效責任的發揮，是「責任良師」應有的行為表現。教師領導具有下列六大特質：知識遞移的領導、專業示

範的領導、優勢學習的領導、順性揚才的領導、價值實踐的領導，以及全人發展的領導。教師領導的發展也有六大趨勢：知識領導、價值領導、課程領導、方案領導、教學領導，以及學習領導。教師領導的特質及趨勢如第十章的圖 10-1 所示。

　　「知識遞移的領導」是教師領導最重要的特質，「知識領導」也是所有詮釋教師各種領導的基點與軸心。任何教師領導的探討，都是為了有效提升「知識遞移」的質與量（績效價值）；任何教師領導的分類，也都是為了增進「知識遞移」之後的「知識基模系統重組」，知識遞移，既是基點，也是軸心。

陸、結語：知識遞移的研究需要「知識教育學」

　　課程領導、教學領導，以及新近的教師領導，其共同的焦點是「知識」，尤其是「知識遞移」核心技術的研發應該受到關注。過去的師資培育機制，重視的是「教育概論」、「教學原理」、「課程設計」、「各領域學科教材教法」、「教育心理學」、「教育社會學」、「學生認知發展與輔導」，以及「教育哲學」，管理學興起之後，逐漸在教育系統中，加入了「知識管理」、「人力資源管理」、「智慧資本理論」、「硬實力與軟實力」、「績效責任」、「領導哲學」、「全面品質管理」、「賦權增能」、「本位管理」、「PDCA」、「認可制評鑑」，以及「平衡計分卡」等經營管理新觀念。是以教師的角色也逐漸翻轉，由被校長領導的課程領導、教學領導，逐漸轉變為教師本人的課程領導及教學領導（示範給他人觀摩，影響他人優化課程與教學機制），再逐漸轉變為今日的「教師領導」。教師領導做得好，教師標準本位的經營受到尊重，教師領導即可以整合過去的「教學領導」及「課程領導」，更可以喚醒沉睡的巨人，「教

師」本身才是真正領導「教育」（知識遞移）的巨人。

　　本章作者主張要優化師資培育機制，要從四大系統知識研發其「知識遞移」的核心技術，這四大系統知識是：(1)教師學的核心知識及其技術；(2)教學原理方法的核心知識及其技術；(3)學生身心發展的核心知識及其技術；(4)領域學科主題的知識及其核心技術。任何的鉅觀知識都含有技術成分（次級系統知識或可以操作的知識及技術），教師教學時，能夠專業示範，直接教給學生學會操作知識的技術，學會了就能完全「理解」並「運用」這些知識，學生的學習力與知識力必然會加倍成長。四大系統知識「知識遞移」核心技術的研發，成為優化師資培育機制的當務之急，也是課程領導、教學領導，以及教師領導共同的根。

　　「知識→技術→能力」的教育經營（知識遞移）模式是本章作者撰寫「經營教育三學」之後的重要心得，「知識遞移」核心技術的研發，可用在「教師」教學本位上，也可用在「校長」經營本位上，以及國家領導者的「政策」規劃本位上。教師的「知識遞移」以學生學會主題知識為主體；校長的「知識遞移」以教師認同「經營學校」所建構的理念知識及策略技術為主體；國家領導者的「知識遞移」以人民能夠理解的願景（Vision）、任務（Mission）、核心價值（Core Value），以及重要政策、計畫及技術為主體。三個層次都有需求，需要一本「知識教育學」來闡述此一「系統知識及其技術」，期待師資培育的學者專家共同促成。

（本文原發表於 2015 年，第三屆師資培育學術研討會，國立彰化師範大學主辦）

第十一章 「教師學」對學校輔導人力培用的啟示

壹、緒言：學校輔導人力是廣義的教師

《學生輔導法》終於在 2014 年 11 月 12 日頒行。「訂頒學生輔導法」是「教育部輔導工作六年計畫」寫明要做的「重要工作之一」；教育部於 1991 年 2 月頒布「教育部輔導工作六年計畫」，該計畫奉行政院核定，自 1991 年 7 月起執行六年，共十八大項一百零二項工作，總經費 85 億 9 千 5 百萬元，其中第十三大項「整編修訂輔導法規計畫」中的第（五）「研訂輔導工作綱領」以及（六）「研議擬定輔導法」，就是今日《學生輔導法》最重要的源頭。

「學校輔導工作」之發展領先華人世界，是臺灣的驕傲之一。我們的國民所得比不上香港及新加坡，但是我們「學校輔導工作」的精緻化發展，卻領先他們，可以當作他們學習的對象，臺灣教育部門中的「學生輔導機制」是可以輸出的部分。葉一舵（2010）出版的《臺灣學校輔導發展研究》一書成為最珍貴的史料（繁體版的《臺灣學校輔導史》由心理出版社出版），而《學生輔導法》的頒行，又為「學生輔導機制」法制化開展新的里程碑，讓「學校的學生輔導」成為臺灣教育的亮點之一，具有「永續領先」、「開發輸出舞臺」的時代價值。

《學生輔導法》實施之後，學校有定額的「輔導教師」，以及「心理師」、「諮商師」、「社工師」與一般教師共同來「教育輔導」學生。「輔導教師」以及學校中的「心理師」、「諮商師」、「社工師」稱之為「學校輔導人力」，學校輔導人力由《學生輔導法》個別規範，在學校中擔負

「發展性輔導」、「介入性輔導」以及「處遇性輔導」之責任，其角色責任有別於一般教師，唯就「學生受教主體」以及「學校教育」系統運作而言，作者主張「學校輔導人力」應是廣義的「教師」；唯有學校輔導人力主動地與「學校教師」「交互作用，整合發展」，才能真正實踐《學生輔導法》賦予教育輔導人員的時代使命。

貳、「學生主體」是教師與輔導人員共同的目標

「教育→輔導→諮商→心理治療」是輔導人員協助學生的主要途徑與順序，輔導人員必須結合一般教師共同「教育輔導」學生，再有需要（不足），再加碼做「諮商治療」處遇。「教育輔導」做得愈好，「諮商治療」就可少做，甚或免做。學校輔導人力界定為「廣義的教師」，是教師的依靠，同時也是教師的夥伴，有時也是教師的助手。用「依靠、夥伴、助手」來描繪輔導人員與教師之間的綜合關係最為貼切，大家都是為了幫助學生好好接受教育，期待輔導諮商工作有助於學生教育功能之發揮，教師與輔導人力能夠產生具體「共力」，真正幫助到學生最為重要。

「學生主體」、「順性揚才」是當代教育人員以及輔導人員的共同目標，「教育→輔導→諮商→心理治療」均應以學生個人的最大價值做考量。學生的背景秉性、學生的需求條件、學生的興趣性向、學生的專長發展都不一樣，我們都要「順性揚才」，才能協助個別的學生創發其個人最大價值。所有學校輔導人員都應該是學生廣義的教師，輔導人員和教育人員都有「帶好每位學生」的共同目標，「學生主體」、「順性揚才」、「一個都不少」。

參、學校輔導人員要有教師般的「核心價值」

「核心價值」（Core Value）來自人的共同性（心願、需求）與組織任務目標「交織」的價值取向，是現代企業經營必須揭示的「願景領導」有效作為。很多企業組織（包括學校及其處室）都已能呈現願景（Vision）、任務（Mission），以及核心價值（Core Value），例如：國立臺北教育大學研究發展處的願景、任務及其核心價值如第一章的圖 1-5 所示。教育部（2011）在「中華民國教育報告書：黃金十年、百年樹人」中，揭示的國家教育核心價值是：精緻、創新、公義、永續。教育部（2012）在「師資培育白皮書」中，揭示的師資培育核心價值是：師道、責任、精緻、永續。

作者在《教育經營學：六說、七略、八要》（鄭崇趁，2012b）一書中認為，臺灣二十一世紀教育的核心價值是：人文、均等、適性、民主、創新、永續、精緻、卓越，並以人體做隱喻，繪其圖像如第一章的圖 1-10 所示。作者也在《教師學：鐸聲五曲》（鄭崇趁，2014a）一書中認為，教育要辦好，不但國家教育組織要有核心價值的揭示，「教師個人」也要有教師個人的生命願景、教育志業，以及核心價值的規劃與確認，以幫助每一位教師自我實現，並成為家庭、學校、社會、國家之有效智慧資本。因此，為當代教師試擬了一個符合「管理學結合教育學」訴求的生命願景、教育任務及核心價值，如第一章的表 1-1 所示。

教師的願景（Vision）是「自我實現，責任良師」：自我實現為自己負責，促使自己的「心願抱負」與「現實成果」適配吻合；責任良師為學生及學校負責，要成為能教會學生，對學校有貢獻的教師。教師的四大任務（Mission）是教學、研究、輔導、服務。教學的核心價值（Core Value）是專業（專業自主的教師）；研究的核心價值是精緻（精緻研發的教師）；輔導的核心價值是責任（責任楷模的教師）；服務的核心價值是價值（價

值創新的教師）。

　　作者建議，學校輔導人員也要有教師般的核心價值，但可以自主決定願景（Vision）、任務（Mission）和核心價值（Core Value）的具體內容。以下不揣淺陋，試擬了一個範例如表 11-1 所示，提供大家參照。

表 11-1　輔導人員的願景、任務與核心價值（範例）

願景（Vision）：自我實現，專業助人。 **任務（Mission）**：教育：順性揚才。 　　　　　　　　　輔導：適性發展。 　　　　　　　　　諮商：盡性坦露。 　　　　　　　　　心理治療：原性安定。 **核心價值（Core Value）**：健康、盡性、適配、幸福。

肆、輔導人員要強化「生命之師」的核心能力

　　作者在《教師學：鐸聲五曲》（鄭崇趁，2014a）一書的第二章「師涯願景〈構築人師的抱負〉」中強調，當代教師有四大抱負：作為學生的「生命之師」、「知識之師」、「智慧之師」，以及「風格之師」。「知識藝能之師」是一般教師之主要職能，「生命智慧之師」則要學校輔導人力共同融入才能促成。每位學生的「生命」都是珍貴的，生命要逐漸開展成為「成熟人」、「知識人」、「社會人」、「獨特人」、「價值人」，以及「永續人」；生命的發展歷程中有「情緒」的存在，要學習面對處理，也要學習健康的「情感」表達，更要培養孕育「情操」的胸懷。我們都期待，每一位學生生命發展的歷程，有「七情俱」的情緒存在，「致中和」的情感表達，以及「成風範」的情操涵養，才能造就「全人格」性情的責任公民。

　　「生命之師」的扮演，另一個重點在「品德教育」與「情意教學」。有鑑於傳統的「五倫之教」（父子有親、君臣有義、夫婦有別、長幼有序、朋友有信）以及「五常之教」（仁、義、禮、智、信），已經不容易配合時代潮流，著力經營。是以「教師學」將品德教育定義為：「教如何做人，學人際關係、養品格情操、育責任公民」，主張品德教育的核心奠基在以學生為主體之「人際關係」的教育，倡議「新五倫及其核心價值」的探討，作為品德教育及情意教學的發展趨勢。初步的構念是：第一倫「家人關係」，其核心價值是「親密」中相「依存」；第二倫「同儕關係」，其核心價值是「認同」中能「共榮」；第三倫「師生關係」，其核心價值是「責任」中帶「智慧」；第四倫「雇主關係」，其核心價值是「專業」中能「創價」；第五倫「群己關係」，其核心價值是「包容」中有「博愛」。全人格教育經由五大人際關係造就幸福的生涯，如圖 11-1 所示。

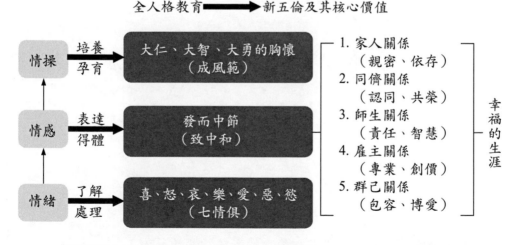

圖 11-1　全人格教育經由五大人際關係造就幸福的生涯圖解
資料來源：鄭崇趁（2014a，頁 220）

　　「生命之師」包括教師及學校輔導人員，兩者都要具備現代化的「職能需求」核心能力。「教師學」中強調教師的核心能力以下列八項最為重要：教育專業的能力、關愛助人的能力、課程設計的能力、班級經營的能力、有效教學的能力、輔導學生的能力、應變危機的能力，以及研究發展的能力，並且主張前兩項合稱為「專業力」、第三項和第四項合稱為「統合力」、第五項和第六項合稱「執行力」、第七項和第八項合稱「創發力」，其系統結構如第一章的圖 1-6 所示。具備專業力、統合力、執行力，以及創發力的教師，才能專業示範，才能成為學生的「生命之師」。

　　學校輔導人員的核心能力亦應與教師「相近而不同」，並應由輔導諮商者結合當代具有優質實踐經驗的心理師、諮商師共同研發，並公布周知，引導從業人員學習演練。作者提供一個共同思考的方向，其核心能力的系統結構如圖 11-2 所示。

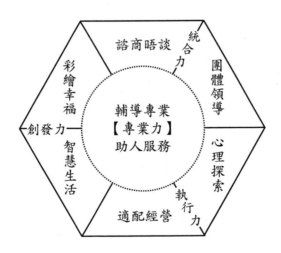

圖 11-2　輔導人員核心能力的系統結構（範例）

資料來源：作者自行繪製

專業力：輔導專業的能力、助人服務的能力。

統合力：諮商晤談的能力、團體領導的能力。

執行力：心理探索的能力、適配經營的能力。

創發力：智慧生活的能力、彩繪幸福的能力。

伍、輔導人員要有「教育→輔導→諮商→心理治療」核心技術的知識管理

　　優質的教師必須做好知識管理，就教師而言，要做好「內隱知識」的管理，也要做好「外顯知識」的管理，兩者同樣重要。內隱知識的管理包括：生命哲學的知識、核心價值的知識、教育倫理的知識，以及人倫綱常的知識。外顯知識的管理包括：教育理念與個人檔案的知識、課程設計與教學資源的知識、進修資料與札記省思的知識，以及研究著作與教育產品的知識。就組織（學校）立場而言，教師應管理「教育專業」的知識，應管理「授課專長」的知識、應管理「教學技術」的知識，也應管理「校本經營」的知識（鄭崇趁，2014a，頁259-275）。

　　作者在《教師學：鐸聲五曲》（鄭崇趁，2014a）一書的第十三章專門探討教育上的「核心技術」，主張教師要具備「經營管理」的核心技術、「課程教學」的核心技術、「輔導學生」的核心技術，以及「教育服務」的核心技術。在「經營管理」層面，教師要了解經營教育的原理學說，要熟悉經營教育的經營策略及實踐要領，要策訂班級經營計畫與教學計畫，要專業進修與核心技術管理。在「課程教學」層面，教師要實踐課程統整與知識基模系統重組，要實踐主題教學與自編主題統整教案，要開發數位媒材與核心知能呈現系統，要實施能力認證與優勢學習順性揚才。

　　在「輔導學生」層面，教師要專業示範群組學習與團隊動能，要示範

輔導機制與愛心陪伴，要參與網絡系統與三級預防，要進行補救教學與學習要領。在「教育服務」層面，教師要專業示範計畫經營的服務、組織創新的服務、領導專業的服務、溝通價值的服務，以及評鑑品質的服務（鄭崇趁，2014a，頁 227-242）。

學校輔導人員要進行「核心技術」的知識管理，其「核心技術」除了可以比照一般教師分為「內隱知識」及「外顯知識」進行管理之外，可依「教育→輔導→諮商→心理治療」的核心知識及其技術的分類，由輔導諮商學者專家督導實務工作者，依據「個別化輔導方案」及「個案輔導紀錄」逐步分析，並予以數位儲存。學校輔導人員核心技術知識管理的精緻化，才能進一步觀察《學生輔導法》執行實踐的績效價值。

作者認為，學校輔導人員的知識管理，應優先就學校（組織）立場規劃，應管理「輔導素養」的知識，應管理「諮商技術」的知識，應管理「諮商計畫」的知識，應管理「個案研究」的知識。

陸、結語：學校輔導人員對「自己」的定位，才是人力培用的最關鍵

過去，學校輔導工作人員有下列三大迷思：(1)輔導專業人員不認為一般教師可以做學生輔導工作：認為輔導諮商是極為專業化的助人行為，一般教師做不好，也沒有能力做，將部分學生之所以適應困難或產生偏差行為，歸因於教師不當的管教；(2)輔導諮商是比較靠近精神醫學與心理治療的專業行為：輔導諮商人員常常自比為「準醫師」，而非「準教師」，強調自己不是教師同類，而是醫師同類，但工作環境與實質支薪卻以「學校教育」的學生為主體；(3)輔導普及化影響諮商專業化之資源整合：認為當年的「輔導工作六年計畫」，致力於「輔導諮商專業化」以及一般教師「輔

導知能普及化」，會有「經費沒有用在刀口上」的缺失，只留「輔導諮商專業化」才是真正的「刀口」。

　　這三大迷思都與學校輔導人員對「自己」的定位有關，影響到輔導人員「自我實現」的前提，以及是否成為學校的「有效智慧資本」之認定。作者認為，學校輔導人員是廣義的「教師」，具輔導諮商專業取向的教師最為合適。輔導人力的培用，要如同當代教師一般，要有個人的「核心價值」、「核心知識及其技術」，以及「核心能力」的系統培育。

（本文原發表於 2015 年，學生輔導法的實踐：學校輔導人力培用學術研討會，國立彰化師範大學主辦）

第十二章　論新五倫及其核心價值

壹、五倫是中華文化品德教育及情意教學的根

「五倫之教」及「五常之教」是品德教育及情意教學最常用的傳統教材。五倫指：父子有親、君臣有義、夫婦有別、兄弟有愛、朋友有信；五常指：仁、義、禮、智、信。朱熹創白鹿洞書院，在書院的大門揭示「學規」，包括：五教之目、為學之序、修身之要、處事之要，以及接物之要，史稱「白鹿洞書院學規」：

- ·父子有親、君臣有義、夫婦有別、長幼有序、朋友有信。（五教之目）
- ·博學之、審問之、慎思之、明辨之、篤行之。（為學之序）
- ·言忠信、行篤敬、懲忿窒欲、遷善改過。（修身之要）
- ·正其義不謀其利，明其道不計其功。（處事之要）
- ·己所不欲，勿施於人，行有不得，反求諸己。（接物之要）

用當代的「德、智、體、群、美」五育，來分析「白鹿洞書院學規」：「為學之序」是智育；「修身之要」與「處事之要」是德育；「接物之要」是強調人際的美育；總目標「五教之目」則是「群育」。是以「白鹿洞書院學規」對當代教育有下列三大啟示：(1)五倫是中華文化傳統的根，大儒朱熹將之列為「教育學子」的總目標；(2)群育是人際關係（與人相處）的教育，是當代品德教育及情意教學的主軸，不宜分立探討；(3)未談「體育」，因為古代的「書院」環境空間有限，不能與現代的「學校」相較，可以直接實施完整的「六藝之教」（六藝為禮、樂、射、御、書、數）。

貳、五倫的人際類別不符合後現代社會需求

五倫的類別（如父子、君臣、夫婦、兄弟、朋友）在當代的社會中依舊存在，但受到嚴峻的挑戰：「君臣」關係已經時過境遷；「離婚率」升高與「單親家庭」、「繼親家庭」的增加，讓「夫婦」、「父子」、「兄弟姊妹」的實質意涵更加的複雜與彈性；連「朋友」的真實對象，也比不上「同學」或「同事」來得「貼切」。約二十年前，李國鼎先生倡導第六倫「群己關係」，引起莫大回響，原因在於「五倫」的分類已難符合當代社會發展與時代變遷的需求，有「系統重組」之必要。

臺灣的社會發展正進入「現代化」與「後現代」交織的年代。「現代化」的特質是自由、平等、民主、法治，人際關係多元發展，科技文明突飛猛進，相對帶來成年人與青少年犯罪率攀升，誤觸毒品、受其宰制者日益增加，離婚率與結婚率彼此消長，貧富差距擴大，破碎家庭與弱勢族群比率也隨著文明的腳步攀升。人的一生之「人際關係」已很難再用「五倫」來加以分類。「後現代」的特質是去中心化、多元價值訴求、人際疏離、只要我喜歡有什麼不可以、成敗論英雄、自我放逐、學習落後不以為意、經濟成就放大更多邊緣人、民主進程半生未熟、盲從與民粹交替，講究人倫綱常者成為最大的孤獨者。是以五倫與五常之教是國文教材的一部分，學校都有教，然亦僅止於國語文教師的論述、說明，而沒有真正在「品德教育」與「情意教學」上實施。

參、當前學校「品德教育」的主要作法

鄭崇趁（2008）發表〈品德教育理念與策略〉一文，認為國民的品德是國家最深層的競爭力，將品德教育定義為：「教如何做人、學人際關係、

養品格情操、育責任公民」。該文並提到品德教育的核心因素（理論基礎）在「好習慣」與「服務心」，依此兩大主軸交織而成的「經營策略」，可以使用「願景領導策略」、「民主參與策略」、「激勵賞識策略」、「文化形塑策略」、「自主規範策略」、「同儕輔助策略」、「服務銷過策略」，以及「網絡支持策略」，並逐一列舉「學校帶動」以及「班級經營」的具體措施，可算是一篇「理論基礎」結合「實踐作為」的品德教育精要文獻。

目前，學校的品德教育也有一明確的實施模式：(1)由直轄市政府或縣市政府頒布「品德教育白皮書」以及「品德教育核心價值」，例如：新北市的品德教育核心價值是「尊重、責任、公德、誠信、感恩、合作、關懷、助人、正義、反省、自主、孝悌」；(2)由中小學將品德教育之「核心價值」列為中心德目，由導護老師在學生週會或共同時間，向學生說明中心德目之意涵與實踐規準；(3)配合小學的低、中、高以及中學的七、八、九、十、十一、十二年級，發展三條中心德目的「實踐規準」；(4)此三條「實踐規準」，第一條是「好習慣」，第二條是「服務心」，第三條則選用「名人經典名句」；(5)將每個年級（年段）的行為實踐規準直接貼在班級布告欄，供全班學生「實踐力行」，以及級任教師、科任教師適時隨機教學；(6)部分學校將「中心德目」規劃為「主題閱讀月」或主題教育活動，落實「正式課程」結合「潛在課程」交織的品德教育。

鄭崇趁（2013b）認為，品德教育的發展趨勢有四：(1)由私德到公德：傳統的品德強調自我要求、慎獨、內在清明、己所不欲勿施於人、不與人爭、據德而無為；迄至現代，逐漸強調公德，例如：搭乘公車、捷運主動讓座老弱婦孺，主動站出來為公眾服務，志工滿街跑，努力「積公德」遠勝「大宅男」；(2)由內隱之德到外顯之德：傳統的品德強調「行為動機」，多為內隱之德，當代的教育強調「行為結果」，多為「外顯之德」；(3)由

自我實現論到智慧資本論：傳統的品德肯定「各自的理想與現實成就的吻合程度」（自我實現論），當代的品德更期待，每一個人的能力與表現對家庭、學校、社會、國家產生動能貢獻（智慧資本論）；(4)自由、平等、人權到民主、博愛、法治：係從核心價值來看品德教育的發展，早期的品德教育在訴求「人類的個人價值」，例如：自由、平等、博愛；當代的品德教育逐漸關切建構人類的共同價值，例如：正義論、弱勢優先、福利國家，注重民主、博愛與法治。

由前述品德教育的實施與發展趨勢觀察，品德教育的核心技術有三：(1)要重新為學生的一生建構「適合於當代社會」發展與需求的人際關係類型；(2)賦予新人際關係類型的「核心價值」；(3)以「好習慣」及「服務心」為主軸，發展實踐「核心價值」的「行為規準」。

肆、當前學校「情意教學」的主要作法

賈馥茗（1983）的《教育哲學》一書主張，「教育的目的在發展人性，提升人格，改善生活，創造文化」。「人格教育」、「情意教學」，以及「輔導工作」三位一體，都在教學「情緒的體認」、「情感的表達」，以及「情操的培養」，鄭崇趁（2000）以圖 12-1 來表達三者的共同內涵及其系統結構。

人性具有七情六慾，人有情緒才像「人」，喜、怒、哀、樂、愛、惡、慾七情俱才是完整的人。在教育輔導學生時（情意教學），重在「了解、面對」自己的情緒，「體認、抒發」情緒合理（合宜）的出口。每一個人在「生活上」或「工作上」必須與家人及同事或同學相處，「情緒」必須向上發展為「情感」表達，情感表達的教育在教導學生「表達得體」，例如：在「喜事」的場合，要表現快樂高興、喜氣洋洋、感恩祝福，大家才

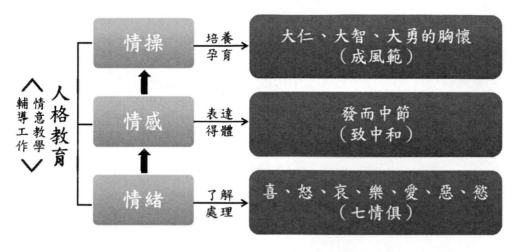

圖 12-1　全人格教育的主要內涵

資料來源：修改自鄭崇趁（2000）

會歡迎；在「喪事」的場合，就要神情肅穆、關懷主人、避免嬉笑；所謂「喜怒哀樂之未發，謂之中；發而皆中節，謂之和」。情感的「表達得體」、「致中和」是情意教學的重要指標。情意教學的更高層次在於「情操」的培養，「情操」是一種大仁、大智、大勇的胸懷，我們在教育上要和學生分享中外名人大師的故事，例如：史懷哲（Albert Schweitzer）、德蕾莎修女（Teresa of Calcutta），國內的星雲大師、聖嚴法師、證嚴法師，他們都有大仁、大智、大勇的具體行為表現，成為人類共同理想境界的行為風範。我們不能期待每位師生都成為史懷哲，但我們實施「雖不能至，心嚮往之」的人格教育，帶領我們的學生從了解「七情俱」的情緒教育開始，到「致中和」的情感表達，再到「成風範」的情操孕育與培養，造就「全人格」性情的人生。

杜威（Dewey, 1916）出版《民主主義與教育》（*Democracy and Education*）一書指出，教育與民主產生了新關係：(1)經由教育的途徑建立民主

社會；(2)運用教育的實施培育自由公民；(3)教育的內容在充實學生的民主經驗；(4)教育的歷程在增進學生民主參與的意願與方法；(5)教育承擔民主思想的傳導責任（鄭崇趁，1990）。因此，在學生情意教學與品德教育的實施上，「民主」成為教育歷程上重要的核心價值。

Rawls（1971）出版《正義論》（*A Theory of Justice*）一書，主張「正義即公平」：形式上的正義必須符合「機會均等原則」（法律之前人人平等）；實質上的正義則需符合「差異原則」（弱勢優先）才有「公平」（fairness）。受到正義論的影響，美國於 2001 年推動「沒有落後孩子教育法案」（No Child Left Behind Act of 2001）；我國在 1996 年的「教育改革總諮議報告書」中強調「帶好每位學生」；臺北市政府教育局從 2009 年起推動「教育 111」標竿學校認證政策，三個 1 包括：一校一特色、一生一專長、一個都不少；教育部（2011）的「中華民國教育報告書：黃金十年、百年樹人」，將「公義」列為四大教育目標與核心價值（精緻、創新、公義、永續）之一，「公平」、「正義」成為情意教學「情操培養」的新焦點，也是品德教育實踐上的新核心價值。

由前述「情意教學」的發展脈絡分析，情意教學的核心技術（焦點要領）有四：(1)與人互動的情感表達得體（致中和）最為重要，是情意教學的核心目標；(2)情操的培養具有時代性，除了傳統的「大仁」、「大智」、「大勇」的三達德之外，要有新的核心價值（如民主、公義）之導引；(3)「情緒→情感→情操」的情意教學也具有 Maslow 需求層次論（生理需求→安全需求→愛與隸屬需求→尊榮需求→自我實現需求）特質，互為基礎，交互為用，學校要為學生個人、學生班級，以及整體學校，系統思考「客製化」的情意教學與品德教育；(4)從學生一輩子的重要「人際關係」，來探討其人際互動品格的「核心價值」，逐漸成為可以發展的脈絡趨勢。

伍、新五倫是人際群組的新建構

作者在《教師學：鐸聲五曲》（鄭崇趁，2014a）一書中，用「鐘鳴大地・人師」敘說教師的生命願景與教育志業；用「朝陽東昇・使命」闡明教師的核心價值與專業示範；用「春風化雨・動能」分析教師的教育品質與績效責任；用「繁星爭輝・風格」詮釋教師的系統思考與順性陽才。對於教師的情意教學與品德教育之實踐，倡議教師應帶著學生探討「新五倫及其核心價值」。用「新五倫」來界定和劃分當代人類合適的「人際群組」關係，用「核心價值」的探究、研發、形塑、揭示，來經營人的「情意」與「品格」發展。

以「學生」為主體，其一輩子的人際群組，應從出生的「家庭」開始，所以新五倫的第一倫，宜為「家人關係」。所謂家人關係最好有血緣，泛指「一起住在家裡面的人」，不管是親父母子女，親兄弟姊妹，或繼親父母子女、繼親兄弟姊妹，或尚未登記的同居男女，共同住在一個家的人，需要的是「親密關係」與「相互依存」。

學生在學期間，最重要的人際群組是「同學」。每一位學生從小學到大學至少有百千個以上的同學，每個人都要與同學建立好的人際關係；學生大學畢業之後，都要用其專長為自己謀生與服務社會，都要謀職工作，無論其「職業性質」為何，每一位員工都要與「同事」相處，共同為公司「盡責創價」。「同學」與「同事」合稱「同儕」，是學生一輩子第二個重要的人際群組，所以新五倫的第二倫，宜稱為「同儕關係」。同儕關係的建立在彼此能否「相互認同」以及「共榮共享」。

新五倫的第三倫，宜為「師生關係」。目前學生的就學時間至少十二年，如果有念大學及研究所，合起來有十六年以上，有些學生運用在職進修以及終身學習的機會，就會有二十年左右「師生關係」的年代。部分學

生拿到碩士博士之後，轉為教師，其與學生的關係更是一輩子的「生命故事」。教育為每一種行業培育「專業人才」，人的專業「多元存在」，依據Gardner（1983）的多元智能理論，優勢智能明朗化以後，行行可以出狀元，每一個人的優勢亮點不一樣，大家彼此互為「師生關係」。從每一個人的生涯發展而言，「師生關係」占人際群組的第三大，師生關係即關係著人的「知識遞移」與「智慧傳承」。

新五倫的第四倫，宜為「雇主關係」，也就是「員工」與「老闆」的關係。所有的學生從學校畢業之後，進入職場，當老闆的「員工」，有機會創業就會有部分的人逐漸「轉換」為「老闆」，無論是員工或老闆都會產生「雇主關係」。雇主關係的緊密或鬆散，決定在員工本身的「專業條件」，以及能否持續為公司（老闆）「創發價值」。

新五倫的第五倫，宜為「群己關係」，泛指與前四倫的人際群組均無關聯的「他人」關係，也稱為「人與他人」的關係。用最時尚的語言來說就是人與「路人甲」的關係，人與社會大眾的「群己關係」。當前的臺灣，正值「現代化」與「後現代」交織的年代，多元價值與意識型態衝擊著臺灣的每一個人，「群己關係」的維護與發展，更需要「彼此包容」、「尊重博愛」。

新五倫：家人關係、同儕關係、師生關係、雇主關係，以及群己關係，是當代人際群組類別的新建構，做為「品德教育」及「情意教學」的著力方向，似乎更能夠符合學生及整體社會人際互動的需求。作者的「初步構念」，希望能藉由「新五倫及其核心價值」的研發、經營，培育「責任良師」，造就「責任公民」的新世代，並彩繪「品德教育」及「情意教學」的豐富內涵。

陸、家人關係的核心價值是：親密、觀照、依存

「家人關係」是指「住在一起的人」，會回家住在一起關係緊密的人。「家」是「男女」親密關係的主要場所，「家」也是具有「血緣」關係之人的共同住所，有「家」可歸的人都是幸福的人，是以「家人關係」是社會複雜人際關係共同的「根源」，是新五倫的第一倫。家人關係的核心價值可以順應不同型態的家人關係而多元研發，不同的核心價值可以詮釋不同「家人」的心願、需求，以及「回家」的任務與目的。作者認為，「親密」、「觀照」，以及「依存」是家人關係中最基本的核心價值。

「家」是人類面對「競爭社會」所營造出來的「基地」，白天「家人」都要「上班」、「上學」，勤奮經營自己的事業與學業，晚上「回家」大家住在一起，共同的需求是「親密」行為的慰藉：夫婦需要「性」的親密，父母子女也需要彼此的親情，兄弟姊妹祖孫之間更需要「同源」與「血緣」的親情，就是再婚夫妻或繼親兒女或父母，只要住在一起，成為家人關係，共同的需求就是「親密」行為，有親情展現的對象。

「家人關係」的第二個核心價值在「觀照」。夫婦之間需要彼此「觀照」，關照對方的生活，關照對方的事業，關照對方的人際關係與心情起伏；彼此愛得愈深，關照的密度就愈濃，彼此感受到共鳴與溫暖，大家都很想趕快「回家」、「一起回家」。父母子女兄弟姐妹之間的「觀照」更是「家人之所以為家人」的特有關係，大家都有 Line 的群組，一發生任何事件馬上通知彼此，大家一起關照，共同解決問題，也一起分享溫情，「觀照」是家人關係的第二個核心價值。

家人關係的第三個核心價值在「依存」。大家住在一起，可以相互依靠，共同依存，共同創造璀璨的生命。夫婦本是同林鳥，其子女更需要父母的養育與教育，有父母的依存，才能夠長大成人，父母年老退休，只要

與兒女住在一起，其「家人關係」的「依存」價值就存在。有時心靈的依存價值，遠遠超過「物質生活」的依存價值，「三代同堂，含飴弄孫」是家人關係最幸福的寫照。

柒、同儕關係的核心價值是：認同、合作、共榮

同儕關係指的是「同學」與「同事」的關係，廣義的同儕關係，包括正式組織與非正式組織所組成的共同任務小組成員關係，例如：行動團隊、行動研究、策略聯盟、各種專業學習社群、讀書會成員，以及各種休閒娛樂的同好隊友，如游泳隊、羽球隊、網球隊、爬山社團、打麻將團體、書法社、棋藝社同儕。更廣義的同儕還可包括「同鄉」、「同黨」或支持同一理念而一起走上街頭的「遊行隊伍」。「同儕」可以說是「具有共同目的或任務組成的朋友」。

同儕關係的人際組成，都有共同的目的或任務，同學的目的是共同學習，同事的目的是共同做事，是以同儕關係的首要核心價值是：組織同儕要「彼此認同」，相互認同的成員才會在一起，在一起也才有意義。「認同」的價值比「包容」還要深層，同儕之間的認同有下列三個層次的意涵：(1)認同每一個組織成員：大家都有相同的目的或任務才能成為同儕，不認同就不必加入；(2)認同彼此的自主表現：同儕關係雖有共同目的及任務，但成員邁向目標行為的表現是自主的，大家要認同彼此各自的努力，相互欣賞彼此的成果；(3)認同大家都會有亮點：相信同儕每一個人都會對組織有貢獻，貢獻的大小不一，但都值得珍惜，榮辱與共（鄭崇趁，2014a）。

同儕關係的第二個核心價值是「合作」。大家既然有共同的目標、任務在一起，就要「合作實踐」、「合力完成」，為組織任務策訂共同的「經營計畫」或「實施方案」，設定具體的「目標」、「策略」與「執行項

目」，匯聚組織成員能量，合作篤行，共同完成任務。以「同學」為例，學校都有班級的課程設計，引導同班同學「合作學習」；以職場的同事為例，每一個企業都會有年度生產計畫，交由「生產線同仁」合作定量產製。愈能與同學、同事合作的人愈受歡迎，促進合作能量愈強的人，也會逐漸成為組織中同儕關係的領導者，或者有影響力的人。

　　同儕關係的第三個核心價值是「共榮」。同儕關係最珍貴的情誼與價值，是大家願意同心協力、盡力為達成組織任務而勤奮深耕，超越「能力落差」與「權責績效」，大家都願奉獻所能，暢旺組織量能，共創價值，共享榮耀，對自己而言，充分自我實現，對群組而言，成為有效智慧資本，對組織單位而言，達成組織任務目標（企業經營目標）。同儕關係的「認同」、「合作」、「共榮」也交織成每一個組織群體的「組織文化」與企業體本身的「核心價值觀」。

捌、師生關係的核心價值是：責任、創新、智慧

　　師生關係是指學生與老師的關係，在學校中，級任教師、科任教師、社團指導教師，以及教育活動指導教師與學生之間的互動關係，稱為師生關係。現代的師生關係更為廣義，包括：正式課程師生、非正式課程師生、工作坊期間師生、單元講座師生、個別化指導師生、學位論文指導師生、學術研討會帶隊師生，以及各種學習任務的互為「師生關係」。人類文明與文化持續演變進化，整個世界已成為一個「學習型社會」（地球村），每一個現代人都要有「終身學習」的觀念與態度，並且實踐力行，是以每一個人的「師生關係」身分，也將伴隨著人的一生。

　　師生關係的首要核心價值是「責任」。教師有責任教好每一位學生；學生也有責任善盡學會知識技能之責。教師的職能在於從事「知識遞移」

的工作，所謂「知識遞移」係指教師能夠將自己身上的知識或者教材上的知識，透過教與學的歷程，將這些知識遞送轉移到學生身上，讓學生知道、了解這些知識，同時也學會操作、運用這些知識（技術），成為學生帶得走的能力。師生關係的優質縝密，建立在有「責任績效」的教與學，「責任」價值實現的程度可以從「知識遞移」的績效成果來觀察，師生都有「責任」共同經營。

師生關係的第二個核心價值是「創新」。當前的時代稱為「知識經濟時代」，是指知識技術創新帶來的經濟價值，已超越了土地、人口、設備及資金的經濟產值。知識經濟時代的核心價值就是「創新」，比爾蓋茲（Bill Gates）的「微軟世界」、賈伯斯（Steve Jobs）的「蘋果天下」，以及羅琳（J. K. Rowling）的《哈利波特》，他們的創新，創造了空前的經濟產值，也改變了人類的文明與文化，其對教育的啟示是：「傳承創新知識→掌握方法技術→優化產品能力」。師生關係的主軸就是教育活動，作者認為「教育即創新，創新靠教育」，教育創新個人知識，教育創新課程教學，教育創新學習技術，教育創新經營模式，教育也創新師生能力。教師能夠帶著學生成為創新「知識、技術、能力」的群組，師生關係就愈為優質縝密。「創新」是師生關係第二個核心價值。

師生關係的第三個核心價值是「智慧」。教育事業是一種「生命」啟發「生命」的深度專業工程，師生關係不只建立在「知識」與「技術」的學習，更包括了「生命哲學」與「人際智慧」的引導學習。教師要專業示範「系統思考」、「學習要領」、「順性揚才」、「生活品味」、「生命風格」，領航學生「學習成長」；「師父引進門，修行在個人」，在人類教育歷史長河中，師生關係中的經典故事常被歌頌，例如：「程門立雪」、「鄭生今去，吾道東矣」、「墨家鉅子」，以及「儒家弟子」等，以及電影「春風化雨」，這些都是師生關係「智慧傳承」上的榜樣。師生關係的

縝密或疏離程度人人不一，但「責任、創新與智慧」的經營決定了每一個人自己師生關係的豐厚內涵。

玖、雇主關係的核心價值是：專業、傳承、創價

每一個人都要進入職場，用自己的專長工作，支領薪津，養活自己以及家人，受雇於企業，由老闆管理，員工與老闆之間的關係稱為雇主關係。狹義的雇主關係指的是勞資雙方關係，即老闆與單一員工的關係；廣義的雇主關係包括員工與管理階層（幹部）之間的關係，因為領導幹部代表老闆管理員工，員工與幹部之間的關係有時比「個別的員工與老闆」的關係還重要。雇主關係是新五倫的第四倫。

雇主關係的形成通常要兩邊都「有利」，而且彼此「願意」，能夠滿足這雙重指標者，建立在員工本人的「專業」程度，所以雇主關係的首要核心價值是「專業」。員工的專業條件有能力為公司產製符合標準的產品，老闆才願意聘請其為員工，支給其合理的報酬薪津。員工考量自己付出的時間勞力以及專業表現程度，與老闆願意支付的薪津報酬，能夠平衡，才會願意受聘為員工。「專業」表現程度愈高，就愈能夠為員工自己找到更高薪的工作，創造新的雇主關係。

雇主關係的第二個核心價值在「傳承」。雇主關係可長可短，有的人喜歡流浪漂泊，一年換二十四個老闆，沒有固定的雇主關係，但也有（大部分）的人希望找到好的企業（老闆）之後，能夠久任其職，終老一生。比較長久且固定的雇主關係建立在員工能否「傳承」企業的「核心技術」，每一家企業都有其「產品」的核心技術，員工必須學會才能投入生產線，而重要的核心技術有時是企業機密，只有老闆及核心幹部了解，並傳承創新。員工要能久任其職，晉升為幹部，能否習得核心技術，傳承核心技術，

創新核心技術是其最重要的關鍵。

雇主關係的第三個核心價值是「創價」。員工能夠持續為公司（老闆）賺錢者，老闆永遠需要，就會有長久固定的雇主關係，如果員工已經無法持續為公司產製產品、創新產品，老闆就會請其依法辦理「退休」或「資遣」，不再續聘為員工。員工必須真的退休或另謀他就，找到可以勝任創價，並且願意聘他的新老闆。「專業、傳承、創價」是雇主關係最重要的核心價值，英明的老闆都在尋找專業、傳承、創價的員工，員工的身價也決定在自己專業、傳承、創價的層次。

拾、群己關係的核心價值是：包容、尊重、博愛

群己關係泛指自己與他人之間的關係，群己關係的人數與對象雖會因人而異，落差極大，但總數而言，遠遠超過前四倫的百倍千倍。第一倫「家人關係」者，少則三、四人，常態十來人，多則數十人；第二倫「同儕關係」者，少則數十人，常態二、三百人，多則逾千人；第三倫「師生關係」者，從學生的立場看，少則有數十位教師，常態近百位教師，多則以數百人為師；從教師的立場看，偶為人師者有學生百人以上，做一輩子教師者，學生多有數千人，大師級教師的學生多達千人、萬人以上。第四倫「雇主關係」者，從員工看老闆，少則一、二位老闆，常態三至十位老闆，多則數十位老闆；從老闆看員工，少則自己既是老闆，也是員工，僅有二、三位知己一起做事，是合作夥伴也不算員工，中小型企業員工約為數十至數百人之間，中大型企業就會有數千人，甚至數萬人以上之員工。在社會上同時存在的人，不在前四倫範圍之內的人，都可稱為「群己關係」。

群己關係的首要核心價值是「包容」。包容不同性別的人，包容不同膚色的人，包容不同種族的人，包容不同語言的人，包容不同風俗習慣的

人，包容不同文化的人，包容弱勢族群，包容學習落後的人，包容天才的人，包容賺大錢的人，包容不同價值觀的人，也要包容反對自己的人，包容領先我們的人。「容天容地，於人何所不容」，因為不管差異為何，大家都要一起活在這地球上，「包容」是首要的核心價值。

群己關係的第二個核心價值是「尊重」。「群己關係」指大家要「和諧地共同活在世上」，人要「自由平等地共同生活」，就要彼此尊重。尊重是積極性的包容，包容尚帶有「不得不忍受」、「諒解」差異（不同）之意味；尊重則超越此消極意涵，帶有尊敬存有之意，重視他人的存在，並以對方的立場與需求優先考量。茲以「臺北捷運文化」為例，搭捷運的乘客人山人海，彼此多屬「群己關係」，搭乘秩序井然，大家彼此尊重、謙和，為了讓「趕時間」的乘客有更快速到達目的地之機會，之前還發展出「站立扶梯右邊，讓出左邊給需要者趕路」之優質文化（目前已不鼓勵），個人每次搭乘，享受此一優雅畫面，內心都有一股莫名的悸動，「臺灣真的很有希望」。

群己關係的第三個核心價值是「博愛」。「博愛」是社會主義國家最重要的「核心價值觀」，我們的國父孫中山先生經常送人的「墨寶」就是「博愛」，就是「天下為公」，並且強調「人生以服務為目的」，有能力服務十人者，就要立志為十人服務，有能力服務百人者，就要立志為百人服務，有能力為千萬人服務者，應站出來為千萬人服務。〈禮運大同篇〉所述「人不獨親其親，不獨子其子」；《論語》上也說「博施而濟眾」、「汎愛眾而親仁」；墨子也強調「兼愛」，更現代的作法，就是實踐 John Rawls 的正義論：關懷弱勢，弱勢優先。「博愛」是當代人類共同的需求與心願，是群己關係最重要的核心價值，我們教育學生，實施情意教學，就是希望培育人人具有「博愛」的品格情操，每一個人都能「盡己所能」的服務助人，共創和諧互助的人類文明與文化。

拾壹、品德教育的核心價值是「好習慣」及「服務心」交織的價值取向

核心價值的成因來自兩大因素：「人的共同性」（需求與心願）以及「組織任務」交織的價值取向。是以同一群人在不同的單位工作，因為組織任務不同，就會有不同的「核心價值」，例如：在「國防部」工作的人，他們被期待的核心價值是「忠誠」與「安全」，軍人必須「效忠領袖」、「保衛國家安全」；在「外交部」工作的人，他們被期待的核心價值就會是「平等」與「互惠」，希望本國人受到他國人的平等尊重，兩國的利益共同分享、互補互惠。核心價值會隨著時空、世代與組織任務的演變而變化，人類的當務之急，在於為自己所隸屬的組織群組系統「定位」（釐清任務目標），並找出「核心價值」，由群組領導者帶領大家共同實踐。鄭崇趁（2012b）曾論述二十一世紀臺灣教育的核心價值是人文、均等、適性、民主、創新、永續、精緻、卓越，並以人體做隱喻，如第一章的圖1-10所示：人文為頭，居總指揮，均等與適性是雙腳（軌道），身軀部分代表「歷程」，包括民主、創新、永續，雙手是成果的精緻、卓越。臺灣教育的核心價值即是以「人文」的思維為引導，踏著「均等」、「適性」的腳步前進，關注「民主」、「創新」、「永續」的歷程，追求「精緻」、「卓越」的教育成果。

「品德教育」與「情意教學」原隸屬於「教育組織系統」的一部分，教育的核心價值亦可互通適用；唯本章將「品德教育」及「情意教學」界定在「人際關係」的情感表達教育，「新五倫」是人的一生之「人際關係」類別，「核心價值」是個人「情緒→情感→情操」的「綜效行為」，並且是同一群組成員可以「接受、認同」的品德風格。這些核心價值的研發、探討、揭示、實踐，可以提供品德教育及情意教學豐厚的新時代教材，帶

領人類經營和諧、幸福的「人際關係」，創造新世界的人類文明與文化。

　　「品德教育」與「情意教學」的核心價值除了建立在「人的共同性（需求、心願）」及「組織任務」交織的價值取向外，由於「人際關係」的「德」與「情操」之訴求，品德教育的核心價值亦特別考量「好習慣」與「服務心」交織的價值取向。「好習慣」的價值在為自己個人的生活實踐及與他人互動時的行為表現創造最大價值；「服務心」的價值則彩繪「人際」之德與情操，兩者交織，可以營造「七情俱」的情緒→「致中和」的情感→「成風範」的情操，以及「全人格」的性情，對個人而言是一種真、善、美的人生；對國家社會而言，大家都能過著和諧而幸福的生活。

拾貳、「新五倫及其核心價值」是品德教育及情意教學的發展趨勢

　　教育的「核心價值」值得教育界人士持續的研究、探討、分析、揭示與實踐：定位教育各層面組織系統的「任務目標」，並開發確認其「核心價值」，再帶領成員同仁共同「實踐」已成為「教育事業」的當務之急。它可以聚焦教育人員工作的「心向目標」與「價值認同」，知道「為什麼要這樣辦教育」、「找到經營教育的著力點」、「傳承教育之愛」、「開創教育新希望」。

　　本章從「品德教育」與「情意教學」著力，探討「五倫之教」的時代發展，建構「新五倫及其核心價值」。期待「新五倫及其核心價值」的研發成果能夠帶動更多學者、專家及教育實務工作者，投入「品德教育」與「情意教學」之研發，豐厚「德育」及「群育」的教育，作為重要發展趨勢。「新五倫及其核心價值」的系統結構如圖 12-2 所示。

圖 12-2　新五倫及其核心價值的系統結構

（本文原載於 2016 年，國立臺北教育大學教育經營與管理學系主編，《教育政策與管理期刊》第 1 期）

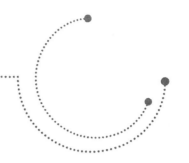

第三篇
創意經營篇

創意經營　經營創意
　　經營　特色品牌　學校
　　經營　卓越智慧　教師
　　經營　專長亮點　學生
　　經營　責任創客　文化
彩繪　新教育　綠地藍天

第十三章 特色學校的理論基礎

壹、緒言：原理學說是廣義的理論基礎

任何學門均有其理論、理念、原理、原則、學說與主義，這六種名詞的個別意涵不盡相同，共同之特質有四：(1)是學門有關知識的深層結構分析與現象；(2)是知識本身的尋根探源；(3)代表一種知識基模，可以用具體的形式予以表達，例如：學習型組織理論、教學原理、八大教學原則、民主主義教育等，不一而足；(4)此一知識基模的發展與論述，已獲致大多數此一學門領域研究者的認同與實踐，愈為認同者，實踐愈多，愈能夠流傳後代（鄭崇趁，2012b，頁 45-46）。

這六個名詞在教與學的歷程中，常被某一程度的交互使用，然就知識本身的性質而言，仍有發生先後及精確運用上的區隔。以教育人員為例，從其接受教育的歷程與職務上學到了有關教育的「知識」，這些知識具有明確系統基模者，稱為「原理」、「原則」；在各種教育原理、教學原理中，再逐漸被教育學家發展或驗證成為較固定疆界的知識基模者，稱為「理論」；教育人員個人特別強調的教育原理、原則或理論，即個人的教育「理念」或「學說」；組織共同重視或強調的主張，即為「主義」，例如：民國初年到《教育基本法》公布前，我國即為「三民主義教育時期」。

因此，原理學說即為廣義的理論基礎。作者於 2012 年出版《教育經營學：六說、七略、八要》一書，主張經營教育的「原理學說」有六：價值說、能力說、理論說、實踐說、發展說、品質說，最適合用來論述連結「特色學校」的經營理論，希望能為教育政策的理論基礎，開展創新的詮釋模式。

貳、「價值說」闡述特色學校的教育價值

我們為什麼要推動特色學校政策？政府不是一向要求實施五育均衡發展的教育，實施正常化教學嗎？那為什麼還要各學校發展為特色學校，爭取特色學校認證？特色學校的辦學，是否背離教育本質？這些問題的回應與釐清，需要「價值說」來解釋說明，來為「特色學校」的教育政策找到核心價值，以特色學校經營能夠促成學校師生的自我實現，能為教師與幹部成為有效智慧資本，能活化帶動學校組織運作，提高學校競爭力的教育價值，為教育當局推動特色學校找到正當性，爭取更多教師認同，進而願意配合政策引導，協助校長實踐篤行，開展有特色的學校，共同建構有系統品牌的學校。

「價值說」的核心論點有六：(1)教育在「教人之所以為人」，教育經營在創發每一個人都能自我實現的最大價值；(2)學校組織的自我實現包括人的自我實現以及組織的願景（Vision）、任務（Mission），以及核心價值（Core Value）；(3)學校中人的自我實現包括經營者（校長）本身、幹部、教師、職工、學生都要能自我實現，自我實現的人必須與組織的核心價值匯通；(4)組織的核心價值，來自人的共同需求與組織任務的交織，因此核心價值的取向與內涵會隨著時代變遷與不同系統組織任務的調整而改變；(5)二十一世紀臺灣教育的核心價值有人文、適性、均等、民主、創新、永續、精緻、卓越；鄭崇趁（2012b，頁 12）以人體做隱喻（如第一章的圖 1-10 所示）認為，以「人文」為首，踏著「均等」與「適性」的腳步前進，著重「民主」、「創新」、「永續」的歷程，邁向「精緻」、「卓越」的教育成果；(6)教育部（2011）公告的教育核心價值為「精緻、創新、公義、永續」，核心價值是政策規劃的依據，同時也是檢核教育政策妥適性的指標。

特色學校的推動與實施認證的歷程，從輸入、過程及輸出成果來分析其與核心價值和自我實現的符合度，可以歸納此一政策的優劣成敗，符合度愈高愈為優質，是好的政策，可以永續經營，符合度太低或不符合，就不會是好的政策。

特色學校須符合教育性（特色教育主題須為學生的核心學習項目）、課程化（有領域特色主題教學或社團教學活動）、普遍化（獲得師生認同，且有多數師生直接參與），以及卓越化（精英團隊獲得卓越性的表現）。特色學校申請檢核的認證過程，學校也需要提報完整的「方案設計」，此一方案設計亦須符合「優質教育計畫」的條件，例如：方案目標、經營策略、執行項目等，都具有系統結構，能用圖或表來呈現，執行項目具有可行性，是學校最需要，有實施配套規範、定期檢核、回饋與品質保證機制。

因此，特色學校的經營，在實現下列幾項教育核心價值：(1)精緻教育的實現：學校的特色主題教育，是建築在正常化教育之上的深耕作為，並經認證檢核，符合指標規範，特色標竿學校就是精緻教育的實現；(2)創新教育的實現：學校的特色主題經營，大多數是師生專長的傳承創新，創新教育強度達到指標規定程度，教育單位才給予特色標章，是創新教育的實現；(3)卓越教育的實現：學校的特色主題教育，其精英團隊能有傑出表現，師生常應邀展演，他校經常蒞校參訪交流學習，是卓越教育的實現；(4)永續教育的實現：特色教育要符合課程化及普遍化訴求，可以長期傳承創新，是永續教育的實現。

參、「能力說」註解特色學校的核心技術

教育經營的本質功能，也在培育人的核心能力與教育組織的核心技術。就能力說（鄭崇趁，2012b，頁 21-43）中的論述，教育組織中教育人員的

核心能力包括學生、教師、教育領導者的核心能力，組織的核心技術在學校則為課程教學、班級經營、有效教學，以及輔導學生。就學校經營者（校長）的角色立場與學校組織運作需求而言，經營學校的核心技術，包括：專業力（教育專業、關愛助人）、統合力（統整判斷、計畫管理）、執行力（實踐篤行、溝通協調），以及創發力（應變危機、研究發展），既是領導人的核心能力，也是組織的核心技術。

學生的核心能力更是各級學校教育的主要目標，也是領域課程要教給學生「帶得走的基本能力」。作者在《教育經營學：六說、七略、八要》一書的「能力說」強調，學習者應培養的基本素養與核心能力概如第四章的表 4-3 所示：學習力包括閱讀寫作的能力及數學資訊的能力；知識力包括通識經驗的能力及專門學能的能力；藝能力包括時空美感的能力及個殊才藝的能力；品格力包括優質習慣的能力及服務助人的能力。

從能力說的核心論點看特色學校的發展，特色學校認證通過，代表學校教師及領導者的核心能力超過一般學校教師的平均水準，而學校組織的核心技術，在特色主題（領域）上也有相對優質卓越的表現，從多元智能理論（優勢智能明朗化）、優勢學習及順性揚才的實踐要領觀察，都十分吻合。

通過特色學校認證之學校，其特色教育主題不應只停留在辦理一次性或多次性教育活動，通常還要開展社團課程配合。各領域的實際教學，至少要有十個以上的系列主題單元教學教案，並有類似教學步道的系統教學資源之支持配合，課程化愈精緻，特色主題教育深耕愈深，就愈能夠帶動教師和學生參與實踐，此代表學校課程設計（課程統整）的核心技術，以及教師有效教學的核心能力、校長的統合力及執行力均能達到卓越的水準。

從學生的視角來看，學校的特色主題教育深耕的成果，學生特色教育的「知識力」與「藝能力」獲致相對滋長。以新北市福和國中的詩詞吟唱

特色為例，每一個福和國中學生配合國文領域的教學，用吟唱的方式，學會了比一般學校還要多的唐詩、宋詞與現代詩，古典詩詞的知識力遠比一般學校學生豐厚。每一年的班級詩詞吟唱比賽，以班級為單位，所有學生都參與，每一個班級都盡力爭取班級榮譽，創意十足，而結合音樂、舞蹈、跳繩、踢毽、書法、體操、扯鈴演出，美化古典詩詞，美化藝術表演的品味與內涵，學生的藝能力得到珍貴的伸展機會。是以每年的詩詞吟唱比賽，萬人空巷，社區民眾與家長，大家都到福和國中欣賞自己孩子「優秀的演出」，形成福和國中特色教育的品牌系統。

肆、「理論說」探討特色學校的經營脈絡

從狹義的理論基礎來看特色學校的經營，例如：組織變革理論、創新經營理論、多元智能理論、學習型組織理論、藍海策略（附加價值理論）、資源統整理念、智慧資本理論、課程統整理念等，與其關係最為密切。這些理論的核心主張及其特色學校經營的連結，可以觀察經營學校如何實踐理論理念的脈絡。

組織變革理論的核心主張有三：(1)任何組織發展遇到瓶頸或危機挑戰時，必須進行組織再造（或再生），調整組織的運作內涵，尋求永續經營；(2)組織再造（再生）包含兩個層面：組織員額編制系統的再生，以及組織運作方式的再生；(3)組織再造或再生是一種組織精簡（整併），也是一種人力系統重組，更是一種產製流程或服務流程的創新。組織變革理論對於特色學校的經營有下列三大啟示：(1)特色學校的經營是組織變革的策略方法之一，特色教育主題是組織變革的目標，而課程化、普及化、卓越化，以及方案化，則是教育服務與流程的創新（再生、再造）；(2)特色學校的經營，重新喚醒學校師生熱衷於教育事務，積極任事，活力奔放，帶動學

校組織文化之優質發展，是一種運作方式及文化氣氛的再生；(3)特色學校必須經歷審查認證、頒授品質標章，代表學校組織的發展水準在特色主題教育層面已達品質標準。

　　創新經營理論的核心主張有四：(1)新願景領導；(2)新計畫經營；(3)新課程教學；(4)新競賽活動。期待創新經營的成果，能夠實現新教育境界：精緻教育的實現、品質教育的實現、績效教育的實現，以及價值教育的實現（鄭崇趁，2012b，頁209-222）。創新經營理論對特色學校經營的啟示有四：(1)特色就是創新，將學校某一教育主題，創新經營成具有特色品牌的程度，特色就是創新的果實；(2)特色教育的達標，需要學校組織中的人和事創新經營，資源重新整合，調整運作方式，特色方能達到指標要求；(3)特色主題的課程化發展更是創新經營的深耕，既要創新各領域可以銜接配合的系列主題，更要發展創新的主題教學教案；有創新的系列主題課程，學校特色才能永續經營；(4)特色教育精英團隊的卓越表現，也是創新經營的成果價值，精英團隊表現愈好、獲獎愈多，代表特色教育愈穩固、經營價值愈豐厚。

　　多元智能理論的核心主張有四：(1)每一個人都有七至八種的智能因子：語文、數學、空間、肢體、音樂、人際、自省、自然觀察者（智慧餅）；(2)此一智慧餅每一個人的大小不一，且彼此之間的強弱結構也不一致，其中每一個人的智能相對較強之因子稱為優勢智能；(3)教育的歷程如能順著學生喜歡的潛在喜好（性向興趣）提供支持資源，即能夠促進學生優勢智能明朗化；(4)受教育的學生之優勢智能都能明朗化，並依自己的優勢專長選擇職涯發展，則行行可以出狀元，人盡其才，百業興隆，教育對於國家社會的貢獻最大。多元智能理論對於特色學校經營有下列四大啟示：(1)學校特色通常是學校組織本身之人力或資源的優勢因子；(2)從教師的專長及社區的豐厚資源發展成學校特色，是學校經營的著力點；(3)校長、幹部、

教師本身都具有相對專長（優勢智能），大家都想自我實現，都期待人盡其才，發展特色學校能提供學校團隊自我實現的機會與舞臺；(4)教師任教領域（科目）相同的教師，應成立行動團隊或學習社群，足以開展領域課程及教學成為學校特色，是特色學校有效的經營群組系統。

　　學習型組織理論的核心主張有四：(1)組織成員大家都進入學習狀態，可以提高組織生產動能及產品競爭力；(2)操作五項修練是學習型組織的焦點事項：自我超越、改變心智模式、建立共同願景、團隊學習、系統思考；(3)系統思考具有統合之意，其要義在觀照全面→掌握關鍵→形優輔弱→實踐目標；(4)學習型學校及學習社群的運作在學校組織運用最廣。學習型組織理論對於特色學校的經營有下列四大啟示：(1)特色學校可以經由學習、努力深耕而達標；(2)學習發展特色學校需要系統思考，關照學校整體的資源配置及績效水準，掌握師生優勢專長及關鍵資源；(3)擬定具有系統結構的優質行動方案；(4)推動計畫方案時，形優輔弱，容易的、有效果的先做，帶出亮點，再逐漸實踐目標。

　　藍海策略的核心主張有三：(1)組織產品的市場競爭不是削價（紅海策略），而是創新自身產品的附加價值（藍海策略）；(2)最佳的藍海策略係將公司的產品品質提升，讓顧客能更方便地使用，刺激買氣，也帶動同業共榮，對手共享；(3)產品最佳的附加價值，在於產製流程的科學化與精緻化，相同原物料與資源的投入，可以提升更高品質的產品與增加單位時間的產量。藍海策略對於特色學校的經營有下列三大啟示：(1)特色主題教育本身就是學校整體教育的附加價值，在經營學校時，本來就應該有常態化辦學以上的水準，若做到了，還有特色亮點，這些特色亮點就是附加價值；(2)發展學校特色，必須要課程化，師生們努力深耕的主題教學教案，也是學校教育的附加價值，要讓這特色亮點傳承創新；(3)特色學校不但對自己學校師生具有教育價值，他校師生、外國師生也可以參訪本校，學習本校

的經營特色，價值可以擴大，價值得以共享。

資源統整理念有下列四大核心主張：(1)學校要爭取校外資源進入學校共同辦學，教育資源是多元的，包括：人力、物力、財力、自然、文史、科技，以及智慧資源，引進的資源愈豐沛，愈可以協助提升教育品質；(2)校外資源引進學校，必須與校內既有的資源有效統整，統整創價，直接幫助教師與學生是資源統整理念最大的旨趣；(3)有效資源統整必須藉助於計畫經營，計畫、培育、分組、整合運用，皆是必要歷程；(4)從人、事、時、地、物，五大層面看資源統整，資源統整在追求人盡其才、事畢其功、地盡其利，以及物盡其用。資源統整理念對於特色學校有下列四大啟示：(1)特色就是學校資源匯聚的成果，是學校自然文史資源結合師生優勢專長匯聚的亮點；(2)特色主題教育提供校內外資源整合的方向與焦點，有特色項目的經營，校內外資源才更能夠聚焦深耕；(3)資源統整的厚度與脈絡，往往是特色學校發展的基石；(4)特色學校經營的課程化及普及化訴求，往往需要相對新的教育資源支持。

智慧資本理論有下列四個核心主張：(1)組織的人力資源透過關係及結構系統的運作，會為組織帶來潛在的貢獻價值，稱為智慧資本；(2)智慧資本的要素主要是「核心能力」與「認同程度」，有能力而不願意做，是靜態的智慧資本，有能力並且願意積極任事，才是有效的智慧資本；(3)學校校長領導，要能活化學校智慧資本，促成幹部和師生產生動能貢獻；(4)強化教師核心能力，並對教育政策產生價值認同，進而實踐力行，是經營學校的重要法門。智慧資本理論對於特色學校的經營有下列四大啟示：(1)特色學校經營是活化學校教師智慧資本的有效策略，可以為學校的組織人力資源帶來新的動能貢獻；(2)從智慧資本的「核心能力」元素看特色學校，其特色教育主題需要幹部及專長教師具備足夠的核心能力能量；(3)「價值論述」爭取幹部及教師認同特色主題以及深耕作法，是活化智慧資本的軸

心，轉動軸心頗為重要；(4)特色學校的經營有助於智慧資本動能貢獻，更有助於智慧創新與傳承。

　　課程統整理念的實踐有下列三個層次：(1)政策行政層次：頒布課程綱要，領域統整分科；(2)學校層次：推動學校本位課程及特色課程；(3)教師層次：自編主題系列教學教案，教給學生統整後（帶得走）的基本能力。課程統整理念對於特色學校的經營有下列三大啟示：(1)學校特色教育主題課程統整得好，才能支持特色的亮度，通過特色認證；(2)特色教育主題要成為學校本位課程及特色課程之主要內容；(3)教師之系列主題教學教案，是特色學校的根，也是永續經營傳承特色的核心技術。

　　綜合前述十大經營理論（理念）的核心主張及其與特色學校各個經營面向的連結，可以觀察「發展特色學校」的經營脈絡如下：(1)變革需求與創新經營是發展特色學校的動因；(2)順性揚才是決定學校特色主題的關鍵因素（多元智能理論）；(3)團隊學習、經營附加價值、活化智慧資本成為發展特色學校的主要方法策略；(4)有效的統整校內外資源，實踐特色教育課程的深度，成為通過認證與否之標的。

伍、「實踐說」開展特色學校的專業示範

　　作者認為，「實踐說」的定義如下：「實踐是一種人類文化傳承創新的歷程，此一歷程是人類代與代之間，透過生活化傳承、制度化創新、教育化經營，帶動新文明的產生與人類生活實境精緻化與豐富化的發展」（鄭崇趁，2012b，頁75）。

　　此一定義內涵，具有下列五大要點：(1)實踐是傳承創新的發展；(2)實踐的歷程具有「生活化」、「制度化」，以及「教育化」等三個不同層次的內涵，生活化多在傳承複製，制度化在精緻學習，教育化則期能經營創

新；(3)實踐的功能在「傳承創新」，希望能延續優質文化，並能開展新局；(4)實踐的目的在增益人類生活實境的精緻化與豐富化；(5)「制度化學習」與「教育化經營」是孕育新的文明與文化之重要觸媒。

生活化、制度化，以及教育化是實踐的主要形式，教育化愈深耕的實踐群體，其組織文化愈顯豐富與精緻，是以實踐說成為教育經營主要的原理學說之一。我們經營的教育事業每天都在進行教與學的實踐，也就是進行教育活動與體制的實踐、培育全人格教育的實踐，以及教育理論學說在學校（組織）中的實踐（鄭崇趁，2012b，頁76）。

「國民中小學九年一貫課程綱要」的「綜合活動」領域，特別強調課程教學本身的「統整」、「實踐」、「省思」。「實踐」在教育領域的課程教學上具有更深層的意涵，概要有四：(1)實踐具有「執行」之意，亦即要求學生真正地去做；(2)實踐具有「融入」之意，亦即要求學生要融入學習的情境；(3)實踐具有「完成」之意，亦即要求學生要貫徹完成目標；(4)實踐具有「實現」之意，亦即要求學生完成學習，其目標要符合教育的本質或知識原先的旨趣，終極目標在促成人的自我實現。

組織向度的教育實踐，形成今日大家看到的學制系統與發展趨勢：學校組織與教育機構、課程規範與師資素養、設備基準與教育資源。個人向度的教育實踐也是一種「計畫化」、「生涯化」、「志業化」的歷程；教育活動在個人的實踐，是一種從「沒計畫（原始生活）」→「半計畫（私塾）」→「完全計畫（學校）」的計畫化發展脈絡。當代的每一個人接受教育的年限逐年延長，基本教育要十二年，高等教育要四至八年，回流教育伴隨著終身學習機制，也已經是生涯化的教育實踐。教育也在幫助每一個人，經由「專門」及「專業」知識的匯通，選擇與自己優勢智能為基礎的生命志業，這也是一種志業化的教育實踐。

教育經營的理論實踐有五：(1)教育機制精緻化：以臺灣教育為例，配

合十二年國民基本教育、少子化趨勢，以及國民所得發展至三萬美元，增加教育投資，教育機制實質精緻化，臺灣的教育將邁入精緻教育的時代；(2)課程內容統整化：以核心能力導向的課程、本位經營導向的課程、創新特色導向的課程、主題方案導向的課程，以及全球融合導向的課程為統整實踐軌跡；(3)教學歷程科技化：學校基本設施科技化，教師和學生運用電腦軟體實踐教與學，高難度研究方法的可欲性與普及化增加，教學與學習成果數位化，傳承創新更為便捷；(4)教師素養認證化：基本教育階段教師的全面碩士化，高等教育階段教師的全面博士化，中小學教師持有領域教學認證，大學教師有授課學門的專門著作；大學及中小學教師都分級，實施教師評鑑及升等審核機制，並定期檢討評鑑之認可制標準。

「特色學校」的推動與執行，就是一種教育實踐，而且是一種「實踐篤行策略」的發揮。就實踐說的學理與特色學校內涵之交織連結，特色學校的發展具有「政策理念的實踐篤行」、具有「方案課程的實踐篤行」、具有「輔導學生的實踐篤行」，更具有「師道責任的實踐篤行」。

特色學校的有效實施，必須結合首長及校長「政策理念的實踐篤行」。首長（部長、縣市長、局處長）要公開強調推動「特色學校」的理念、理論及其核心價值，特色學校是學校追求優勢亮點的創新經營，每一個學校經由「優勢學習」、「順性揚才」增強「課程統整」、「形優輔弱」的作為，即可以達成每一個學校均有「特色亮點」的「普遍卓越」。特色學校的核心價值在「精緻」、「創新」、「永續」、「卓越」，校長要以經營者的身分，躬行政策理念的實踐作為，尤其是學校特色主題教育的特色目標、經營策略，以及執行項目，要用精緻的圖或表公開的向全校幹部及教師、學生說明，讓大家了解學校特色是什麼？經營學校特色的目標與作為又是什麼？更要處室幹部有效整合「特色學校教育工作」與年度「例行性教育工作」，將計畫性工作優化例行性事務，而非外加式業務，統合工作

效能與效率，爭取教師認同支持，大家一起實踐篤行。

　　「特色學校」的發展歷程以「方案課程的實踐篤行」為軸心，從特色主題的選定及課程化、普及化、卓越化指標的實踐，學校要策訂下列三大實踐方案：(1)整體「特色學校發展計畫」：包括特色主題、特色目標、教育理念、經營策略、資源調配，以及具體的執行項目與預期成效；(2)特色課程系列主題及實踐方案：包括可以實踐特色主題教育的教育活動、各領域可以融合的系列單元主題、得以實踐特色教育的多元社團名稱、參與師生的規劃以及教師認養開發的主題統整教學教案；從正式課程、半正式課程（社團），以及潛在課程（活動、環境），規劃實踐學校特色；(3)特色主題教育成果展演和參與競賽活動實施計畫：學校特色要看得到特色亮點，要能夠分享特色成果，特色成果展或表演活動是一種亮點的展示，讓師生及家長看得到特色教育的績效成果；鼓勵師生報名參與各種和特色教育主題有關的競賽活動，更是分享、行銷學校教育價值的積極作為。

　　「特色學校」主題教育的決定，要以學生學習的核心教育為對象。學生學習是要教的，學生學習能否充分有效，是需要輔導的，特色學校發展形成的過程，也是一種「輔導學生的實踐篤行」，配合前述三大方案課程實踐設計，從環境資源、課程系統、社團服務，以及教育活動，教師們帶著學生們「執行」各項教與學的活動，「融入」核心知識技能與特色教育的串聯統整，「完成」階段課程的教育目標，也完成了特色主題教育的教育目標。「實現」學校組織的目的——經營一所認證通過的特色學校，同時也促成教師與學生個人的自我實現，學校有特色品牌，教師和學生有卓越亮點。

　　「特色學校」的發展更是一種「師道責任的實踐篤行」。師道責任的實踐篤行有下列四個面向：教育愛的傳承與實踐、關照能的培養與篤行、執行力的開展與實現，以及責任心的播種與傳揚（鄭崇趁，2012b，頁

187-190）。特色主題教育提供全校教師「教育愛」的著力焦點，深耕學校特色課程及有效教學，提高教師關照能的發展與聚焦，關照參與學生的學習表現，達到認證標準以上。特色學校的經營增進教育的執行力，帶動學校優質發展，邁向卓越。特色學校的達成是學校「責任績效」的產能與表現，特色學校是一群「責任良師」經由學校教育「責任績效」的經營，培育「責任公民」的實踐篤行，彩繪著「教育實踐說」的深層意涵。

陸、「發展說」彰顯特色學校的優勢亮點

「發展說」詮釋教育與人發展的關係。教育直接或間接促成每一個人從孩子開始，逐漸發展成為「成熟人」、「知識人」、「社會人」、「獨特人」、「價值人」，以及「永續人」。成熟人從生理的立場看教育如何幫助人由未成熟邁向成熟人；知識人從人的心智內涵看一個人接受教育「知識螺旋」的成果，完成大學教育以上的人，就稱為知識分子，沒有大學畢業的人，只要接受基本教育（十二年）都會擁有職場所需的知識技能；社會人從社會群組的系統看教育如何協助每一個人社會化的歷程，社會化愈深，人愈能順應社會，從社會中崢嶸，出人頭地；獨特人從群組中的個人看人之個殊性的自主發展，教育平衡了獨特人與社會人的兩極需求；價值人是從哲學的價值論（人生哲學），探討教育內容與人的價值取向，以為每一個人的價值觀（意識型態）與實踐社會人或獨特人的強度；永續人是從前瞻的視角看人的教育，永續是新世紀教育的核心價值，永續是人類的責任，是以實施永續環境教育，精緻知識教育，繁衍子孫教育，都是當代人的教育責任。人與教育發展的六大功能關係結構如第一章的圖 1-9 所示。

特色學校教育與人的發展教育關係密切，從組織發展立場看特色學校，特色學校本身是建立在「成熟學校」、「知識學校」，以及「社會學校」

之上，並具有「價值學校」及「永續學校」性質的「獨特學校」。學校組織運作要夠成熟，才足以發展進階的特色，學校師生的知識能量要被活化帶動，才能超越常態，而有特色品牌的知能。學校師生的集體表現也必須要達到社會期望的標準，才能被大家認同接納，成為有特色的明星學校。

特色學校的珍貴，在於「價值化」、「永續化」，以及「獨特化」的深度更為明顯，特色教育主題之「特色目標」的選擇與決定，就是教育價值取向的匯流。教師們認為「特色經營」可以為全校師生帶來更大、更好、更遠、更符合學校的教育價值，特色教育支撐的核心價值在學校得到深耕與發展。特色學校的經營追求普及化與課程化，是一種永續教育的具體實踐，學校的正式課程、半正式課程（社團）、潛在課程（環境、活動）都有系列主題教學內容，獲致絕大多數的師生認同參與，永續地經營特色教育。

柒、「品質說」賦予特色學校品牌標章

作者認為，「品質」的定義如下：「凡是人、事、物組成元素或條件達到既定的標準，並能夠完成本身任務的目標功能，且讓參與的人具有滿意及美的感受者，稱為品質。」唯人的品質衡量指標偏重「學養」與「人品」；事的品質衡量指標偏重於「績效成果」與「歷程滿意」；物的品質衡量指標偏重於「物美」與「質精」（鄭崇趁，2012b，頁110）。

教育領域的「人」，指的是學生、教師、教育行政人員，以及教育領導者，「教育人」的品質好不好，學生要從「基本能力」是否符合標準、「學習歷程」是否健康快樂、「情意表達」是否常態高潔來判斷；教師則要從「培育資歷」與「核心能力」是否達到標準要求、「教學歷程」是否達到教學目標、「績效成果」是否自己認同並且學生滿意做為判準；教育

領導者及教育行政人員則要從「核心能力」是否與己身職務適配、「執行工作」是否能夠及時完成任務目標、「績效成果」是否能帶動組織新的發展或實質地提升教育品質來觀察。

　　教育領域的「事」與一般企業的生產線不同，而且差異很大。一般企業生產的是產品，是「物」，教育的對象是「學生」，是「人」；教育領域的「事」指的是「教與學」歷程中的核心工作，包括：「課程設計」、「班級經營」、「有效教學」，以及「輔導學生」。CIPP 評鑑模式從背景（context）、輸入（input）、過程（process）、結果（product）來檢核教育事務的品質，是當前全世界通行的教育品質管理方法。

　　教育領域的「物」指的是除了「人」以外，與教育攸關的資源，包括：「環境設施」、「教育機具」、「文史資源」、「自然科技」、「典章制度」等，這些與教育有關的資源品質，要從下列四個指標觀察：(1)量是否足夠，能否滿足教育單位的需求；(2)質是否精良，具有實用價值；(3)「統整運用」是否妥適，所有資源均能「物盡其用」；(4)「創價水準」是否符合預期，亦即對學生及教師產生的教育價值是大家所認同與滿意的。

　　教育品質說呈現下列幾項發展趨勢：(1)人的品質研究優先於教育事務品質的研究；(2)教育歷程的品質研究重於教育結果的品質研究；(3)「合理的教育投資」與「最適經營規模學校」的經營理念將逐漸被接受，因背景與輸入因素是確保教育品質的基礎；(4)認可制的教育評鑑風行全球，品質保證的教育是人民的共同願景；(5)教育品質標準國際化、國家化、地方化層次分明，教育領域的「人」、「事」、「物」之品質標準均有具體參照指標；(6)教育品質是學校競爭力的代名詞，也是學生在選擇學校的首要考量因素；(7)全面品質管理、智慧資本理論、績效責任理論、PDCA 模式，以及 CIPP 模式，將整合主導教育品質說的發展（鄭崇趁，2012b，頁112）。

　　強化教育機制的品質，要有足量的教育投資、標準的資源設施、自主的本位經營，以及責任的績效成果。關注教學歷程的品質，要從「班級經營計畫與主題教學方案」、「教學評鑑與行動研究」、「形成性評量與補救教學」、「實踐目標與統整學習」著力。評鑑學習成果的品質，要實施基本能力檢測、建立學習回饋機制、舉辦多元競賽活動，以及普遍展示學生的作品。

　　特色學校是開展新的教育機制，尤其是在調配資源設施及自主的本位經營上，有超越常態水準的表現。經營特色學校，要將學校具有特色專長的教師籌組為行動團隊，設計課程系列主題，編製主題教學教案，鼓勵學生全面參與、積極學習，追求特色教育績效成果，持續開發新的教育機制，在資源設施統整及本位自主經營的歷程上，具有標竿典範之作為。

　　特色學校也關注教學歷程的品質。特色學校的課程化要求數種教學領域均要有系列主題的單元教學設計，並重視教學統整、學生形成性學習評量，以及帶好每一位學生的措施（弱勢優先與補救學習）。特色學校的普及化訴求，要求學生參與率要 80%以上，要求參與學生通過標準認證者也要 80%以上，代表學校必須關注教學歷程的品質，特色學校的有效學習歷程品質至少在 $0.8 \times 0.8 = 0.64$ 以上。

　　特色學校的經營更重視評鑑學習成果的品質。特色學校的經營以取得「品質標章」認證為經營目標，是一種重視「執行結果」的政策，也是一種積極爭取教育績效成果的行動方案，更是活化教師智慧資本的優質策略，也是學生優勢學習的活動課程，這些都是學習成果的品質評鑑，完全符合PDCA 與 CIPP 教育品質管理模式的基調與精神。

捌、結語：特色學校是臺灣教育的亮點

　　「特色」是經營來的，特色學校的經營，運用「教育經營學」的原理學說「六說」，來闡述其理論基礎，嘗試為「經營特色學校」，尋根探源，立經營知識之真。期待它能淺顯易懂，有助於特色學校的推動，希望在三至五年內，所有的中小學，校校都是特色學校。特色就是系統品牌，特色就是教育亮點，希望教育的亮點能夠布滿臺灣的天空。

（本文原載於 2014 年，新北市教育局主編，《新北之星特色學校》專輯）

第十四章　學校特色發展的策略與作法

壹、緒言：學校特色帶動學校突破發展瓶頸

《國民教育法》第 1 條明白揭示：「國民教育依中華民國憲法第一百五十八條之規定，以養成德、智、體、群、美五育均衡發展之健全國民為宗旨」（教育部，2016）。是以部分教育界人士並不主張「學校特色」或「特色學校」，認為學校特色會帶來經營上的偏失，並非教育常態，而臺北市的「教育111」和桃園市的「學校特色」等作法，均有檢討之必要。

此一問題的核心在：政府推動「學校特色」的主要目的與功能在哪裡？符合教育的本質嗎？作者認為，特色學校或學校特色的發展，可與教育經營的本質（五育均衡的環境）並行不悖，且可增加三個功能性目的：(1)為原本教育競爭力的不振，找到創新經營途徑；(2)為每一個學校尋找優勢著力點；(3)帶動學校突破發展瓶頸。

貳、學校特色的四大指標

發展學校特色之所以符合原有教育的本質，在於縣市政府推動此一政策時，強調學校特色必須符合四個指標：教育性、普及性、卓越化，以及課程化。教育性指學校特色的主題必須與學生學習有直接關係；普及性指學校特色之發展必須大多數的師生參與；卓越化指學校的精英團隊有卓越的表現，在縣市賽或全國競賽有優越的成績，或者在社區、國內外有定期的展演；課程化則指學校特色能夠結合潛在課程以及正式課程，定期實施，

永續經營。

四個指標具有發展上的優先順序，通常教育性與卓越化多數的學校，會優先達成，課程化及普及性則在第二階段達成，例如：某校的「少棒隊」，本身與學生體育學習有直接關係，符合教育性；帶動的精英團隊在兩、三年間即闖出名號，縣市賽或全國競賽獲得前三名，符合卓越化。學校見全校學生普遍喜歡棒球，再規劃與領域課程結合，進行每一年段皆實施的正式課程教學，達成普及性及課程化指標，經三至五年深耕，「棒球」即可成為該校的學校特色。

參、學校特色的發展策略

「策略」是指主要的手段與方法，「發展策略」則論述「如何下手」。一個學校首要「正常教學」，務必促使學校經營常態化，常態化的基礎是學校邁向精緻卓越的必要條件，學校特色的發展，也必須建立在「已經常態化」的學校之上。以下論述一般學校發展特色的四大策略：「順應教育政策」、「發揮教師專長」、「活化在地資源」，以及「創新傳承優勢」。

一、順應教育政策

「順應教育政策」的發展策略，係指學校藉著教育部、教育局（處）的施政重點，把這些政府本來就要學校執行的教育措施，順勢做得更周延、更細微、更經典，足以成為學校特色之一，足供他校觀摩學習之謂。

例如：桃園市政府有三大施政重點常被學校發展成特色：品格教育、閱讀教育，以及資訊科技教育。這三項教育主題經由教育處精心編製「白皮書」，頒行各國民中小學，要求每校配合實施。是以常態化的學校，必須將此三大教育主題，規劃出必要的教育活動，輔導各領域教師設法融入

教學，也必須要建置基本的環境配備，累積各項成果，備以接受教育處之檢核考評。既然要做，乾脆就把它做得更加周延、細緻，進而申請學校特色認證，讓它成為學校經典教育活動之一。

二、發揮教師專長

學校特色與教師專長結合，是發展學校特色的第二個有效策略，臺北市西園國小的「踢毽」特色就是「發揮教師專長」策略的經典範例。該校有一位退休教師呂碧霜具備「踢毽」專長，尚未退休之前即致力於踢毽教學，全校學生經過其指導後都會踢毽，而且都有「高難度」表演經驗。學校每年舉辦班級踢毽比賽，優勝班級共同組隊參與全國比賽，年年獲佳績肯定，臺北市政府教育局更每年安排該校毽子隊出國展演，宣慰僑胞，此完全符合教育性、普及性、卓越化、課程化指標。之後，該校再結合其他方面努力，98學年度通過臺北市「教育111」標竿學校認證。學校的教師眾多，潛在的專長能量是學校特色發展最重要的因子之一，只要有教師願意奉獻其專長，努力從事教學、深耕志業，學校必能展現多元豐富之特色。

三、活化在地資源

在地（社區）的自然生態資源以及文史資源是發展學校特色的珍貴資產，也是學校發展校本課程的最佳素材。以新北市的漁光國小（現為坪林國小漁光校區）為例，一個學校九位學生，是個極其迷你之小學。當時的郭雄軍校長運用學校周圍的山林生態，規劃各種學習步道與配套課程，提供他校學生一日遊、二日遊、三日遊課程，提供空餘校舍給學生住宿，每年吸引上萬名學生到該校遊學。遊學課程成為學校的特色課程（該校所有學生均是最佳導覽員），遊學也就成為該校特色。

又以宜蘭縣的四季國小為例，該校本身是原住民泰雅族部落的學校，

也是原住民校長莊仁寶的母校。莊校長有機會返回母校接任校長，即以光大母校特色為職志（使命），是以「泰雅文化教育」逐漸成為學校特色。該校蒐集編撰泰雅族語教材，推動鄉土母語教學，成立泰雅文物館；配合設計社會領域及綜合領域主題教學方案；全校學生參與泰雅舞蹈社團，到處展演，多獲好評，也發展光碟教案，持續傳承創新。上述這兩個學校，均是活化在地資源、發展學校特色，十分成功的範例。

四、創新傳承優勢

部分有歷史傳承的學校持續創新其優勢作為，每年展現其深耕成果，即足以成為學校特色。以新北市福和國中為例，該校經由多位國文教師的團隊合作，深耕經營「中國古典詩詞吟唱」，成為學校最珍貴的特色。全校每位學生均會吟唱詩詞，每年詩詞吟唱的教材均適度更新，由學校舉辦班級詩詞吟唱比賽，比賽時親友觀眾人山人海，不下於校慶運動會，有多個團隊得以到處示範展演，也是吸引學生跨區就學的賣點之一。創新既有的傳承優勢，得以促使學校特色永續經營。

肆、發展學校特色的具體作法

一個十分平常的學校，如何從「沒看到特色」逐漸「看到特色」，進而經營成真正「具有特色的學校」？此常成為教育領導者（學校校長及主任們）直接挑戰的課題。作者在碩士班與博士班的議題討論中，「發展學校特色的具體作法」為何？也經常成為大家論述的焦點。以下針對「學校特色」的本質，及其如何在一般學校之中逐步形成關鍵要領，申論其具體作為如下。

一、系統思考，策訂可行方案

發展學校特色，與一般行政事務作為並沒有太大差異，如果能從「計畫→執行→考核」的三聯制模式入手，不失為好的方法。也就是為發展學校特色，策訂一個可以具體實踐的教育方案。唯這一個實踐方案要確保逐步帶出學校特色，而且這個特色要真的代表學校，也要師生們可以做到，並且當作自己的光榮成就。這一個方案，代表了全校師生追求共同願景的最佳媒介工具。

經由「系統思考」的歷程來策訂此一方案，較能確保方案的可行性、妥適性、準確性，以及績效性。「系統思考」來自學習型組織理論的「第五項修練」，其要義在「觀照全面、掌握關鍵、形優輔弱、實踐目標」。運用在「發展學校特色」的方案計畫上，「觀照全面」是指計畫進行時的全面性考量，要包括「人、事、時、地、物」的面向。校長、幹部以及所有教師的專長條件，發展哪一個教育主題最容易得致共識，也最容易會有成果績效。就事的執行面來看，發展哪一個教育主題可以對學校產生擴展性的教育價值。從時機上觀察，又有哪個教育主題最符合學校的需要，哪個教育主題可以充分獲得在地資源的支持，以及相關環境配備條件的實用性、支持性考量。

「掌握關鍵」則指「觀照全面」之後，僅能就最核心的事項列為計畫執行工作，而非全部都做、什麼都做。就發展學校特色而言，掌握關鍵在決定最可行、最具價值的特色主題，以規劃妥適、漸進而全校師生可以實踐的方法步驟，定期的績效檢核與回饋，也就是方案計畫「操作點」的選定與實行。「形優輔弱」則指計畫方案推動執行時，運作有概念而具優質作為的幹部師生，以帶動其他人員跟進。「實踐目標」則指方案一經啟動，不達目標（獲得特色認證）絕不終止，有頭有尾地完成對學校師生具有教

育價值的事項。

二、論述價值，啟動智慧資本

「智慧資本」的研究與運用日漸普及，也逐漸由企業界的領域跨進了教育界。「智慧資本」指的是組織成員的「核心能力＋認同程度」，就教育界而言，學校中的教師、幹部、職工、校長均是學校的「智慧資本」。潛藏未用就是「靜態的智慧資本」，人人皆人盡其才、才盡其用就是「有效的智慧資本」。當前的教育競爭力不夠顯著，主要緣由在於教育人員雖擁有專業高級的「核心能力」，然而對於「教育政策」多不關心，認同程度十分薄弱，是以多數學校均擁有渾厚的「靜態智慧資本」，有待開展成「有效的智慧資本」。

具備高級專業內涵之教育人員，如何提高其認同程度成為關鍵課題。作者認為，由領導者（校長）直接公開論述政策方案的「教育價值」，是激發教師認同、啟動學校智慧資本最有效的途徑。校長及核心幹部可以從下列三個方向來闡述特色主題的教育價值：(1)特色主題教育符合了哪些教育核心價值，例如：臺北市的「教育111」政策，即符合了人文、均等、適性、民主、創新、永續、精緻、卓越的八大教育核心價值；(2)特色主題教育實踐了哪些教育理論，例如：「閱讀教育」在實踐多元智能理論，因為透過學生的廣泛（開放性）閱讀，學生會逐漸發現興趣及性向趨勢，強化優勢領域，進而促進優勢智能明朗化；(3)特色主題教育對學生及教師的具體助益在哪裡，例如：「資訊科技教育」增益了每位學生的「學習力」，幫助教師活化教學技術，全面提升教育品質。

三、計畫管理，累增績效成果

學校特色的經營，無法一蹴可幾，有高明的領航人，也需要二至三年，

一般學校通常要三至五年，未得要領的學校，也有可能投入多年，而始終無成，其關鍵因素與「計畫管理」的縝密度攸關。所謂「計畫管理」係指學校領導者能夠針對學校特色主題，設定明確的產出目標，在第一年裡，教師的執行工作是什麼，要有哪些具體的成果績效留存；學生的教育活動是什麼，要有哪些學生的作品留存展示；行政幹部必須配合的環境整備以及教學資源的開發是什麼，必須留下的績效成果為何。此均要依據「目標管理」的原理，列表呈現，並按時檢核進度，激勵表現優異同仁，提醒進度落後師生，協助完成目標。

計畫管理的主要意涵有三：(1)依優質的方案來管理（目標方法設定）；(2)依計畫的時限進行管理（落實執行）；(3)以達成目標為管理標的（貫徹績效）。是以縝密度高的計畫管理，可以逐年累增績效成果，邁向通過特色學校之認證標準。

四、參與競賽，行銷學校作為

學校的特色主題教育，在累增了一至二年的績效成果之後，即可鼓勵師生將目前發展之教育教學方案參與各種競賽，以參與競賽的準備歷程，精緻化及系統化原本的計畫方案；以得獎的可能，激勵鼓舞師生投入的價值；更以參與競賽活動，來行銷學校的作為，發表師生努力的焦點與初步成果。

參與競賽會有兩種結果，得獎與未得獎。如果我們的參選方案得獎，代表我們經營的主題教育方案已具一定的水準，之後再來申請「學校特色」之認證，就很可能「雙喜臨門」。如果我們的參選方案沒有獲獎，即要從評審的提問與回饋，得到補強與修正方案的方向，再予以調整與持續經營，申請「學校特色」認證時也才不會犯相同缺失。兩種結果均有益於真正「學校特色」之發展。

伍、結語：學校的亮點布滿臺灣的天空

本章論述四個主要觀點：(1)學校特色必須符合四個指標：教育性、普及性、卓越化、課程化；(2)學校特色發展不但符合教育本質，更得以帶動學校突破發展瓶頸；(3)學校特色發展有策略可循，學校可以參採四個策略：順應教育政策、發揮教師專長、活化在地資源、創新傳承優勢；(4)發展學校特色有系統步驟得以參照：系統思考、論述價值、計畫管理、參與競賽。希望臺灣的每一個學校均能發展出學校特色，讓我們看見學校的亮點布滿臺灣的天空。

（本文原載於 2012 年，桃園縣教育局主編，《特色桃花園》）

第十五章　學生的品德教育

　　教育旨在「教人之所以為人」，「人之所以為人」的「人」，要一個人活得有意義、有價值、有尊嚴，用國民教育目標的描述，就是要德、智、體、群、美五育均衡發展的人。用更為化約的講法，學校要提供全人教育的環境，而學生要才智與品德兼備，知識、情意、技能都得致充分發展，才是完整的教育。

壹、才智與品德

　　知識學習的總量以及能夠實際運用的程度稱為才智，才智是國家社會的智慧資本，也是每一個人追求自我實現的基石。品德的定義是：一個人的人際關係與內在的品格情操。人際關係是每個人與他人互動行為的綜合描述，而品格情操則是醞釀與觸發人際關係的內在動力。品德是每個人服務國家社會，價值奉獻的潛在動能。

　　知性的教育，傳承知識、創新知識，培養每一個人的才智達到其職涯發展需要。社會百業分工，從基層勞務，到公務行政，到高科技產業，各種行業需要不同才智的人才匯聚，才能定量發展產值。感性的教育，處理人的情緒、發展人的情感、培養人的情操，帶著學生從班級教學、團隊學習中，學習與人相處、了解他人的需求、情緒和情感的發展，培養「共鳴性了解」的習慣。

貳、君子與小人

中國儒家用「君子」與「小人」來比喻一個人品德的兩大傾向，用現代語言來描繪，具有正向品德並且濃厚者稱為「君子」，具有負向品德並且取巧者稱為「小人」，而介乎於其中者，可稱之為「常人」或「凡人」。儒家學說的經典——《論語》，有諸多孔子與其弟子之對話，多以「君子」與「小人」的行為表現來做品德價值的比喻，例如：

- 君子喻於義，小人喻於利。
- 君子求諸己，小人求諸人。
- 君子成人之美，不成人之惡。小人反是。
- 君子坦蕩蕩，小人長戚戚。
- 君子和而不同，小人同而不和。
- 君子之德風，小人之德草。草上之風，必偃。

用現代白話文來看它們的內容，大概如是：

- 一個君子，是用義理來領悟世界事務的是非曲直，而一個小人，往往用好處與利益來解讀事務的價值。
- 一個君子，他要做事情，往往要求自己先做到，而一個小人，就要他人先做到；如果事情沒做好，君子會歸咎於自己的責任，小人會歸責於他人的責任。
- 一個君子，會盡量成就每一個人的好事與好的表現，成就他人事功，不幫人做不好的事，小人剛好相反。
- 一個君子，行為表現真誠無私，在大家面前，心胸坦蕩，喜樂幸福；小人剛好相反，內心充滿算計，與人相處內心忐忑不安。
- 君子與君子之間，和諧而各自自主，每一個人均不相同；小人和小人之間，因為都各自藏著私慾，你爭我奪，相同而不能和諧。

‧君子所展現的品德行為就好像和風一般，而小人所表達的品德行為
　就好像原野的花草。和風吹過，原野花草都將順著起伏，努力跟隨。

　　就一般常人（符合常態標準的人）或平凡的人而言，大都介乎君子與
小人之間，但我們要以君子為師，惕勵自己的品格情操，盡量向君子學習，
雖不能至而心嚮往之，這樣整個社會就會充滿著仁、義、禮、智、信的五
常規矩。我們也要避免流於小人行徑，不與小人為伍，跳脫「私慾競逐」、
「紙醉金迷」的沉淪深淵，為自己以及這個社會保有「人間淨域」而努力。
經營健康的人際關係，培養進一步服務助人的情懷。

　　感性的教育，課程上通稱為品德教育，品德教育的內容在「教如何做
人、學人際關係、養品格情操、育優雅公民」（鄭崇趁，2011a，頁
191-204）。才智讓人的志業發展邁向自我實現，創造個人對社會人類的事
功；品德營造人的人際關係，產生認同與共鳴的價值，實踐幸福人生的真
諦。對接受學校教育的學生而言，才智的培養很重要，品德的孕育更為重
要。

參、品德與品格

　　品德與品格常被當代人混用，有的縣市使用「品格教育」；教育部頒
布的公文書，使用的是「品德教育實施方案」；《天下雜誌》的親子專刊
「品格力」，強調「品格決定未來」。從此臺灣的教育人員將「品德」與
「品格」混用，困難釐清。

　　「品格」原來是心理學名詞，「性格心理學」討論人的性格與品味是
一種「價值中立」的探討，沒有「價值取向」，例如：O型、A型、B型、
AB型的血型，均有其潛在性格傾向，沒有絕對的是非好壞。又如當代人最
喜歡探討的「星座」，依據出生時的月日，配合星象，十二個星座都有潛

在性格與品味傾向，但也沒有絕對的是非善惡。

　　「品德」原本即教育學使用的名詞，本身即有「價值取向」的詞義，而非「價值中立」。品指品行，德為道德，都是指人與人互動時的行為規範，尤其是道德，道是自然之軌，德乃善的極致，它必須是他人可以「認同」、「接受」甚至「尊敬」、「示範學習」的。有品德的人，是一種具有高潔格調，而能淑世濟眾的人。

　　「品德」與「品格」的混用已經「約定成俗」了，後續的運用得將「品格」擴大解釋，品指品德，格為風格，將品格教育解釋為：有品德且具有自主風格的教育，或許仍然可以實施無礙。

肆、倫理道德的時代變遷

　　人類共同生活在一個地球上，採用「群居」的方式，分布在不同的國家、角落，從事各種「行業」，建立各自的「家庭」，一起「活在世上」。每一個人為了活得更好，讓生命更有意義、更有價值、更有尊嚴，都努力地在經營自己隸屬的「群體」，打造「共同願景」，設定「任務目標」，實踐「倫理道德」。

　　道德是指被大家「可以接受」、「彼此認同」的品格情操，事實上是人際關係的規範指標。古代就有倫理的揭示：父子有親、君臣有義、夫婦有別、長幼有序、朋友有信，來描繪父子、君臣、夫婦、兄弟、朋友應然的人際關係。又有五常之道：仁、義、禮、智、信，做為道德教育的指標。中國傳統的教育，十分重視學生倫理道德的養成。

　　近代以來，中西文化交會，「教育學」與「管理學」對話之後，倫理道德的發展，在學校教育中產生了新的詮釋與運用，名詞的意涵與實際的操作行為都有了變化，倫理道德逐漸被三個組織運作需求的名詞交互使用：

「共同願景」（Vision）、「任務目標」（Mission），以及「核心價值」（Core Value）。

　　「核心價值」（Core Value）建立在「人的共同性」以及「組織任務」交織而成的價值取向，既要彰顯人性的共同需求與理想，也要符合自己所處組織系統目標任務的訴求，例如：當代學校推動品德教育時，必須由教師、教育行政當局代表以及學生家長，共同討論確認學生此一階段所最需要的核心價值（例如：勤學、責任、誠實、信義、勇敢、篤行等），由學校頒布為中心德目，並發展年段學生行為規準，來強化學生倫理道德之觀念與行為。

　　「共同願景」（Vision）以及「任務目標」（Mission）則用在學校組織經營的策略層面。為了凝聚學校教師及學生的「教育向心力」，認同教育措施與教學實際，教育經營者（校長及核心幹部）會帶動同仁討論確立學校近三、四年間之發展上最需要達成的階段「任務目標」以及「共同願景」，以做為團體「倫理道德」運作的方向與基點。唯有個人「核心價值」的「生命願景」、「任務目標」，以及與組織（學校）的「共同願景」（Vision）、「任務目標」（Mission），以及「核心價值」（Core Value）吻合，個人的生命願景與教育志業在學校中實踐，學校才能真實地提升教育品質，提高教育競爭力。

伍、品德教育的實踐力行

　　「品德教育」的意涵是「教如何做人，學人際關係，養品格情操，育優雅公民」，而品德行為的基礎來自兩大因子：「優質習慣」以及「服務助人」。臺灣的心理學家柯永河先生曾出版《習慣心理學》一書，受到國際學界關注，其基本主張是「好的習慣多於不好的習慣，就是心理健康的

人」。品德是好的習慣，是他人可以接受的行為表現，所以品德最大的因子來自「優質習慣」。

孫中山先生曾大力倡議「人生以服務為目的」，服務助人，滋長了「共鳴性的了解」，感動了「生命的價值」，同時也優化了群體的「人際關係」。每一個人的「情緒管理」、「情感表達」，以及「情操孕育」，多由「服務助人」的實踐篤行而定向。是以品德的第二大因子來自「服務助人」。

學校的品德教育實踐，可以綜理前述，對於品德的意涵、內容與相關概念之論述，可依下列五大步驟實踐力行：(1)邀集相關人員討論學校學生最需要的品德核心價值；(2)依據品德核心價值的順序，排列為中心德目，每週由導師闡述核心價值之意涵；(3)按年級由教師們討論發展，最適合該年級學生實踐核心價值的行為規準三則，貼在教室公布欄導引實踐力行；(4)此三則行為規準，第一條為優質習慣，第二條為服務助人，第三條則酌採名人經典語錄；(5)規範每一班級學生實踐篤行的量與質，並要求簡要的回饋評量機制。

陸、品德教育的發展趨勢

華人所處的社會環境，正處於「現代化」與「後現代」交織的世代，對於品德教育的訴求，也隨著時代的變遷而有重點上的轉變，最大的發展趨勢，概要有三：(1)由私德到公德；(2)由內隱之德到外顯之德；(3)由自我實現論到智慧資本論；(4)由自由、平等、人權到民主、博愛、法治。

一、由私德到公德

從品德的本質而言，傳統的品德教育較重視個人私德的元素，強調一

位有德行的人之自我要求，要慎獨，要內在清明，要將仁、義、禮、智、信潛藏於心，與他人交往，己所不欲勿施於人，寧可天下人負我，我亦不負天下人，高風亮節，不與人爭，儒家與道家交織而成的「據德無為」，就是私德的最佳寫照。迄至近代，逐漸強調「公德」的重要，例如：搭乘捷運、公車，主動讓座老弱婦孺；遇到選舉，真的做到選賢與能，而不為金錢動搖；在組織群體中，主動站出來致力於公共服務事項，給大家方便，而不求回報，所謂努力「積公德」遠勝「大宅男」。

二、由內隱之德到外顯之德

教育界談知識管理時，將知識分為內隱知識及外顯知識。所謂內隱知識係指已經存在人的身體之中，但是看不到、摸不著的知識（有時稱為素養）；外顯知識指的是看的見、摸得著或聽得到的知識，像書籍文字、說話的語言，或任何看得見、聽得到的知識實體，所有的教育型態、知識對話、教與學歷程都是一種內隱知識外部化，外顯知識內部化及其交互作用的過程，此稱之為「知識螺旋」效應。知識螺旋讓學習者產生知識基模系統重組，改變心智模式，提升知識基模，增益個人及其組織的教育競爭力。

品德與知識、能力的性質十分雷同，可分為內隱之德及外顯之德。內隱之德指每個人內在的（已存在的）良善與品格情操，但是它的實際能量與品質趨勢，看不到也摸不著，只能從其表現的行為現象中，回推其內在的豐富度與精密度。外顯之德指一個人表現出來，可以讓大家觀摩的到，經由人際交往、互動體認而來的感受，例如：拾金不昧是誠實之德的表現，士兵衝鋒陷陣是勇氣之德的表現，急救車禍傷患是正義之德的表現。

內隱之德化做具體的行動，方足以成為外顯之德。外顯之德成為習慣之後，也會更新內隱之德的知識基模，兩者交互為用，成為人與人互動、

人際關係建構的內在元素。傳統的品德強調「行為動機」，多為「內隱之德」，當代的教育強調「行為結果」，多為「外顯之德」，如何折衷，有待個人智慧的發揮與抉擇。下列對聯可以參考：

> 百善孝為先，原心不原跡，原跡天下無孝子。
> 萬惡淫為首，原跡不原心，原心世界無完人。

三、由自我實現論到智慧資本論

品德教育對個人而言，在累增德性、淑世濟眾，進而自我實現。各自的「理想」（理念、境界）與「現實」吻合，就是自我實現，自己對自我德性及濟世的期望與實際表現的吻合度，也是自我實現的核心內涵。知識與品德的結晶稱為智慧，知識可以轉化為能力，品德則可以導引自身能力的用途、方向與使力的多寡。在一個組織群體中，例如：學校、所有的教師、幹部、校長，都是學校的智慧資本，但是有能力而不一定願意努力奉獻，稱為靜態的智慧資本，唯有大家有能力而且願意努力耕耘，才會形成學校的有效智慧資本。帶動靜態智慧資本成為有效智慧資本的關鍵因子在於品德，尤其是價值認同的公德。

四、由自由、平等、人權到民主、博愛、法治

從核心價值（Core Value）來看品德教育的發展，早期的品德教育，都在訴求「人類的個人價值」，例如：自由（無拘無束、自主翱翔）、平等（人類生而平等，法律之前、人人平等）、人權（一個人的基本人權，生存、教育、自由、平等、安全、自主）。當代的品德教育，逐漸關切建構「人類的共同價值」，並且與「組織任務」的結合，例如：民主（普遍參與、多數決議、代議政治、政黨政治）、博愛（正義論、弱勢優先、福利國家）、法治（法治規範調和民主與自由、法治鋪陳人類生活軌道、法治

保障基本人權、法治規範品德基準）。也就是由個人之德，邁向群體組織之德，而不同組織群體所發展出來的核心價值就是最佳寫照。

（本文原載於2013年，何福田主編，《教育入門》，泰國華校教師會印行）

第十六章　「理念化」及「價值化」取向的教育評鑑：為方案評鑑本土化把脈

壹、緒言：教育評鑑是當代的顯學

「評鑑的時代，悄悄的來臨；大學到小學，都在規劃辦理各種評鑑：校務評鑑、教師評鑑、課程與教學評鑑、校長辦學績效評鑑，以及各類型主題式方案評鑑。評鑑，成了當代教育的顯學」（鄭崇趁，2013a，頁245）。作者有較佳的因緣，由於職務的關係，躬逢其盛，擔任各類型的教育評鑑委員已超過百場次（學校、單位、人員的評鑑）以上；碩士論文以及博士論文都與「方案評鑑」攸關；出版了兩本教育評鑑的專書，實際規劃執行了兩個縣市的「校務評鑑」，也發表過五篇有關教育評鑑發展本土化趨勢的學術論文。作者個人關心評鑑原理在教育領域的「正用」，關心「方案評鑑本土化」的實際進程與內涵。

本章之目的係以「標準化」及「專業化」探討教育評鑑的發展脈絡，並以「理念化」及「價值化」詮釋教育評鑑應行的發展方向，主張「標準化」、「專業化」、「理念化」，以及「價值化」四者兼備，才得以發展優質、精緻且具有時代意涵的本土化評鑑方案，才不致於「為評鑑而評鑑」，才不致於讓教育人員有今日的反動：聞評鑑而色變，避之唯恐不及，甚至拒絕評鑑。唯有「教育評鑑」本身的「優質而精緻」之發展，才能帶動臺灣教育真正進入「精緻教育」的時代。

貳、「標準化」及「專業化」是教育評鑑的共同訴求

鄭崇趁（2006a，頁18）將教育評鑑定義為：「教育評鑑係為增進教育事務決策合理性，持續提升教育品質，經由系統化及專業化標準程序蒐集、分析資料，並針對教育事務之目標、內容、設計、過程、結果做出價值判斷的歷程」，此一定義重視下列六項重要意涵：(1)教育評鑑是評鑑原理在教育領域的運用，教育評鑑即為教育事務價值判斷的歷程；(2)教育事務包括以學校為主的正式教育活動及社會環境內的非正式教育活動；(3)教育評鑑的對象含括教育活動中的人與事，因此學校評鑑、校務評鑑、課程評鑑、教師評鑑、方案評鑑等，均為教育評鑑的範圍；(4)教育事務價值判斷的歷程，必須透過系統的方法與過程蒐集資料及分析資料；(5)教育評鑑的結果必須提供教育決策的依據，有「做決定」的需求，始有「實施評鑑」的作為；(6)評鑑的作為必須回歸教育本質，對於教育人員（以教師、學生為主）產生價值意涵的評鑑，始稱之為教育評鑑。

「教育評鑑」與「教育品質管理」是一體兩面，就當代的名詞意涵而言，幾近同義，教育界已多有混用情形，已把它們當同一件事。鄭崇趁（2013a）主張「評鑑品質論」，認為教育評鑑的主要目的在優化教育的歷程績效品質。「品質評鑑」在整體教育機制中的發展，最先有「受教者（學生）」的品質評鑑，再發展到「教育機構」的品質評鑑，目前才逐漸有「施教者（教師及校長）」的品質評鑑。受教者（學生）的品質評鑑有成績考查及多元評量，有形成性評量與補救教學，有核心能力檢測與品質保證措施，有品德風格傾向測驗與服務助人課程，更有目標管理的設定及全人格教育的實施。教育機構的評鑑目前最為興旺，可以說它才是真正的顯學。教育機構的評鑑以「事、物」為主軸，「人」為附屬角色，包括：校務評鑑、課程發展評鑑、師資教學評鑑、計畫方案評鑑、校園安全評鑑，以及

各種主題式的教育評鑑。

　　施教者（教師及校長）的品質評鑑，目前才剛起步。2005 年《大學法》將大學教師評鑑入法，各學校已實施滿十年，唯在中小學部分，「教師評鑑入法」的進程受阻，目前由「教師專業發展評鑑」持續試辦中，並且出現了雙軌的挑戰，幾近半數的教師已主張「教師專業發展評鑑」直接入法，而不要「教師評鑑」入法，也就是希望「教師評鑑」停留在事（專業發展）的評鑑，而非人（教師）的評鑑，此讓為政者（領導者）及民意代表（立法者）都十分為難，不知如何是好。從 2010 年起，新北市已開始試辦「校長評鑑」，且新北市北大高中的所有新聘教師皆已簽署接受「教師評鑑」承諾書，又為「人」的評鑑機制，開啟新契機。

　　從「人、事、時、地、物」來看教育評鑑機制的發展，先有「物」的品質評鑑，例如：各項「安全檢查」，房舍建築安檢評鑑、設備機具安全維修、食品安全檢測評鑑，大眾運輸車輛安全評鑑，都是「物」的評鑑，因為這些「物」與人民的基本生活攸關，物的品質評鑑在維護人的安全需求（生活在沒有恐懼威脅的環境中），以及保障基本人權。接踵而來的是「事」的評鑑，「課程發展」是事，「師資教學」是事，「環境設施」也是事，「資源統整」和「學生輔導」都是事，各項主題式的教育評鑑通通是「把事辦好」的品質評鑑，連廣義的「機構（組織系統）評鑑」的「品質評鑑」也都可列為「大事」的評鑑。事的評鑑比較容易定位「事的目標」、「事的歷程運作」，以及「事的績效價值」，所以事的評鑑歷來都是教育評鑑的主流。

　　以人本身為「本位」的教育評鑑，在臺灣的發展並未成熟，尤其是「教師評鑑」試辦的「教師專業發展評鑑」，其推動過程中，強調兩個觀點：(1)評鑑與考核脫鉤；(2)評鑑不是評鑑，評鑑是為了專業發展。這兩個嚴重危害「評鑑本質」的觀點，讓「人」的評鑑在臺灣「永遠長不大」，現在

才陷入了「要不要立法」的泥沼中。事實上，「人」的評鑑才是教育進步的里程碑，人類的所有行為都是「人在不同的時空中，拿物做事」，「物」是行為的資源，「事」是行為的「歷程」與「結果」，人才是真正的主角。「怎樣的人」會拿對的資源（物）做對的事，遠比探討「物」的品質與「事」的品質來得重要，但是在臺灣的教育界，教育人員的專業水準，已經無法區隔「事的評鑑」與「人的評鑑」。評鑑滿天飛，教育行政單位不得不辦，而學校教師避之唯恐不及，各種教育評鑑的「績效價值」並未真正的彰顯。

臺灣的教育評鑑都研發兩種工具來做為實施辦理的依據：一為研訂「評鑑指標」，用評鑑指標來規範「評鑑的具體對象與內容」（評什麼以及怎麼評的價值標準）；另一為訂頒「評鑑實施辦法或要點」，用辦法或要點規範評鑑的主要流程，例如：遴聘評鑑委員、辦理評鑑說明會、自我評鑑及實施訪評程序、學校簡報及環境設施觀察、資料檢閱、多元座談、教學（教室）觀摩、訪評回饋、訪評報告之撰寫，以及訪評結果運用等。這兩大工具的研發、頒行與實施，是所有教育評鑑的命脈。

「評鑑指標」與「實施要點」都要符合「標準化」與「專業化」的訴求。所謂「標準化」係指「評鑑內容」標準化、「評鑑歷程」標準化、「委員資格」標準化、「評價等級」標準化，以及「報告運用」標準化。「評鑑內容標準化」係指所有接受評鑑的單位，都用同樣的指標內容來進行檢核、了解、評價，都看同樣的項目內容。「評鑑歷程標準化」係指「評鑑過程」在每個單位都是一樣的，「學校簡報」→「環境參訪」→「教學觀察」→「檢閱資料」→「多元座談」→「釐清問題」→「撰寫報告」→「離開受評單位」，過程與所花時間都是一致的，客觀而標準化。「委員資格標準化」係指訪評委員的聘請均有「條件」與「資格」上之規定，避免違背評鑑倫理，以下評上（低階高審）或外行評內行。「評價等級標準化」

在目前多用認可制,其「通過」、「有條件通過(待觀察)」,以及「未通過」都有明確標準規範;如使用「等第制」之評鑑,對於特優、優等、甲等、乙等、丙等均有「標準分數」或「標準條件」之規範。「報告運用標準化」係指評鑑結果成績優良有功人員的敘獎,以及追蹤評鑑與後續輔導的標準設定。「標準化」在呈現評鑑內容及歷程的「客觀性」,避免人為「主觀」影響評鑑的可信度與價值性。

所謂「專業化」係指「指標系統」專業化、「互動歷程」專業化、「資料呈現」專業化、「價值判斷」專業化,以及「報告內容」專業化。「指標系統專業化」係指「評鑑指標」的建構內容,能夠呈現系統結構,能夠具體回應辦學的教育理念及重要(核心)工作事項。「互動歷程專業化」係指訪評委員及受評單位人員的互動是友善的,對話的內容是「教育專業本然與應然」意見的討論,是專業交流的過程。「資料呈現專業化」係指受評單位的受評資料呈現,不是多就是好,愈符合教育專業訴求愈好,能依據指標系統呈現精緻的核心技術知識管理,有價值論述及回饋省思的檔案最專業化。「價值判斷專業化」係指訪評委員的終結評定(等第或通過與否、通過等級的決定)是符合專業的價值判斷,評定結果與事實吻合接近,受評者可以接受,並知道後續發展改善或精進方向。「報告內容專業化」係指評鑑報告的具體內容是完整的教育專業行為表現,優點特色描述精準,建議事項是受評單位發展改善的最需要,具有高績效價值的論述與判斷。

參、「理念化」增益教育評鑑「標準化」及「專業化」的深度

林天祐(2004)統整分析「專業教育評鑑過程與方法的特徵」,具有下列八項:(1)訂有明確的專業標準;(2)有具體的教育評鑑過程;(3)確定的

教育評鑑方法論；(4)評鑑時間長且視規模調整；(5)評鑑過程標準化；(6)重視評鑑倫理信條；(7)建立品質保證機制；(8)專業的訓練與練習。他並用這八項指標，檢討當時我國的教育評鑑機制，總評為「中等偏低」。是以其提供五大建議：(1)標準化的評鑑指標及實施過程有待建立；(2)評鑑專業倫理亟待發展；(3)評鑑委員的專業素養應有具體規範；(4)促進本土化評鑑系統交流的成熟發展；(5)將品質保證系統納入評鑑的基本要求之一。依據此五大建議項目，審視當前各種各類正在實施的教育評鑑機制，似乎有部分的評鑑已有強化，但整體而言，真正到位者少之又少，五大意見都還是大家共同努力的指標。

鄭崇趁（2006a）認為，「沒有指標的理念是空的」、「沒有理念的指標是盲的」，並主張運作「理念化」來增進評鑑指標的「標準化」，運作「理念化」來促進實施方式的「專業化」，以「理念化」增益教育評鑑的「標準化」及「專業化」深度。是以其協助規劃的第二代「宜蘭縣國民中小學校務評鑑」（2006～2010年間實施），評鑑指標系統分成六大項（行政效能、課程發展、師資教學、學生輔導、環境設施、資源整合）以及二十四分項，每一分項小型學校（六班以下）有三個評鑑指標、中型學校（七班至二十四班）有四個評鑑指標，大型學校（二十五班以上）有五個指標，是以小型學校共有七十二個評鑑指標、中型學校共有九十六個評鑑指標、大型學校共有一百二十個評鑑指標。為建構這些評鑑指標，其以六大項為軸心，找出每一群組系統指標應依循的「最重要」八個「經營教育理念」，例如：「行政效能」系統評鑑指標應依循的教育經營理念是：目標管理、本位管理、專業分工、賦權增能、願景領導、扁平化領導、全面品質管理，以及績效責任。六大項評鑑系統指標在四十八個教育理念（理論）引導下「系統建構」，是國內本土化教育評鑑方案第一個使用「理念化」深化評鑑「標準化」及「專業化」之案例。「理念化」實踐了「教育評鑑」的重

要本質:「評鑑在檢核教育理念(理論)在學校(教育現場)實現的程度」,教育評鑑理念化才能真正帶動「評鑑指標」及「實施方式」的「標準化」及「專業化」。

就我國教育評鑑的整體發展趨勢觀察,全面品質管理理論、智慧資本理論、績效責任理念、CIPP 模式、PDCA 模式、平衡計分卡模式、形成性評量、自造者(創客)運動,以及認可制評鑑,將整合引導二十一世紀教育評鑑及教育品質管理機制的發展,值得關切。「全面品質管理理論」對教育評鑑有下列三大啟示:(1)將評鑑的本質定位在品質管理,評鑑的主要目的在全面提升受評對象(人、事、物)的品質;(2)重視學生的形成性評量及核心事務的 S.O.P(標準作業程序);(3)將品保機制列為評鑑指標檢核內容之一。「智慧資本理論」對教育評鑑有下列三大啟示:(1)重視受評對象核心能力的評鑑;(2)評鑑指標具有檢核成員「價值認同」的內容;(3)重視「實踐力行」與「績效價值」的銜接。「績效責任理念」對於教育評鑑有下列三大啟示:(1)評核「人」的責任績效與「組織(單位)」的責任績效一樣重要;(2)獎勵與懲處針對負有直接責任績效的人或單位;(3)追蹤評鑑及負責到底的對象明確化。

「CIPP 模式」將繼續領導教育評鑑的下列三大方向:(1)評鑑指標的設定要系統思考,完整兼顧背景、輸入、過程,以及結果四大層面;(2)背景評鑑在提供確定目標的依據,以促進方案計畫的發展;輸入評鑑在確定如何運用資源以達成目標,做為方案選擇的依據;(3)過程評鑑旨在提供定期回饋給予負責實施計畫和實施程序的人,做促進方案實踐的決定;結果評鑑旨在了解教育方案產生的結果,增益定期檢討方案的決策。「PDCA 模式」對於教育評鑑有下列三大啟示:(1)兼重組織單位運作四大層面之檢核「計畫、執行、檢查、行動(改善)」的循環;(2)強調Do(做)與 Action(改善行動)實踐篤行評鑑指標,以及委員訪評觀察要領的設計;(3)評鑑

指標應直接包含 Check（檢查回饋、品保）系統。「平衡計分卡模式」對教育評鑑有下列三大啟示：(1)「平衡」是整個組織單位運作的焦點，教育評鑑指標應兼顧「顧客」、「財務」、「內部流程」，以及「學習與成長」四大層面的平衡設計；(2)要有四個構面經營策略調整上的考量，並且向員工說清楚、講明白；(3)流動性的經營策略與願景目標設定。

　　「形成性評量」將繼續影響教育評鑑的下列三大方向：(1)重視組織運作「歷程績效與價值」的檢核與評價；(2)重視訪評者與受評者之間友善而專業的互動對話；(3)訪評歷程中直接設定「後設評鑑機制」的回饋檢核，確保評鑑委員每次執行評鑑任務的「專業倫理」與「品質保證」。「自造者（創客）運動」對教育評鑑亦將產生下列三大啟示：(1)評鑑指標激勵教師自編教材，以及主題單元知識之核心技術彙編（智慧創客學習食譜）；(2)激勵師生實踐做中學及探索體驗學習，增進「操作運用」知識技術的能力；(3)重視師生創新知識的直接教育成果，例如：師生習作、實作成品、學習成果展示、各種藝能展演及競賽活動。「認可制評鑑」亦將接續影響教育評鑑的下列三大方向：(1)與既定標準（通過、待觀察、未通過）比較，而此一標準是訪評委員主觀的價值判斷，稍有彈性；(2)以質化的特色建議為基礎，符合提升教育本質與品質持續改善的訴求；(3)對於「未通過」及「有條件通過」之受訪對象仍要接受「追蹤評鑑」或「再評鑑」，具有督促及積極謀求改善之意。

　　當前臺灣教育評鑑的進程受到新的挑戰，有下列三大原因：(1)教育人員教育評鑑的基本素養薄弱，例如：「分不清楚物、事、人的評鑑有何不同」、「評鑑與考核脫鉤的荒謬」（好像強調大家要健康檢查，但身體檢查與人的健康無關）；(2)本土化教育評鑑方案指標的系統建構方法以「資料整併」及「焦點訪談」為主，僅能勉強回應「專業化」與「標準化」的訴求；(3)評鑑結果的運用沒有妥適貫徹，受評單位成員沒有「責任績效」

與「績效責任」，讓很多的「評鑑」做完就算了，有評鑑和沒有評鑑「區隔不大」，既然區隔不大（看不到價值），大可不必忙成一團。這三大原因都與「教育評鑑」的主要工具：「評鑑指標」與「實施要點」之理念化未被重視攸關。本章期待：運作「理念化」來優化教育評鑑兩大工具的品質（增益專業化與標準化深度），協助產出優質的本土化教育評鑑方案。

肆、「價值化」開展教育人員的意義、價值與尊嚴

　　教育事業經營「價值化」是新近才被強調的事。早期的教育經營強調教育目的與目標，實際的操作作法用「教育精神」或「校訓」來呈現，例如：「良師興國、敦愛篤行」（國立臺北教育大學校訓）、「學為人師、行為世範」（北京師範大學校訓）。自管理學與教育學交織匯通之後，學校的教育經營進而強調教育的共同願景與課程教學的連結實踐，例如：各種教育評鑑方案都明列「學校定位與願景」的指標與實踐檢核事項，評鑑指標也都要求「願景目標」如何與「學校本位課程」、「校務發展計畫」，以及「學校教育特色」之銜接與實踐程度。隨著企業機構「願景領導」的精緻化〔同時呈現願景（Vision）、任務和目標（Mission）、核心價值（Core Value）〕，以及國內推動品德教育的「核心價值」（如負責、誠實、忠孝、仁愛、信義、和平）後，教育事業經營才重視「價值化」議題，探討「什麼是核心價值？」、「教育的核心價值應該是什麼？」、「核心價值與教育願景的區隔與操作事項是什麼？」。陳聖謨（2010）出版《學校價值領導的理念與實踐》一書，以及鄭崇趁（2012b）出版《教育經營學：六說、七略、八要》一書（該書將「價值說」列為全書的第一章，也就是經營教育的六大「原理學說」之第一說），屬於較具體的兩個範例。

　　「教育經營學」中的「價值說」，探討教育的下列五大價值：(1)教育

的核心價值是什麼；(2)教育如何幫助「人與組織」的自我實現；(3)教育如何幫助每一個人成為其隸屬組織的有效智慧資本；(4)何謂「適配的教育」；(5)教育在「教人之所以為人」，人之所以為人的意義、價值與尊嚴的圖像是什麼。以下簡要說明其意涵及迄至目前為止的主要研發成果。

一、教育的核心價值

核心價值的意涵是：「人類」的共同性（需求與心願）及其「組織」的任務目標交織形成之「價值取向」（鄭崇趁，2014a，頁 98）。教育部（2011）在「中華民國教育報告書：黃金十年、百年樹人」中，頒布的教育核心價值是：精緻、創新、公義、永續。教育部（2012）在「中華民國師資培育白皮書：發揚師道、百年樹人」中，頒布師資培育的核心價值是：師道、責任、精緻、永續。鄭崇趁（2012b）認為，二十一世紀臺灣教育的核心價值是：人文、均等、適性、民主、創新、永續、精緻、卓越，並以人體做隱喻，繪製其結構關係如第一章的圖 1-10 所示。

二、教育最大的價值在成就「人與組織」的自我實現

教育的對象是人，教育事業就是一種專業度極高的「人教人」之組織群體。教育組織要「自我實現」（按照教育理念經營學校教育），才能成就教育群體中的人（師生）都能自我實現。所以，教育的最大價值在成就「人與組織」的自我實現。自我實現最簡單的定義是：「心願理想」與「現實成就」吻合適配。鄭崇趁（2013a）將自我實現的操作型定義，用第二章的圖 2-1 來表示。

「自我實現」價值取向的教育，其經營要領有：(1)推動「個別化」願景領導及本位經營；(2)策訂「階段性」的價值目標並實踐篤行；(3)系統思考教育人員的動能規劃及責任績效；(4)力行「有質感」品味生活中自我實

現（引自鄭崇趁，2013a，頁 40-44）。

三、教育最大的價值在成就每一個人都是其隸屬組織的有效智慧資本

人的生命「價值」最為珍貴，對自己來說，「自我實現」的人生最有價值；對自己隸屬的組織系統（如家庭、學校、任職單位、社群、社區、社會、國家）來說，「有效智慧資本」能夠對組織產生動能貢獻最有價值。所以，教育最大價值在成就人人充分自我實現的同時，也在成就每個人都是有效智慧資本。「智慧資本的教育」應被關注及強化，鄭崇趁（2013a）將智慧資本的元素及其技術系統以第一章的圖 1-8 來表示。

有效智慧資本的主要元素來自：「有能力」、「願意做」、「擔責任」、「能創價」，是以在學校為主體的教育經營要領包括：(1)強化師生的基本素養及核心能力；(2)運作價值領導，帶領師生「價值認同」與凝聚力；(3)策訂階段任務目標與實踐計畫；(4)賦予同仁明確責任績效，定期檢核實踐成果價值與績效責任。

四、教育新價值：順性揚才與適配教育

鄭崇趁（2015a）出版《家長志工教育學：「順性揚才」一路發》一書，為教育研發了兩個新的核心價值：「順性揚才」以及「適配教育」。「順性揚才」的教育價值從「道德經」之「上善若水」的啟示而來，為何水的性質是天地間至高無上的善？因為「水可就下，因材器使」，所以水可以「成就萬物」。教育也可以像水的善性一般：「教育若水」，教育能夠「激發潛能，順性揚才」，教育也能夠「玉成眾生」。「教育若水，順性揚才」成為教育新的核心價值觀。我們從「父母」為本位，看「順性揚才」的教育價值，為人父母者，要「順自己之性，揚最大貢獻之才」，要

「順家人之性，揚適配幸福之才」，要「順孩子之性，揚優勢智能之才」，要「順教師之性，揚專業創新之才」，要「順學校之性，揚教育特色之才」。教育者以及受教者大家都「順性揚才」，將為當前的教育機制開展新的發展契機。

「適配」要用臺語唸它，代表男女結婚時雙方的背景條件以及能力長相相若，從各方面觀察，都很「適配」，適配有「登對」（也用臺語唸）之意。「適配」的意涵發展成人生四大適配：(1)適配的伴侶；(2)適配的工作（事業）；(3)適配的職位；(4)適配的教育。有適配的教育才能激發每個人的「優勢智能明朗化」，用自己的優勢專長以及專業條件，選擇適配的伴侶與適配的事業，也才能夠被提拔到位，擁有適配的職位。「適配的教育」也是教育新的核心價值。

五、「教人之所以為人」的教育圖像

教育在「教人之所以為人」，所以理想中的「人」之教育圖像，就是人的意義、價值與尊嚴之所在。教育部（2012）頒行的「中華民國師資培育白皮書：發揚師道、百年樹人」，曾經為我國的師資培育（教師的教育）表達「新時代良師圖像」（如第九章的圖 9-1 所示）。

此一圖像的內容，能夠順應當代管理學及企業組織的作為，揭示國家師資培育願景（Vision）、階段任務（Mission），以及核心價值（Core Value），如表 16-1 所示。作者對於教師的教育圖像，則有另一種表示方法（鄭崇趁，2014a），如表 16-2 所示。

六、品德教育核心價值的探討與研發

品德教育的意涵是：教如何做人，學人際關係，養品格情操，育責任公民。品德教育及情意教學來自共同的兩大元素：「好習慣」以及「服務

表 16-1 我國師資培育的願景、任務，以及核心價值

共同願景（Vision） 　　培育新時代良師以發展高品質教育。
使命任務（Mission） 　　教師（個人） 　　　1.富教育愛的人師。 　　　2.具專業力的經師。 　　　3.有執行力的良師。 　　培育學校（組織） 　　　1.標準本位的專業成長系統。 　　　2.培育理念的政策運作網絡。
核心價值（Core Value） 　　師道：每位教師發揮出社會典範精神。 　　責任：每位教師致力於帶好每位學生。 　　精緻：每位教師用心在提升教育品質。 　　永續：每位教師熱切傳承與創新文化。

資料來源：教育部（2012）

表 16-2 教師的願景、任務，以及核心價值

願景（Vision）：自我實現、責任良師。
任務（Mission）：教學：導引學生成功學習。 　　　　　　　　研究：創發學生本位知能。 　　　　　　　　輔導：扮演學生支持鷹架。 　　　　　　　　服務：拓展教育服務能量。
核心價值（Core Value）：專業、精緻、責任、價值。 　　　　　　　　專業：專業自主的教師。 　　　　　　　　精緻：精緻研發的教師。 　　　　　　　　責任：責任楷模的教師。 　　　　　　　　價值：價值創新的教師。

資料來源：修改自鄭崇趁（2014a，頁110）

心」。我們教育孩子，從小到大不斷培育強化其「好的習慣」以及「服務助人」的實踐，學生（孩子）就會有「七情俱」的情緒處理→「致中和」的情感表達→「成風範」的情操孕育，進而造就「全人格」的性情。鄭崇趁（2014a）倡議新五倫及其核心價值的研發，做為品德教育以及情意教學的新趨勢，初步的成果是：

　　第一倫「家人關係」，核心價值是：親密、觀照、支持、依存。
　　第二倫「同儕關係」，核心價值是：認同、合作、互助、共榮。
　　第三倫「師生關係」，核心價值是：責任、創新、永續、智慧。
　　第四倫「雇主關係」，核心價值是：專業、傳承、擴能、創價。
　　第五倫「群己關係」，核心價值是：包容、尊重、公義、博愛。

伍、「理念化」及「價值化」對教育評鑑的啟示

　　作者在《校長學：成人旺校九論》（鄭崇趁，2013a，頁288）一書中的「評鑑品質論〈優化歷程績效品質〉」一章，對於當前教育評鑑機制的發展有概要式的歸納：(1)評鑑是經營學校的五大歷程（計畫、組織、領導、溝通、評鑑）之一，具有總結回饋、檢討省思，以及品質管理的時代意涵；(2)教育評鑑的本質與功能，已從「目標達成程度的檢核」與「績效成果的判斷」，發展到「品質保證機制」、「持續改善訴求」，以及「創新人與組織新價值的認可」；(3)受教者（學生）的品質評鑑，除了重視成績考查、多元評量、形成性評量，以及補救教學外，「核心能力」的檢核與「品質保證」的機制是重要發展趨勢；(4)施教者（校長、教師）的品質評鑑是屬於「人」的評鑑，作者推介「智慧資本理論」的評鑑模式與指標系統，包括「核心能力」、「認同程度」，以及「績效表現」等三者的品質指標；(5)教育組織的品質評鑑是屬於「事」的評鑑，其品質指標系統來自「經營

理論」、「核心事務」，以及「品質標準」，是以校務評鑑、課程評鑑、教學評鑑，以及方案評鑑，均應發展「本位模式」或「在地模式」；(6)教育評鑑「專業化」與「標準化」是學術界的共同訴求，作者強調另加「理念化」與「價值化」，以「理念化」增益「標準化」及「專業化」深度，以「價值化」開展教育的新價值及新趨勢。

　　「教育評鑑」是教育事業的核心工作，教育事業要興旺發達，要充分發揮教育的本質與功能，「教育評鑑」就必須隨著「教育」的「理念化」與「價值化」發展，適度地調整其「評鑑指標」內容以及「實施要點」規範，讓重要的「經營教育理念」以及「教育核心價值」，直接在評鑑指標內容系統呈現，直接在實施要點中明確規範。本章已詳細介紹九大理念理論對於教育評鑑的啟示，接續歸納「教育價值化」對教育評鑑的啟示有五：(1)教育評鑑本身的「價值論述」：「為什麼要評鑑？」、「評鑑的核心價值在哪裡？」、「評鑑會帶給受評者的價值是什麼？」、「評鑑的實施對主管機關與整體教育機制的價值又在哪裡？」。價值論述清楚，受評者了解與接受，有價值認同，大家才能「做對事」；(2)將「教育經營理念」以及「教育核心價值」當作建構「評鑑指標」及「實施要點」的主要內涵，讓評鑑內容以及實施歷程有「理念化」及「價值化」取向的實踐；(3)評鑑委員的講習，要探討該次評鑑重要的「教育經營理念」以及「教育核心價值」，讓評鑑委員實地訪評與撰寫評鑑報告時，能夠以「理論根源」及「核心價值」的檢核論述為基調；(4)學校簡報要有「辦學理念」及「績效價值」具體內容的陳述，各種教育評鑑都在檢核「經營理念」及「核心價值」在學校現場中的「實踐程度」；(5)評鑑歷程中的訪談對話，要回歸教育專業、施教理念、評量標準，以及教育價值為軸心，避免漫談離題，沒有彰顯教育評鑑本來的目的與功能。

陸、結語

　　作者曾用「大鵬展翅」（飛向寬廣的藍天）來描繪教育評鑑的前景，有位前輩師長看到了，很不以為然地對作者說：當前的教育評鑑滿天飛，倒像一群麻雀（吵雜一陣、飛過就算），怎會是尊貴的大鵬展翅呢？作者沉思許久，不知如何以對，勉強的回應是：「暮春三月、江南草長、群英亂飛，有人看到了一群麻雀，有人卻看到了一隻大鵬鳥。」

　　凡是被人看到的生物，他們都已經存在，作者依舊期待「教育評鑑」像大鵬展翅，可以飛向寬廣的藍天。大鵬鳥的雙翼標示著「標準化」與「專業化」，大鵬鳥的頭，標示著「理念化」，大鵬鳥的尾巴更要標示著「價值化」，就像圖 16-1 所示，「理念化」及「價值化」取向的教育評鑑，表裡都像「大鵬展翅」，而不只是麻雀。

圖 16-1　大鵬展翅的教育評鑑

資料來源：修改自鄭崇趁（2006a，頁 iii）

（本文原發表於 2015 年，教育評鑑國際學術研討會，國立臺灣師範大學主辦）

第十七章　臺灣教育新亮點：
教改二十年的「績效價值」分析

壹、緒言：臺灣教育的亮點是教育改革的績效成果

作者有幸，直接參與了「第六次全國教育會議」（1988）、「第七次全國教育會議」（1994），以及「第八次全國教育會議」（2010）。第六次及第七次會議係以「教育部工作同仁」的身分參與，必須幫大會準備議題及會後「報告書」的撰寫；第八次則是以學者專家代表的身分參與討論。又由於目前授課及研究上的需要，對於我國第一本教育白皮書（1995 年「中華民國教育報告書」）、1996 年「教育改革總諮議報告書」、1998 年「教育改革十二行動方案」、第二本教育白皮書（2011 年「中華民國教育報告書：黃金十年、百年樹人」），以及 2012 年「中華民國師資培育白皮書：發揚師道、百年樹人」，均需多次研讀、分析脈絡，並帶領學生了解我國教育改革及政策之變遷，學習如何經營教育，把我國教育帶向更為理想的境界。

也由於職務與學術交流的需求，有多次經驗必須在華人世界的不同地區，分享「臺灣教育的亮點」，宣導目前臺灣教育的實況及其可能的優勢價值，幾乎每次均獲得「積極回饋」，讓個人得到莫大的禮遇與尊榮。作者認為，「臺灣教育的亮點」就是二十年來教育改革的具體成果，給予這些成果進行「績效價值」分析，就成為教育的亮點。本章對「亮點」的定義是：「有價值的教育趨勢」或「值得參照交流學習的作為」。「臺灣教育新亮點」係對於教育改革完全正向的脈絡分析，並賦予績效價值的闡述，期能平衡「教育改革負面批判」的迷思。

貳、臺灣教育改革的發展脈絡

臺灣的教育改革約可分為下列六期：倡導期、研議期、行動期、變動期、定調期，以及創新期。大要概述如下。

一、倡導期

1994 年教育改革審議委員會成立之前，稱為倡導期。當時國內的政府及民間精英人士不斷倡議教育改革，要求政府面對教育困境，從根本解決教育沉痾，規劃教育未來發展。其中以 1994 年 410 教改團體聯合提出之四大訴求較為具體，當時的四大訴求為：(1)實施小班小校；(2)訂定《教育基本法》；(3)廣設高中大學；(4)提升教育品質。

二、研議期

1994 至 1996 年為研議期。1994 年教育部召開「第七次全國教育會議」，閉幕時宣布成立教育改革審議委員會，以兩年為期（1994.9.24～1996.12.2），完成四期教育改革諮議報告及總諮議報告，成果尚稱豐碩。

三、行動期

1996 至 2000 年為行動期。1996 年底教育改革審議委員會完成階段任務（頒行「教育改革總諮議報告書」）後，行政院另成立「教育改革推動小組」，由副院長兼任召集人，主要部會首長會同學者專家擔任委員，督責並協助教育部實際推動與執行教育改革工作。此期間，教育改革推動的三大依據是：1995 年的「中華民國教育報告書」（「第七次全國教育會議」的具體成果，也是我國第一本教育白皮書）、1996 年的「教育改革總

諮議報告書」，以及 1998 年 5 月頒行的「教育改革十二行動方案」，並向行政院爭取一千五百餘億元的經費，以五年為期，優先執行。

四、變動期

2000 至 2005 年可稱之為變動期。期間最大的變動有二：一者，教育部配合「教育改革十二行動方案」，向行政院爭取的五年一千五百餘億元，由於林清江部長的英年早逝，由「外加」改為「內含」，代表政府的總預算中沒有所謂的「教育改革經費」；二者，2000 年政黨輪替，由民進黨執政，推行臺灣本土化教育。兩大因素合流，讓教育改革的進程產生最大的變動。

五、定調期

2005 至 2008 年稱為定調期。民進黨執政後，教育部於 2005 年頒布施政四大綱領及三十三個行動方案，四大綱領為：現代國民、臺灣主體、全球視野、社會關懷，並以「創意臺灣、全球布局：培育各盡其才新國民」為共同願景（Vision）。作者曾分析其具有五大特質：(1)強化語文及資訊基本能力，培育現代國民；(2)推動創意及才藝教學，實踐多元智能理念；(3)深化本土課程，發揚臺灣特色接軌國際脈絡；(4)關懷弱勢族群教育，形塑多元精緻文化內涵；(5)加強品格教育及終身教育，營造優質校園組織文化（鄭崇趁，2006b，頁 42-44）。

六、創新期

2008 至 2016 年可稱之為創新期。2008 年臺灣經歷第二次政黨輪替，國民黨重掌政權，創新教育改革歷程，諸如：2010 年召開「第八次全國教育會議」，2011 年頒布第二本「中華民國教育報告書：黃金十年、百年樹

人」，2011 年成立國家教育研究院，2012 年開放陸生來臺就讀高等教育，2013 年教育部配合中央組織再造，成立「國民教育及學前教育署」與「師資培育及藝術教育司」，2014 年實施十二年國民基本教育。運作「新世紀、新教育、新承諾」的願景（Vision）領導，揭示「精緻、創新、公義、永續」四大目標（Mission）與核心價值（Core Value），創新教育改革發展。

作者曾論述我國教育改革的發展脈絡，可以從十二個面向進行分析，這十二個面向是：意識型態、教育目標、學制趨勢、師資培育、課程發展、教學方法、學校設施、學校管理、師生關係、學生本質、訓輔措施，以及應變機制（鄭崇趁，2006b）。每一面向有兩大教育改革發展脈絡，概述如表 17-1 所示。

參、「政策機制」績效價值分析（政策亮點）

臺灣教育的發展在華人地區有其競爭力，主要因素在於政府及民間長期關注教育改革，政府有妥適的政策引導，布建了更適合臺灣的教育機制，學校及民間則持續地經營軟實力，讓「政策機制」及「智慧資本」兩方面都有具體的成果績效，以下針對這些績效成果進行價值分析，點亮臺灣教育新亮點。在「政策機制」方面，包括五大亮點：2011 年成立國家教育研究院、2013 年教育部成立「師資培育及藝術教育司」、2014 年實施十二年國民基本教育、推動系列學生輔導計畫，以及實施「教育 111」與「優質特色學校」認證。概要分析其績效價值如下。

表 17-1　我國教育改革的發展脈絡

面向	發展脈絡
一、意識型態	1. 大中國意識到本土化意識 2. 群性化的人本思想到個性化的人本思想
二、教育目標	3. 三民主義教育到世界觀教育 4. 形式訓練教育到生活實用教育
三、學制趨勢	5. 單軌多支教育到多軌多支教育 6. 直達式教育到回流教育
四、師資培育	7. 封閉式（計畫、定量）培育到開放式（多元、超量）培育 8. 計畫培育到能力本位（教檢、教甄）
五、課程發展	9. 學科課程到統合課程（領域規範學科） 10. 統編教材到自主教材（教師自編教材）
六、教學方法	11. 分科教學到主題教學 12. 粉板教學到資訊媒體教學
七、學校設施	13. 圍牆教育到開放教育 14. 象牙之塔到社區中心
八、學校管理	15. 科層體制到多元參與（扁平化領導） 16. 教師主體到學生主體
九、師生關係	17. 父兄關係到友伴關係 18. 權威角色到專家角色
十、學生本質	19. 升學主義到適性發展 20. IQ 取向到多元智能
十一、訓輔措施	21. 訓輔分流到訓輔整合 22. 教輔融合到教訓輔三合一
十二、應變機制	23. 常態功能到危機處理 24. 正規教育到另類教育

資料來源：修改自鄭崇趁（2016b，頁 20-28）

一、2011 年成立國家教育研究院

臺灣地區不大，但各別成立了「國立教育資料館」、「國立編譯館」、「教師研習會」，三個單位並兼具有研究發展的功能，設置教育研究人員，且組織層級定位為國家部會層級，大而零散，在 1990 年以後即研議整併為統整而單一的國家教育研究院。雖經幾度波折（民進黨執政時期，曾有重要人士主張將這些單位調整為法人機構），終於在 2010 年完成《國家教育研究院組織條例》之立法工程，2011 年 3 月「國家教育研究院」正式掛牌運作。

國家教育研究院將為臺灣教育帶來三大績效價值（亮點）：(1)教育政策研究的重鎮：教育學術的研究，在一般大學（尤其是師範大學與教育大學）；教育政策與內涵的分析研究，從此聚焦在國家教育研究院；(2)學校領導者的培訓基地：國家教育研究院承接擴大原來「教師研習會」的任務，舉辦中小學校長、主任儲訓、縣市國教輔導團、課程領域召集人的進修研習，成為學校教育領導幹部的培育訓練基地；(3)測驗評量的研發中心：臺灣的教育即將邁入精緻教育的時代，基本教育階段的「學生基本能力」、教師領域教學的「核心能力」、各類主題式教育的「標準檢核」，均須要各種題庫研發及標準化測試歷程；國家教育研究院設置測驗與評量中心，研發教育人員及學校師生的標準化測驗及成就評量題庫，促進臺灣「精緻教育」亮點的實現。

二、2013 年教育部成立「師資培育及藝術教育司」

1994 年《師資培育法》取代《師範教育法》之後，國內的師資培育環境面臨空前巨變，也直接影響了教育改革應有的進程。2010 年「第八次全國教育會議」倡議配合中央政府組織再造，教育部應成立「師資培育司」

開始，2011 年將此意見列入第二本教育白皮書，2012 年教育部頒行「師資培育白皮書」，2013 年中央政府組織再造完成，教育部成立了「師資培育及藝術教育司」，師資培育事項在中央政府有專責的「司級」以上單位主管，為「師資培育政策」的規劃與執行，開展了新的契機。

中央政府在教育部成立了「師資培育及藝術教育司」，其具有三大績效價值（亮點）：(1)專責師資培育規劃：系統思考職前培育課程、教育實習內涵、教學認證系統、全面碩士化進程，以及教學、研究、輔導、服務標準之設定與教師評鑑事項；(2)建置師資在職進修系統：除了激勵教師進修博、碩士學位，早日達成中小學師資全面碩士化外，配合教學碩士學分班及領域（學科）教學認證，建置「教師本位」結合「專業標準本位」的在職進修系統，串聯師範大學、教育大學及縣市「校長及教師專業發展中心」，落實現職教師在職培育，全面提升教師基本素養與核心能力；(3)研發知識遞移核心技術：教師的本業無論是教學或研究，都是在從事「知識遞移」的工作，教師要將自己或教材上的知識遞送轉移到學生身上，才是有效教學；知識遞移的核心技術包括學科單元核心知識的系統結構，或其元素構成的流程與步驟，此有待政策引導研發。

三、2014 年實施十二年國民基本教育

臺灣在 1968 年實施九年國民教育，普遍實施後，全面提升基本勞動人力素質，間接或直接地創造了 1975 至 1990 年期間臺灣的經濟社會榮景，史稱「臺灣經濟奇蹟」。我國政府正式宣布從 2014 年起實施十二年國民基本教育，改用「國民基本教育」之名稱，在於以更寬廣的視野詮釋「基本教育」之性質，不再堅持強迫教育、義務教育的國民教育性質，以順應當前臺灣 15 至 18 歲學齡人口已有 95%的學生就讀高中職教育之事實，並期能順勢轉型為十二年的精緻普及基本教育。

　　實施十二年國民基本教育，為我國教育的發展趨勢展現了三大績效價值（亮點）：(1)學制發展價值：臺灣的學制發展成為十二年基本教育（地方政府負責）以及高等教育（中央負責）兩大系統；(2)實質公義價值：消除高中職教育階段不公平、不均等的現象（弱勢族群家庭出身學生，須繳交三至五倍學費就讀相對較低品質的私立高職）；(3)均質精緻教育價值：優質化、均質化高中職教育（尤其是在師資水準與基本教育設施上）計畫之後的國民基本教育，實現了十二年均質精緻教育。

四、推動系列學生輔導計畫

　　臺灣自 1990 年起，推動「教育部輔導工作六年計畫」，1996 年起推動「青少年輔導計畫」（第二期六年計畫），1998 年再配合「教育改革十二行動方案」，續推「建立學生輔導新體制：教學、訓導、輔導三合一整合實驗方案」（簡稱「教、訓、輔三合一方案」），2003 年起續以「友善校園總體營造計畫」，併同原有的「兩性平等教育實施計畫」、「中輟學生復學及輔導計畫」，可稱之為系列學生輔導計畫。此系列學生輔導計畫係在貫徹「訓育原理輔導化」政策，也讓臺灣的學生輔導機制，領先華人地區的其他國家。

　　系列學生輔導計畫展現了臺灣教育的三大績效價值（亮點）：(1)系統結構之美：前述系列計畫，其共同的特點是計畫「目標」、「策略」、「項目」三者環環相扣，一目了然，展現了計畫系統結構之美；(2)實踐理論之美：計畫有理論做為基礎，作者曾分析三合一方案是「學習型組織理論」、「多元智能理論」、「鷹架理論」、「知識管理理論」，以及「漸進決策模式」核心論點之教育實踐，具有理論之美；(3)活化智慧資本之美：系列輔導計畫，啟動教育人員交互作用、整合發展，共同致力於學生輔導工作，促成帶好每位學生，活化智慧資本之美。

五、實施「教育 111」與「優質特色學校」認證

臺北市最先推動「優質學校」認證，相繼有新北市的「卓越學校」認證，桃園市的「學校特色」認證，彰化縣的「典範學校」認證，規劃中的尚有宜蘭縣的「噶瑪蘭標竿學校」及澎湖縣的「特色學校」認證。這些縣市中小學優質特色學校認證的共同作法是，由地方縣市教育局（處）頒布「認證指標」與「實施辦法」，由所屬中小學擬具實際執行方案，向直屬縣市政府申請認證，經由「初審」、「複審」、「決審」程序通過者，由政府頒給認證獎牌及獎金（通常一個項目十萬元）。臺北市於 2009 年起推動「教育 111 標竿學校」認證，可謂集合縣市優質特色學校之大成，是最具高價值的教育政策。

作者曾為文論述「教育 111 政策的亮點」，其主要者有五：(1)點亮學生教育之愛的理念實踐：「教育 111」的核心理念以「教育愛」為中心，「三生六零」來實踐：生活教育、生命教育、生態教育；零體罰、零霸凌、零拒絕、零歧視、零障礙、零污染，並以「一校一特色」、「一生一專長」、「一個都不少」為歷程指標，來成就每個孩子，是理論結合實務的政策典範；(2)充分反映核心價值的教育政策：「一校一特色」反映「精緻」、「創新」的核心價值；「一生一專長」反映「適性」、「均等」的核心價值；「一個都不少」反映「公義」、「均等」、「普遍」、「卓越」的核心價值；(3)有效引導優勢學習的行動方案：前述的「優質」、「特色」、「卓越」、「標竿」、「典範學校」及「教育 111」的一校一特色、一生一專長，都是以學生為主體，並從學生本身的優勢或學校組織的優勢著力，有效引導，發展其特色與專長，產生看得見之亮點；(4)活化教育智慧資本的積極策略：智慧資本包括教育人員的「核心能力」與「認同實踐程度」，這些方案積極帶動教師、幹部及校長成為學校的有效智慧資本；

(5)交互作用、整合發展的教育詩篇：認證通過均非容易，要學校校長、主任、教師、學生通力合作，產生「交互作用、整合發展」的效能，才得以達成，都是一首教育的動人詩篇（鄭崇趁，2011a）。

肆、「智慧資本」績效價值分析（軟實力亮點）

　　智慧資本原係管理學上探討「人力資源」的名詞，係指企業體中的無形資產。企業的總體資本（總價值）可分為「傳統資本」與「智慧資本」，傳統資本又分為「實體資本」（如土地、房舍）以及「貨幣資本」（如預算、投資）。智慧資本則包括「人力資本」（如員額編制）、「結構資本」（如組織結構），以及「關係資本」（如組織文化），三者之交互作用、整合發展，對組織產生的動能貢獻稱之為智慧資本。作者將智慧資本定義為：「智慧資本係指，一個組織之內所具備開展知識技術的潛在能量，此一潛在能量建立在成員的核心能力、認同程度，以及其績效表現的激勵之上」（鄭崇趁，2013a）。其在教育上的意涵包括：自我實現的知識能量、學校效能的人力資源、社會組織的發展動能，以及教育成就的知識系統。綜合「智慧資本的績效價值」，在本章中即為政府及民間致力於教育改革以來，在「軟實力」上的亮點（有價值的教育趨勢）。

　　作者認為，我國的教育改革績效中，軟實力的亮點逐漸明顯，並以下列五項較具有優勢價值：中小學師資碩士化比例高、學校本位課程與特色課程的發展、校長領導卓越獎與教師教學卓越獎、建構「經營教育」之學，以及研發新五倫及其核心價值（於「伍」說明），概要說明如下。

一、中小學師資碩士化比例高

　　目前臺灣中小學教師的基本素養日益提高，小學有碩士學位的教師約

30%以上，國民中學約40%以上，公立高級中學約60%以上，且逐年提高，有全面碩士化的趨勢。基本教育階段師資全面碩士化，就教育發展與價值而言，具有下列四大亮點：(1)有能力發展學校本位課程及特色課程：臺灣自2000年起實施「九年一貫課程綱要」，其主要精神在「課程統整」，以校本課程及特色課程為主要訴求，因此教師基本素養有碩士化的需求；(2)能自編教材：碩士化師資讓教師自編授課領域的主題式教案容易進行；(3)帶動行動研究與立即補救教學：行動研究持續改善教學品質，立即補救教學帶好每位學生，一個都不少；(4)落實國際化教育：碩士化師資的研發能力及接受國際教育趨勢訊息的能力提高，得以落實日趨活絡的國際化教育需求。

二、學校本位課程與特色課程的發展

臺灣從2000年起實施「九年一貫課程綱要」，目前的國中與國小均有「學校本位課程」，並有75%的學校有「特色課程」。所謂學校本位課程，是指學校依據師資專長、社區資源、學生條件、辦學理念、家長期望，以及文化傳承，並依課程綱要規範，系統整合發展出為學校學生最有價值的總體課程設計。校本課程包括以學校學生為主體的個殊性教學方案，也包括學校獨有而其他學校未必有實施的特色課程方案。臺灣的學校本位課程及特色課程之發展，在臺灣教育史上，展現了下列三大亮點：(1)課程統整亮點：臺灣基本教育的課程統整有明確的操作點、課程綱要運用領域統整分科教學、學校推動校本課程，以及教師進行主題式自編教材教學；課程統整的成果在教給學生帶得走的基本能力；(2)自主教學亮點：過去由於統編教材，教學自主僅限教學方法與補充教材的選擇，現在的教師不但可以選擇教科書，也可以使用自編教材，落實完整的教學自主；(3)客製化學習亮點：以學生為主體的教育更為落實，學生得以依自己的起點行為與個殊

需求得到客製化的學習方案，增進優勢智能明朗化，點亮亮點。

三、校長領導卓越獎與教師教學卓越獎

臺灣於 2004 年起每年舉辦教師教學卓越獎評選，2005 年起每年舉辦校長領導卓越獎評選。校長領導卓越獎每年選拔二十位的中小學領導卓越校長，由總統頒予榮典，頒給獎座之外，尚有二十萬元獎金，教育界譽之為教育奧斯卡金像獎；教師教學卓越獎分為金質獎、銀質獎及參加獎，針對各縣市推薦的優質卓越教學方案，擇優給予金質或銀質獎勵，金質獎頒給團隊六十萬元獎金，銀質獎頒給團隊三十萬元。得獎之校長及教學團隊，由主辦單位安排至各縣市分享其「得獎方案」，帶動「學校領導」及「教學創新」，促成教育事業邁向優質卓越。

校長領導卓越獎及教師教學卓越獎超越了原來的「師鐸獎」，帶給臺灣教育發展的實質影響有下列三大績效價值（亮點）：(1)創新教育：符合當前經濟時代的核心價值：「創新」，創新教育經營及教學內涵者，給予最高榮典之激勵，讓臺灣的教育愈來愈有創新的氛圍；(2)績效責任：兩個獎項均頒給個人豐厚之獎金，彰顯教育績效優良人員得到「高價值」肯定，是一種績效責任機制的微型發揮；(3)精緻教育：兩個獎項之得獎者獲各縣市學校競相邀約，分享得獎方案與經驗，傳播創新精緻的教育作為，讓精緻教育普及蔓延，逐次遍地開花。

四、建構「經營教育」之學

「教育行政學」以及「教育管理學」是目前學術界通行的教育經營與管理學門。以作者任職的系所為例，學系的名稱是「教育經營與管理學系」，研究所的名稱是「教育政策與管理碩士班、博士班」，都在教學生（教育人員、教師、幹部、校長）如何「辦好教育」，他們的必修課程是

「計畫、組織、領導、溝通、評鑑」的教育行政學或教育管理學。「行政」、「管理」、「經營」三個名詞的意涵都在處理前述五大核心歷程，行政重在「專業分工、把事做好」，管理重在「管控歷程、達成任務」，經營則重「完成目標、賦予價值」。作者認為，「經營」一詞比「行政」、「管理」更符合「教育事業」之本質，經營是主動的行政，經營是創價的管理，經營強調任務目標的實踐，經營兼重歷程品質的控制，經營期待人與組織的縝密融合（鄭崇趁，2013a）。「教育學」與「管理學」融合交織對話後，在教育領域的整合運用上，應該有「經營理論與實務」知識的系統整理，應該有新的「經營教育之學」的建構。

　　作者從 2009 年起致力於「經營教育之學」的研發工作，2012 年出版《教育經營學：六說、七略、八要》，2013 年出版《校長學：成人旺校九論》，2014 年出版《教師學：鐸聲五曲》，建構「經營教育三學」。作者的基本主張是「教育是可以經營的」，教育人員能夠掌握教育經營的「原理學說（六說）」、「經營策略（七略）」、「實踐要領（八要）」，我們的教育一定可以經營得更好。經營策略與實踐要領就是教育改革的核心技術，掌握教育經營以及知識遞移的核心技術，教育人員才有辦法增進教育經營的效能與效率。「校長」及「教師」都是經營教育的最核心人物，他們的神聖使命都在「成就人」與「旺學校」，都要會靈活運用「六說、七略、八要」的原理與技術，才能為自己的教育志業創新績效價值，是以另外撰寫「校長學」及「教師學」提供個人參照。經營教育三學的系統結構如第二章的圖 2-2 所示。

　　「經營教育三學」從組織主體（鉅觀）來看就是「教育經營學」，從個人主體（微觀）來看，就是「校長學」與「教師學」。教育經營學是經營教育的「經緯」，校長學是經營教育的「軸心」，教師學是經營教育的「基點」。「經營教育三學」為臺灣的教育改革關建了「核心知識」→「核

心技術」→「核心能力」的創新經營模式，譜一曲教育經營之歌，供當代的教育人員傳唱。

伍、探討新五倫及其核心價值

　　臺灣的教育改革進程與師資培育機制的變化關係最為密切。1994 年的《師資培育法》，將原本中小學師資的「定量、計畫」培育機制，調整為「多元、超量」培育，一般大學生均可在學校修讀「教育學程」，經過教檢及教甄取得教師任教資格。後來，由於少子女化的衝擊，縣市政府嚴格調控新聘教師名額，造成「正式教師」一位難求，教師流浪，而新進教師的實際表現卻也未如預期，教師沒有獲得家長及社會的肯定與尊重，也是士氣最為低迷時期（李建興等人，2009）。 教育改革的各項措施，均要教師在學校教育現場實踐方能到位，教師的組織文化亟待激勵提升。

　　作者在《教師學：鐸聲五曲》（鄭崇趁，2014a）一書中，以「鐘鳴大地·人師」、「朝陽東昇·使命」、「春風化雨·動能」、「明月長空·品質」，以及「繁星爭輝·風格」等五部曲來歌頌教師，期能喚醒教育初心，傳唱教育，提升國家教育事業的效能與效率，促使「新世紀、新教育、新承諾」的教改時代訴求早日到位。在《教師學：鐸聲五曲》一書的撰寫歷程中，深覺教師的「人倫綱常」定位無法在傳統五倫教育中論述，是以結合情意教學及品德核心價值討論，提出了「新五倫及其核心價值」的初步構念：

　　　　　　家人關係：「親密」中相「依存」。
　　　　　　同儕關係：「認同」中能「共榮」。
　　　　　　師生關係：「責任」中帶「智慧」。
　　　　　　雇主關係：「專業」中能「創價」。

群己關係：「包容」中有「博愛」。

人倫綱常的新機制是文化轉變的開始，也是教育改革最重要的方向，「新五倫及其核心價值」的持續討論與建構，無論結果如何，將是臺灣最新、最核心的教育亮點，也是作者發表本書最大的期待。

陸、結語：經營教育「核心技術」的研發成為當前教育改革的新焦點

本章探討我國教育改革的發展，將二十年教育改革劃分為六期：倡導期、研議期、行動期、變動期、定調期，以及創新期，依據這六個時期的重要文獻概要揭示二十四個重要發展脈絡。有鑑於我國教育改革的進程中，批判多於肯定，負面的評論多於正面優勢亮點的註解，本章特從「政策機制」及「智慧資本」兩大層面論述十大績效價值，以政策亮點及軟實力亮點來肯定二十年來教育改革的績效成果。

作者由於職務的關係，必須面對國家教育改革的需求，必須用完全正向的態度為教育改革找到具體的軌道，必須用教育的本質與核心價值示範教育經營應有的作為，是以出版了「經營教育三學」：《教育經營學：六說、七略、八要》、《校長學：成人旺校九論》、《教師學：鐸聲五曲》，並在《教師學：鐸聲五曲》一書中，倡議「新五倫及其核心價值」之持續探討，期待教育同仁共同傳唱「經營教育」之歌，建構新五倫文化。

我國第一本教育白皮書、「教育改革總諮議報告書」、第二本教育白皮書、「邁向學習社會白皮書」，以及「師資培育白皮書」都有一共同企圖：找到經營教育的「核心技術」，但達成程度深淺不一，是以在整體教育改革的進程中，社會大眾及教育經營者的「有感度」與「明確性」落差極大，主管官員信誓旦旦，而學校教師士氣低迷，教育的新亮點足以對外

分享，自己圈內人卻視而未見。作者運用「經營教育三學」，隱約揭示「核心知識」→「核心技術」→「核心能力」的教育經營模式，期待經營教育「核心技術」的研發成為教育改革的新焦點，帶動教育改革的績效價值早日到位，繁星爭輝。

（本文原發表於 2014 年，「教改 20 年：回顧與前瞻」國際學術研討會，國立臺灣師範大學主辦）

第十八章　教育禪語（精選）

一、教育若水　順性揚才

- 上善若水，水可就下，因材器使，成就萬物。
- 教育若水，激發潛能，順性揚才，玉成眾生。

「上善若水」出自《道德經》第八章，翻成白話文為：「天下至高無上的善（道）就像水一般。」為何善（道）像水？因為水是向下流的，水流是永續的，水會順著任何事物的型態，流滿它以後，再繼續往前流，因此它可以滿足天下萬物的不同需求，進而成就萬物；水是動物及植物生命的重要元素。

「教育若水」是作者受「上善若水」刺激後的深層感受，教育的本質就像水的性質一樣，在激發學生（人類）的潛能，參照多元智能理論的觀點，每一位學生的智能因子強弱結構均不相同，教育歷程就必須順著學生的秉性與需求而實施，讓每一個人均能有所發揮，至少具備「相對優勢」的才能，成為對國家與社會有貢獻的現代國民，因此教育可以玉成眾生。

「教育若水，順性揚才」的實踐在很多學校教育現場，均可觀察到，例如：多元社團、多元文化教育、校務評鑑、指導研究生撰寫論文等。學校發展社團及多元文化教育，主要用意在順應學生不同的性向、興趣與文化背景條件，透過社團選修，促進學生優勢潛能明朗化，也就是「順性揚才，玉成眾生」的寫照。

二、「系統思考」的要領

- 觀照全面，掌握關鍵。
- 形優輔弱，實踐目標。

「系統思考」是學習型組織理論五項修練的第五項修練。五項修練的前四項為自我超越、建立共同願景、改變心智模式，以及團隊學習，就字義及內容而言，均相對比較容易了解，而第五項的「系統思考」是前四項的綜合及統整，較不容易具體明確指陳。

2008 年春天，配合「教育計畫」之教學，作者構思了十六個字的「要領」（心法）以為註解——「觀照全面，掌握關鍵，形優輔弱，實踐目標」。以擬訂優質的教育計畫為例，優質的教育計畫是系統思考的具體成果，系統思考的掌握愈深層，所訂的計畫就愈優質、愈可行，而其主要歷程為「觀照全面：了解計畫主題人、事、時、地、物的全面背景環境」→「掌握關鍵：釐清計畫關鍵可行的重要策略及項目」→「形優輔弱：計畫項目的推動在調整資源配置，這些資源在促進擴大好的作為，來帶動原本做不理想的部分」→「實踐目標：整個計畫的實施成果，就是在實踐原來設定的計畫目標，也具有能夠貫徹達成之意」。

系統思考是一種邏輯思考程序，如果養成習慣以後，就是一種能力的展現。我們的「為學之道」，需要廣博又要專精，這是系統思考的結果；我們的「知識管理」，事實上也是「系統思考」的一種型態，我們必須要了解主體知識的「全貌」，更要建置「關鍵核心」知識，並且以關鍵核心知識來論述（形優輔弱），才能運用知識管理豐富人生（實踐目標）。

就教育人員來說，要有系統思考的習慣與能力才得以做好教育事務，提升教育品質；就個人的生活瑣事來說，愈能夠運用系統思考的人，就愈能夠過「有智慧、有品味」的生活，既多彩入世，又有高效率的豐厚生命成果。

◢ 三、「80─20 法則」的運用

- 帶動核心人物，從關鍵事入手。
- 掌握精華時段，耕深一層結構。

「80─20 法則」是義大利經濟學家巴雷多（Vilfredo Pareto）提出的市場經濟原理，後來被廣泛地運用到人類的處事、時間管理，以及生活點滴的各種面向，甚至因對理論的解讀偏差，產生了不少濫用、誤用的情況，有時在十分專業的對話場合也會出現，反而有點貽笑大方。

「80─20 法則」的核心論點是：「最受歡迎的 20%核心產品，會為公司帶進來整體收入的 80%」。其在其他層面的運用是：一本書的 80%內容都在論述 20%的核心觀點；掌握住 20%的關鍵精華，等於概括地掌握了全書 80%的內容；每一個人的工作時間有限（如每天 10 小時），每一小時的實際產能也會有所不同，如果掌握住一天中精神最好、專注力最強的 20%時間（如 2 小時），來做最重要的事務，則似乎可以完成整體任務的 80%。

就組織資源的運用來說，核心人力資源（20%）應該安排在組織最重要的任務上，也就是找對的人做對的事，那麼 80%的工作均可事半功倍。就處理整體學校事務來說，校長會帶領著幹部，從最關鍵的事務（20%）著手施力，關鍵的以及優先的事務先行完成，其他細節的以及附帶的事務也就會順利帶動，逐一圓滿達成。

「80─20 法則」之重點在掌握關鍵的 20%，任何的人、事、時、地、物，從關鍵入手，自然事半功倍。「關鍵的 20%」有時也指處理事情的「順序」或「結構」，有些企業是指發展重要事務之「標準作業程序」，有些單位要聘請資深顧問來解析營運問題的「深層結構」，這些都是在幫忙尋找「關鍵」。

■ 四、知識管理與知識螺旋

- 研討對話，內隱知識外部化。
- 觀察模仿，外顯知識內部化。

知識經濟時代，意謂著「知識」的經濟價值已經超越了土地、資本、設備、人口等傳統經濟基礎。因此，個人及組織的「知識管理」愈來愈受重視，也逐漸成為現代知識分子的基本素養。簡要地說，知識管理就是「獲得知識→組織知識→儲存知識→運用知識→分享知識→創新知識」的歷程。

「知識螺旋」為知識管理的核心技術，唯有個人的知識與他人（或外來）的知識產生「螺旋」作用，持續刺激、調整、改變，提升個人原有的「知識基模」，前述知識管理之六個歷程才有可能產生，才能夠幫助個人及團體「提升知識基模」，增進競爭力。

知識分為「內隱知識」及「外顯知識」，內隱知識指原已儲存在每個人的身體內者（有的人說在肚子——墨水多多；有的人說在大腦——智慧），然而看不見、摸不著，沒有透過當事人的表達（外部化），大家無從觀摩。「外顯知識」則指看得到的知識表達，例如：文章論著、書籍、講義、老師們上課的教材、投影片內容，以及用口語說明、補充圖片、演說內容均是。

教育單位為了促進「知識交流」，舉辦各種講座、研討會、觀摩會，對主講者或發言討論的人而言，是一種內隱知識外部化（外顯化）的歷程，內隱知識愈豐厚、專業的人講得愈好；對參與討論聽講的人而言，是一種外顯知識內部化的歷程，接收到的知識與內隱知識互動，愈有共鳴或連結愈綿密者，收穫愈多。研討對話的「內隱知識外部化」及「外顯知識內部化」之交互作用稱為「知識螺旋」，可以促使個人及組織成員「知識增能」，是知識管理的核心技術。

五、博觀而約取，厚積而薄發

- 博：全面、概覽、普及、基本。
- 約：關鍵、重點、核心、精華。
- 厚：廣博、渾厚、深度、廣度。
- 薄：專一、單點、刀刃、題目。

「博觀而約取，厚積而薄發」是大文豪蘇東坡的名言，是作者從一篇論述「知識管理」的文章中看到，感受特別深刻。蘇軾的這兩句名言，與前面介紹的「系統思考」有異曲同工之妙，都是一種「運思指導行為」的歷程實踐要領。而其中的關鍵字在於原本對仗工整的「博→約」與「厚→薄」四個字之意涵及其歷程。

「為學之道」及「知識管理」需要「博→約」與「厚→薄」的實踐要領，我們先要全面、概覽、普及、基本的知識，接著要針對關鍵的、重點的、核心的、精華的知識做練習和組織而後取得，天底下的學問知識廣博浩瀚，我們要經過「約取」的歷程，「化約得愈高明」，我們的收穫愈明確，也才是真正的學習，也才不會迷失在漫無邊際的學海之中。

再以「教育評鑑」為例，對評鑑委員來說，「統整的觀察」試圖全面了解，也就是「博觀」；然而，評鑑不可能大大小小的事都要檢核，必須透過「化約的指標」（如七十二項），也就是「約取」。再以「考試取才」為例，準備應考的人應該「厚積」知能，而考試的題目就是「薄發」，唯有「薄發」表現傑出，考試的結果才能令人滿意。

「博、厚」是入手、是基本，對每個人來說十分重要，「約、薄」是專注、是單點突破，對每個人來說更加重要。您說，不是嗎？

六、四分鐘的關注

- 專注、誠懇、關懷、配合、支持、肯定。
- 適時四分鐘，人際新契機。

「四分鐘的關注」是增進人際關係的有效方法，是作者在「空中大學英文課本」中看到，因感受良多，特予介紹。社會心理學家有一部分專門研究「社會群體人際關係」，他們發現目前社會上人際的一般現象是：大家工作忙碌，私務更忙，每天與眾多的人接觸互動，但都僅止於把「事務目標」解決或完成為主，沒有深入交談，以致於形成「交友滿天下，知己無一人」，整個社會充滿「疏離感」。

臺灣社會已進入「現代」及「後現代」階段，整體社會人際的「疏離感」要獲得改善恐非容易。然對「有心的個人」來說，如果要改善自己的人際關係，社會心理學家研究了一個方法，也就是運用「四分鐘的關注」，其基本原理是：當您與您的目標人物初見面時，或與您最親密的人早上各自分開（各忙各的）、傍晚（晚上）再見面時，要給予對方完全專注、關懷、配合性的互動與溝通，時間長度約四分鐘，對方自然會留下較為深刻、滿意的感覺及印象，此有助於後續「碰面的意願」。

以公眾宴會場合要交「新朋友」為例，最差的人際互動是到處找人交談，眼神不定，心不在焉。比較好的策略是：僅跟少數「有機會」的人互動，每一次互動均表現出您的專注、誠懇、關懷，身體的肢體語言以及談話內容均能配合著對方，適時「支持」、「肯定」；對方若在短時間之內覺得與您交談是有意義、有價值的，自然有意願與您繼續交往，人際網絡將逐漸豐沛。

七、時間切割

· 規劃最佳時間長度，設定實踐目標。

· 永續經營深耕，累積點滴成果資源。

「時間切割」是有效管理時間、增進工作績效的方法，作者在有關時間管理的書籍中多次閱讀，感受頗深，特予介紹。「時間切割」是指每個人找出其每次工作績效的「最佳時間長度」，例如：十分鐘、十五分鐘、三十分鐘、五十分鐘、二小時不等，並且以時間單元做規劃，每天及每週必定執行幾個時段（例如：每天二至三個時段，每週至少十個時段以上），有點類似工作時間之目標管理。

有書籍介紹日本一位大公司的董事長，因其每天要處理的事務太過繁雜，尤其每天要見他的來賓或員工太多，他就將時間切割，設定為四分鐘，凡是見他的來賓都要在四分鐘之內談完事情，四分鐘一到即轉換（換下一個人會面），這是「步調快速」的人之時間切割，一般人不容易執行（似也沒必要）。又如電話的通話時間設定為三分鐘，三分鐘一到即停止連線。

國內有位知名教育家，其著作等身，頗受學生歡迎。作者有機會聽其自述，其時間切割的時段為「十五分鐘」，其謂：他每天會設定十幾個十五分鐘來做有意義的事，例如：早上看報十五分鐘，十五分鐘一到馬上轉換做另外的事，讀書、閱讀、寫作文稿、集中聯絡電話等，都以十五分鐘做單元規劃。他的工作績效十分顯著，目前有十多本著作流傳市面。

作者曾經運用「時間切割」的方法，規劃完成自己必須完成的著作。作者設定的時段是「三十至六十分鐘」，每天一至二個時段，每週六至十個時段，每天的第一個時段都在清早一起床後執行，第二個時段則在上班空檔中尋找。發表論著、期刊文章，以及升等副教授、教授的專書，也都是這樣完成的。

八、運用座右銘實踐生命願景

- 最野蠻的身體。
- 最文明的頭腦。
- 永遠不可屈服的意志。

　　生命願景的實現就是一個人的自我實現，每一個人要適度的自我實現，生命才有意義、才有價值，也才有身為人的尊嚴。每個人的生命願景都不一樣，真正獲得實現的程度也不一樣，必須要用一些輔助激勵的方法來實踐力行，才能促其實現，而運用座右銘就是一種不錯的點子。

　　「最野蠻的身體、最文明的頭腦、永遠不可屈服的意志」是三十年前刊登在《中央日報》副刊的文句，作者當時是小學教師，在雲林縣服務，已經結婚生子，因對教育政策與行政事務充滿興趣，立志參加「教育行政高考」，覺得這三句話可以激勵自己，於是將其剪下，貼在書桌的玻璃墊上，每天看它、讀它、實踐它，當作自己的座右銘。事實上，此一座右銘影響個人的生涯發展十分深遠。

　　「最野蠻的身體」強調健康的重要，有健康的身體及充沛的體力才能在事業及績效表現上有所作為。「最文明的頭腦」強調知識與觀念必須與時俱進，符合時代價值及脈絡。「永遠不可屈服的意志」強調毅力、堅持的重要，不要輕易放棄，要有不達目標絕不終止的決心。

　　尤其是「永遠不可屈服的意志」影響作者最深。作者並非才華洋溢的人，「教育行政高考」以及後來進修攻讀碩士、博士學位，並非一試即上，高考前後考了四次，碩士班考了三次，博士班也考了四次，很多人考了一、兩次沒上，就會被挫折打敗，不再繼續，作者奉行「永遠不可屈服的意志」，相信能量是可以累積的，因緣是可以經營的，機會是提供給準備好的人，不達目標絕不終止，總是在「多考幾次」後完成生命願景，座右銘的實踐實在是有其魅力。

九、「十頭牛新娘」的故事

- 積極正向肯定，日久成形。
- 賦予高尚價值，自我應驗。

「十頭牛新娘」是一則有關「自我應驗」（俗稱比馬龍效應）的故事。故事發生在印度，那是個以物易物的時代。有一對較年長的夫婦，他們提出了「三頭牛」的條件，如果哪一位年輕人願意付出三頭牛的等值聘金，他們就願意將女兒嫁給他。一位遠地青年經過他們的村落，碰見其女兒，驚為天人，以「五頭牛」的聘金完成聘禮婚嫁，兩相得意，皆大歡喜。

由於古時候交通不便，時間經過年餘，才又看到女兒一面。然此次見面老夫婦非常滿意，其女兒嫁後，才貌出眾、言談舉止高貴大方、應對進退溫柔優雅，有「十頭牛」的價值。老夫婦心想：我女兒現狀已有十頭牛價值，我女婿當時才以五頭牛聘金迎娶，物超所值，當下提醒女婿，好好珍惜，知所福報。沒想到其女婿回應：敬告岳父岳母，自從結婚日起，我就以「十頭牛」的價值對待夫人，食衣住行育樂皆以「十頭牛價值的人」應有之分際行儀來對待她、教導她，年餘之後，夫人確已經展現出「十頭牛價值」的女主人。

「自我應驗」（比馬龍效應）是一種心理增強作用，我們給予學生積極正向肯定，學生就充滿自信，展現好的、符合我們所期待的行為表現，日久成習慣。我們與周圍的人互動，多給予讚美式的高價值回饋，對方通常會滿心歡喜，並且相由心生。

「十頭牛新娘」的故事，可以運用在我們的學生、我們的朋友，也可以運用在至為親密的夫妻、父子、母女關係，我們誠心對待，終會應驗。

十、諸葛武侯的智慧

- 統整資源，營造相對優勢。
- 單點突破，匯聚勝機戰果。
- 使命必達，實踐志業目標。

作者受聘協助臺北市政府教育局選拔優質學校，擔任「資源統整」項目的召集人，在與參選學校校長、主任的對話過程中，「資源統整的要領在哪裡？」是大家共同的課題，而作者常以「諸葛武侯的智慧」為例與大家分享。

諸葛亮本係文人，不會武功，劉備三顧茅廬，請其「出山」之後，擔任軍師角色，主要職責在協助劉備「派兵打仗」、「運籌帷幄」，因為出兵策略成功，協助劉備開始打勝仗，累積勝利戰果之後，終至三分天下而有其一，被冊封為武侯，樹立他一生的地位與尊榮。

諸葛亮之所以「會打勝仗」，主要在於他充分掌握了「資源統整」的要領。他總是充分了解戰場上的地形地物，有哪些特殊而個別的環境，再配合敵我雙方「戰將的性格」，再決定「從哪裡出兵」、「在何時出兵」、「派誰迎敵」，且總會收到「營造相對優勢」以及「單點突破」的效果。相對優勢立於不敗，單點突破則有勝果，連續小勝就有大贏，在列強環視、群雄並起之下，仍可以協助劉備，三分天下而有其一。

分析諸葛亮在戰場上資源統整的要項有四：(1)自然資源（地形地物）；(2)人力資源（雙方將領特性）；(3)時空資源（找最佳時機）；(4)方法資源（造優勢打弱勢）。雖然我們的「學校經營」不是打仗，但諸葛武侯的智慧實是我們「資源統整」的最佳啟示。

十一、三顧茅廬與隆中對策

- 求賢若渴，三顧茅廬。
- 對策高明，共朔願景。
- 君臣分際，英雄成雙。

　　三國演義的電視劇又重播了「三顧茅廬」的故事，由於電視製作忠於羅貫中原著，其對話文詞典雅精采，演員又稱職，對於劇中人物的刻畫，更是令人讚佩。在與親友及學生的談論中，多數推崇劉備的「禮賢下士、求賢若渴」，所以「三顧茅廬、誠意動人」，讓諸葛亮「出山」相助，兩人終於造就了一番功業。

　　作者肯定「劉備的誠意」，然認為「兩人會真正的合作」，決定在「隆中對策的內容」，以及諸葛亮自持的「君臣分際」，而不只是劉備的誠意。劉備見到諸葛亮後，諸葛亮分析天下大勢及可以三分天下的作法，其見識與方法策略深深打動了劉備，是以才「跪拜流涕」非請諸葛亮「出山」不可，史稱「隆中對策」。「隆中對策」的內容，展現了諸葛亮高絕的智慧，用現代言語來分析，等於提出了劉備與諸葛亮兩人的「共同願景」，是兩人決定合作共事的真正原因。

　　劉備與諸葛亮可以長期合作，也是歷史奇蹟，不像「曹操」與「袁紹」兩人相約共謀大事，但最後的關渡之戰，曹丞相滅掉了袁本初。諸葛亮決定受邀走出茅廬的當下，立刻「跪拜稱臣」，自此保持「君臣分際」，忠心從未改變。即便三分天下之後，劉備先死，託孤給他，曾示意「必要時取而代之」，雖然阿斗年幼無能，諸葛亮仍絕無二心，是以有了「讀出師表不哭者不忠」、「鞠躬盡瘁，死而後已」的歷史典範，這都是諸葛亮自持「君臣分際」，才得以造就了兩位英雄的真實紀錄。

十二、務學篤則喜見於言，進道難則憂形於色

- 篤：著書立說，知識管理。
- 難：應無所住，而生其心。

「務學篤則喜見於言，進道難則憂形於色」，是作者三十年前在一本教育史專著看到的文句（原作出自理學大師朱熹），因為最能反映當時的心情，印象特別深刻，在此與「勤奮中的學子」分享。

第一句話，翻成白話文即是：「我們讀書求學篤實，就會有心得，就會喜歡（很想）表達我們的心得與看法。」這是第一階段，只要有所得，就會想要與他人分享心得。第二句話的意思是：「但是如果我們一直沒有徹底了悟（得道），或面臨『通達瓶頸』（任督二脈沒打通），我們就會憂心忡忡，苦於真理難明。」這是第二階段，說明為學悟道之辛苦，也不一定人人均可達成。

針對前句，作者勉勵大家，只要在為學歷程中，一有所得就「著書立說」，將心得寫成文章，適時發表，日後累積這些「發表的著作」就可以集結成書，成為著作。用出版的文章著作留下自己的點滴智慧，就是最好的知識管理。作者目前出版了五本專書，其中三本（共計約一百五十篇）就是平時點滴發表的成果。

針對後句，作者勉勵大家，「悟道」本就困難，所以歷史上真正的「偉人」、「大師」也不普遍，我們「盡力」但要「隨緣」，六祖慧能禪師得道的禪語「應無所住而生其心」，似可以幫助我們面對此一處境。只要我們「無住」（不一定非要怎樣不可），反而可以綿延不絕地「生心」（新的創發與解脫）。終有一天，我們的生涯目標實現了，也會有打通任督二脈的感覺。

十三、乘風破浪會有期，直掛雲帆濟滄海

- 畢業結業，另啟航道。
- 滄海晴空，共繪彩霞。

每年的五月、六月，眾多的學生準備畢業或結業，研究生們也忙著論文口試。很多學生喜歡拿著畢業紀念冊或完成的論文，請老師提詞，留供紀念。作者最常用的是「乘風破浪會有期，直掛雲帆濟滄海」（詩詞名句，原典出自李白的〈行路難〉），茲解析其意涵與大家分享。

大學畢業或研究所畢業，取得學士、碩士或博士學位，是每一個人生涯發展的重要里程碑，有了「知識分子」的形式、地位與實質內涵，是開闢另一個生涯職場的起點，所以國立臺北教育大學自 2008 年起，將畢業典禮調整為「畢業創業典禮」，即是要提醒畢業同學，開啟另一航道勇往直前邁進。

世界之大，猶如滄海晴空，個人原本滄海一粟、渺小無比，即使有文明代表像「協和客機」般的成果，也僅能在萬里晴空中呼嘯而過，留下一抹「雲彩」。是以李白曾感嘆，人生僅是「光陰之逆旅，百代之過客」。然而，人類之所以偉大在於自然的百業分工中，每個人貢獻其能量，每個人「人盡其才」，進而促進周邊的事務「物盡其用」，共同搭建了當前的文化與文明，就如滄海晴空中共繪彩霞，是以每天都有充滿希望的晨曦以及變化萬端的晚霞，供我們品味欣賞。

畢業或結業代表我們的「能量」提高一階，可以揮動彩霞的力道與要領「功力大增」，您我都是一艘充滿能量的大船，各有「懸壺濟世」的本領，相信從今而後，「乘風破浪會有期，直掛雲帆濟滄海」，大家盡情揮灑吧！

十四、應無所住而生其心

- 無「住」：停頓、束縛、必然、定得。
- 生「心」：活力、創發、隨緣、悲智。

「應無所住而生其心」是《金剛經》上的名句，也是六祖慧能禪師悟道的關鍵法語。六祖慧能禪師在尚未「得道」之前，與一般僧眾並無不同。一日背誦《金剛經》，至「應無所住而生其心」時，大悟徹悟，一夕「得道」，之後繼續修持、宣講傳道，終成一代名僧。

「應無所住而生其心」，關鍵字在「無住」而「生心」，主要的意思是：只要我們不要被既定的框架所限，我們就會擁有一顆生生不息的心，來面對當下及未來的境遇，世界將永遠寬廣而充滿希望與可能。

「無所住」的「住」，具有「停頓」、「束縛」、「必然」、「定得」四種意涵。我們為學修道，只要不停頓、持續耕耘，必能「苟日新、日日新、又日新」；我們為人處事要有所作為，難免會意見分歧或遭人議論，如果我們太在意流言蜚語的不實指控，就會因而「束縛」，影響到日後積極創發的動能；我們兢兢業業努力工作，有時也會遇到發展瓶頸，不必然有理想中的成果，很多神父或僧侶終其一輩子苦修，也未必一定「得道」。唯有超越「必然」、「定得」，才得以有真正開闊的視野，體現生命之美。因此，與之應對的「生其心」，指的是一種「活力」、「創發」、「隨緣」、「悲智」的心情與素養。

「應無所住而生其心」與「道可道非常道」的哲理類似，也近似組織管理上的「渾沌理論」，屬於高階上位的理念，對於志業發展遇到瓶頸或身陷困厄環境中的知識分子，特別適用。

十五、品德教育的基礎

　　・好習慣，身心健康。

　　・服務心，群己共鳴。

　　政府推動「有品運動」：品德、品質與品味，前總統馬英九先生更扮演代言人，強調：做人有品德，做事有品質，生活有品味，頗能彰顯「有品」的意涵與三者間之區隔，實為優質教育政策的妥適註解。事實上，「三品」的源頭來自「品德教育」的重新強調與論述，「九年一貫課程綱要」刪減國小「生活與倫理」與國中「公民與道德」的課程，被批判為「缺德」的教育；2008 年民進黨執政後期很多大官因案收押入獄，形成「無德政府」，讓品德教育的實施雪上加霜；《天下雜誌》「品格力」專刊的出版，強調「品格決定勝負」，激發品德教育的能量與有品運動的熱潮。

　　作者對於品德教育的定義是：教如何做人，學人際關係，養品格情操，育優雅公民，並且主張「品德」的滋長建立在兩大基礎之上：「好習慣」與「服務心」。「好習慣」出自柯永河教授於《習慣心理學》一書的主張：一個人好的習慣多於不好的習慣，就是身心健康的人；「服務心」則遵循孫中山先生的一貫說法——「人生以服務為目的」。

　　品德教育包括「處理情緒」→「表達情感」→「孕育情操」的「全人格教育」，從小到大均有需要。學校教育如果能務實地從學生的「生活好習慣」、「學習好習慣」、「處事好習慣」做起，並且從生活、學習、處事的歷程中安排鼓勵同儕輔助、交互服務的機會，激發服務他人的心胸與習慣，每一個人均能以有能力服務他人為榮，自然「身心健康」、「群己共鳴」，是滋生品德、形塑人格的最根本基礎。

十六、教育博士的使命

- 教育理論的實踐家。
- 教育實務的示範者。
- 教育問題的解惑師。
- 教育風格的領航人。

九月的季節，大學開學，一批批新的學生又進到校園來讀書、進修。作者主持所務多年，對於「教育政策與管理研究所」新的博士班學生總要說一些期許勉勵的話，期待本所的博士生經過博士課程的洗禮之後，都是「有智慧有品味」的教育博士，而其具體的內涵是「教育理論的實踐家」、「教育實務的示範者」、「教育問題的解惑師」，以及「教育風格的領航人」，概要說明如下。

教育博士最重要的使命是「教育理論的實踐家」。博士班的課程就是在探討教育理論如何在學校實務中實踐，博士生，就是最能夠實踐教育理論的代表人物，教育博士擅長論述教育理論的實務運用，也最會註解教育現象背後的理論根據。

教育博士的第二個使命是「教育實務的示範者」。教育博士象徵教育專業能量最強，會用教育專業來示範引導教育實務工作，讓教育措施符合教育本質，對學生產生最大價值。

教育博士的第三個使命是「教育問題的解惑師」。教育問題隨著時代發展與社會變遷層出不窮，教育博士有責任扮演一般教職人員「解惑師」的角色，用專業理論或經驗傳承導引解決教育問題，帶動教育發展。

教育博士的第四個使命是「教育風格的領航人」。今後的臺灣教育風格如何發展以及教育組織文化的價值取向，決定在教育博士的素養與價值觀，因此其具有教育風格領航人的角色任務。

十七、追求知識的三大階層

- 學士階段，建構知識。

- 碩士階段，活用知識。

- 博士階段，創新知識。

作者於 2000 年起回到母校國立臺北教育大學任教，為「教育政策與管理研究所」專任教授，每年要面對大學生、碩士生以及博士生。在「中小學校長專業發展與培育中心」講授的推廣課程，則以當前的中小學校長為主，介乎碩士到博士階層之間。學士、碩士、博士都在追求知識，凡是大學畢業就被稱為「知識分子」，三個階層的知識是否有所區隔？

作者的註解是：學士階段→建構知識；碩士階段→活用知識；博士階段→創新知識。所謂「建構知識」，係指大學課程在讓學生習得一套有「系統結構」的知識，畢業要 128 學分以上，有通識學科及專門學科，每一個大學畢業生，除了具備一般大學生應有的基本知能（通識）之外，其主修之專門知識，應具有「系統結構」以上的水準，這也就是一般人流行的口頭禪：「有一套」。

碩士階段的「活用知識」，係指探討的知識內涵多在「理論」如何結合「實務」。以教育學門的研究所為例，碩士生多在探討教育的專業專門知能如何在學校中實踐，以及學校的事務如何用教育理論來註解，結合得愈緊密，活用知識的程度愈佳。

博士階段的「創新知識」，作者持較為寬鬆的定義：凡是能夠對原有的知識（通常是理論）有新的註解、新的發現、新的補充，甚至重新驗證，結果仍一致（樣本不同），均可名之為「創新」。創新是「賦予存在」（to being）的歷程，發現了知識的存有、知識的新關係或新連結，這是博士生的任務與使命。

◆ 十八、順勢而為，日有所進

- 勢→本性、專長、優勢、時機。
- 進→優質、增能、績效、價值。

作者在參與臺北市「教育111」標竿學校認證試評工作時，某一學校以「日進時間」為學校特色。該校推動閱讀為校本特色課程，每一年級每一週均自主安排「日進時間」，強化學生的閱讀學習，增進語文能量。「日進」，日有所進，引發試評委員與學校幹部最多的對話，真的很具「特色」。

我們為人處事以及追求知識如何能夠「日有所進」？該校配合政府推動「深耕閱讀」，發展「本位課程」，順勢而為，由校長及核心幹部共同創造出以「日進時間」為主軸的語文課程設計，既能滿足政策規劃需求，更能以「日有所進」帶動全校師生實踐，逐漸形成文化，終成其他學校不一定有的「特色」。

順勢而為的「勢」，指的是「本性」、「專長」、「優勢」與「時機」。個人追求知識，不要勉強自己去學與自己興趣不合，或與自己本質落差太大的知能，勤苦而不成非好事。應掌握自己的「專長」與「優勢」並且講究為學做事的「時機」與「順序」，持續耕耘，自然「日有所進」。

順勢而為並非沒有作為，也不是消極作為，而是講究如何才是真正的有所作為，與教育行政學上的「漸進決策模式」十分類似，是放棄「不變」與「革進」的兩極化思維，採「中道」、「可行」、「逐步改善」的策略與具體措施，對於任何重大事務的完成以及個人知識的累增最有幫助。是以「順勢而為」、「日有所進」應搭配著論述，其所應對的「進」則指個人知能或組織事務的「優質」、「增能」、「績效」與「價值」。

十九、三品有序

- 首重品德，「好習慣」帶有「服務心」。
- 次求品質，「高績效」充滿「價值感」。
- 自成品味，「致中和」漸成「有格調」。

在「校長專業發展博士學分班」的課堂上，有位參與進修的候用校長提問：教育部推動「有品運動」，一下子強調三品：品德、品質、品味，而中小學教育是基本教育，學校如何來同時實施「做人有品德，做事有品質，以及生活有品味」？引起參與進修的校長們熱烈討論，激盪了大家的智慧，以下是大致的結論。

品德、品質、品味的總源頭在品德，做人有品德之後，必然會做事有品質，接著才能形成生活有品味。我們教育學生可從學生的「好習慣」與「服務心」入手，持續從「生活、學習、處事」層面「示範」與「強調」，時日一久，學生養成了隨時、適時服務他人的好習慣，自然有品德；有了品德基礎之後，做事的品質也才有真正的價值，其生活的品味或風格，他人也才能夠接受。

在基本教育階段「做事有品質」及「生活有品味」的教育，仍然要回歸到「學習」本身，我們應以學生的「學習績效」和得到知識、技能本身的「價值感」來回應做事有品質，因為學生最重要的事就是學習。至於學生的「生活品味」，也應該是學生的「學習生活格調」，其主要內涵包括學生本身的情緒處理、情感表達、情操培育，以及自主生活型態的形塑，要以「致中和」與「有格調」為訴求，安排教育活動融入各領域（學科）教學，實施以學習為核心的有品教育。

二十、跑步帶來創意

- 調節身心，增益健康。
- 轉換情境，跳脫泥沼。
- 帶來創意，開展智慧。

　　跑步指的是慢跑，有三個好處：調節身心，增益健康；轉換情境，跳脫泥沼；帶來創意，開展智慧。前者一般人均感受得到，為普遍性益處；後兩者需要長期經驗的人才容易得到共鳴，屬個殊性益處。作者對慢跑的益處之感受特別深刻，特為文與大家分享。

　　動靜分明，才能讓身體產生最大的產能。公務員或教育人員，平時辦公寫稿或操作電腦時間過長，最好的調節方法就是跑步做操，不必再借助任何球具或道具，只要跑（動）十五分鐘以上，均會有絕佳效果，能用最短的「時間運用」，得到最高的「調節作用」，增益身心健康；也促使個人身心的「產能」盡量維持在高峰，可以為個人及組織提升競爭力。

　　跑步也可以幫助一個人「轉換情境，跳脫泥沼」。撰寫論文或一般文書工作，容易流於形式，掉入一種既定模式之窠臼，有時候也會變成一種瓶頸、泥沼，只看到一些「資料的累積」，而看不到「知識探索的意義與價值」。這時候跑步或運動最有效果，讓腦筋的思考離開原本膠著的情境，讓身體跑步的「動能」沖淡形成僵化的因子，跳脫泥沼。

　　跑步的最妙功能在「帶來創意，開展智慧」。作者已經養成定期跑步的習慣（通常在清早），很多需要精密思考的文字用語、很多工作上的創新經營點子，往往在跑步的歷程中得到較佳靈感，例如：撰寫「教育禪語」時，開頭導引的關鍵詞，常常要反覆推敲，難以定稿，在社區跑兩圈以後，更貼切性的用詞就出現了。又如：在擬訂計畫方案時，其「策略介面」最難區隔釐清，也往往在慢跑中得到最好的折衷。跑步帶來創意，開展智慧，值得大家一試。

二十一、「策略聯盟」需要「學習社群」

- 策略聯盟，建立共同願景。
- 學習社群，匯聚實踐能量。
- 執行方案，彰顯成果精神。

教育界最近很流行「策略聯盟」，有特色學校策略聯盟，有學校本位課程策略聯盟，有領域教學策略聯盟，有開發教學主題方案策略聯盟，有行動研究策略聯盟，有跨縣市同名學校策略聯盟，也有休閒團體策略聯盟，就連國立臺北教育大學與國立臺灣大學的合作整併方案，也稱之為「策略聯盟協力機構」。策略聯盟儼然已成為「教育經營」的重要策略，頗引人關注，也有濫用之現象，大家都說：「我們已經簽訂策略聯盟」，然不一定看得到實際的成果。

「資源統整」是學校創新經營的重要策略，運用「策略聯盟」可以建立彼此的共同願景，統整資源互補運用，確有其必要。為確保簽訂「策略聯盟」之後有實質之效果，參與聯盟之單位應配合組織「學習社群」，定期聚會，匯聚實踐能量，必要時亦應策訂具體「執行方案」，運用計畫方案的實施，來彰顯策略聯盟的成果與精神。

「學習社群」是教育界實踐「學習型組織理論」衍生的時尚名詞，其在策略聯盟組織上可發揮下列三種角色功能：(1)作為聯盟的規劃者與實際執行人：任何的聯盟均有其崇高旨趣，為實踐其目標，要有實際「學習社群」的人員進一步著手規劃與執行；(2)扮演聯盟單位間溝通的橋梁：務必促使執行方案帶給大家最大的價值；(3)扮演帶動創新發展的角色：策略聯盟的運作型態也容易陷入僵化形式，「學習社群」成員即在學習突破瓶頸、創新經營，帶給聯盟單位實質的效益。因此，「策略聯盟」需要「學習社群」。

二十二、創客教育與 PDC 教育模式

兩岸的教育部門都在近期頒布了中小學的新課綱，都將「核心能力」導向的課程目標轉用為「核心素養」。兩岸的教育部門也因應新課綱的實施，有了新教育模式的推動，臺灣推動「創客教育」，中國大陸則推動「PDC 教育模式」。

PDC 教育模式是三個英文字的縮寫：P 是 Project（項目），D 是 Drive（趨動），C 是 Create（生成）。臺灣的創客教育也有一精要的模式：(1)有創意的學習食譜➡(2)能創造的操作學習➡(3)再創新的知能模組➡(4)做創客的實物作品。兩大教學模式有三個地方是雷同相似的：(1)Project 的本義就是有創意的學習食譜；(2)Drive 的用意與「做中學」或「操作學習」也很接近；(3)Create 翻成中文是「有創意的學習成果」。如果進一步將「生成」具體化，也就是「再創新的知能模組」以及「做創客的實物作品」兩者的綜合。

北京市朝陽區的呼家樓小學，實驗 PDC 教育模式十分成功，作者目睹其兩個項目主題（project）是水資源教育及能源教育，學生的作品琳琅滿目，布滿了兩棟教室之間的長廊，學生均可自己擔任導覽解說員，就好像臺灣的「學生創客嘉年華會」，實驗的名稱雖不是創客教育，但重視「操做中學習」、「建構新知能模組」，以及「以實物作品取代作業」的特質是一致的。

創客教育是二十一世紀國際教育的重要趨勢，作者期待兩岸都有創客教育的實驗學校，並用雷同相近的教育模式進行實驗，每年定期交流研討，為華人的基礎教育，找到最有價值的經營模式。

二十三、如何避免集體智慧的迷思與誤用

　　人類的文明與文化是人類集體智慧的成果展現，當前的校長領導重視「學校集體智慧」的策動與運作，是二十一世紀教育領導的重要趨勢，每一位當代的校長都應當關注與學習。但是從人類發展歷史的軌跡中來看人的「集體智慧」之開展，更應當關注如何避免其迷思與誤用。

　　當代的人類就面臨三個「集體智慧誤用」的挑戰案例：(1)每一個文明國家都有「黑幫」與「朋黨」的存在，用「集體智慧」爭取私人利益，造成社會的不安定與不和諧；(2)IS的恐怖攻擊：IS也以「集體智慧」與全世界國家為敵，攻擊良善的平民百姓，威脅到每一個人的生命安全；(3)兩岸電信詐騙集團：這些電信詐騙集團的人數已經超過一萬人，他們也以「集體智慧」操作數位科技，詐騙謀財，於法所不容。

　　從橫段面來看「集體智慧」，「集體」是組織成員「個人」的「總和」；「智慧」概約包括四大元素：知識、技術、能力，以及價值。四大元素的融合形成個人智慧，組織中所有成員的「個人智慧」整合運作，產生了「交互作用，整合發展」的結果，就稱之為集體智慧。我們從「智慧型手機（物）」、「有智慧的人——孔子」，以及「有智慧的教育機制（事）」三者，都可以驗證「知識、技術、能力、價值」四大元素交織成「智慧」的實例，這才是正確「集體智慧」的運用。

　　再從縱貫面來看「集體智慧」，領導者的「價值」定位一經追隨者認同與實踐，就會產生「集體智慧」的具體行為表現及產品（作品）。在集體智慧的四大元素中（知識、技術、能力、價值），價值最為重要，它是避免集體智慧迷思與誤用的關鍵事項，是以每一個國家或重要的組織群體，都應該由領導者頒布（揭示）組織的任務（目標）與核心價值。

■ 二十四、尋找集體智慧的跡象

兩岸的優質校長，匯聚西安，舉辦「高級研修班」，安排一系列的「教育主題觀摩」、「議題對話」、「學校教育特色分享」，其主要的目的在尋找集體智慧的跡象，找到華人經營教育的著力點。研討結果，如果問每位參與的校長如何經營自己的學校，是否有實質的「知識、技術、能力、價值」上的心得，則每一個參與的校長，多多少少對於大家都有貢獻，這就是集體智慧，也是當前兩岸校長最為關注的議題——「校長領導與學校集體智慧」。

「集體智慧」一詞很不容易界定，很多學者的研究都沒有明確的「概念型定義」及「操作型定義」，在兩岸現有的教育領域中，都只得到初步的啟示：「學校集體智慧」的啟動很重要，學校校長、幹部及所有教師於集體智慧產生的動能貢獻，遠遠超過英明校長個人的「單打獨鬥」領導所能產生的績效，是學校永續經營之道。但「智慧」的內容元素是什麼？校長領導能夠操作的著力點在哪裡？卻還沒有具體明確的成果，大家都在等待。

作者在最近的著作中，對於「智慧」的元素主張含有下列四大次要變項：知識、技術、能力，以及價值，似乎可以當作「集體智慧」的操作型定義。就以西安的匯聚而言，如果每一位校長在分享自己辦學績效成果的最後一分鐘，能夠進一步分析，建構此一績效成果所使用之「致用知識」、「經營技術」、「實踐能力」，以及「教育價值」的焦點事項與優勢亮點，相信大家的集體智慧可以得致最大發揮，參與的每一位校長，都能充分自我實現，也都能對大家產出具體的動能貢獻（有效的智慧資本）。

（本文原係作者於 2012～2016 年，擔任博士班導師之導師時間講義，未出版）

✿ 參考文獻 ✿

中文部分

行政院（1996）。**教育改革總諮議報告書**。臺北市：作者。

何福田（2010）。**三適連環教育**。臺北市：師大書苑。

何福田（2011）。**三適連環教育：適性、適時、適量**。中國浙江：浙江出版社。

吳清山（2004）。學校創新經營理念與策略。**教師天地**，**128**，30-44。

吳清山（2009）。教育 111 的理念。載於**臺北市 98 學年度第 1 學期校長會議手冊**（頁 7-16）。臺北市。

吳清山、林天祐（2005）。**教育新辭書**。臺北市：高等教育。

李欣宜（2015）。**創客經濟**。取自 http://www.bnext.com.tw/article/view/id/36387

李建興、鄭崇趁、林進山、林來利、陳星貝（2009）。**因應少子化師資培育之大學國小師資培育品質提升與供需調整之可行策略研究**。教育部（中教司）委託專案，財團法人國家政策研究基金會執行。

林天祐（2001）。教育名詞：課程領導。**教育資料與研究**，**38**，47。

林天祐（2004）。專業的教育評鑑實施過程與方法。**現代教育論壇**，**8**，239-243。

林明地（2002）。**校長學：工作分析與角色研究取向**。臺北市：五南。

林新發（2009）。再論學校校長正向領導模式之建構。**國民教育月刊**，**52**（2），1-12。

林新發（2011a）。學校創新經營的理論基礎與實務運作。**國民教育月刊**，**49**（3），1-8。

林新發（2011b）。華人地區學校校長正向領導模式初探。**國民教育月刊**，**52**

（1），1-6。

秦夢群（2010）。教育領導理論與應用。臺北市：五南。

秦夢群（2013）。教育行政理論與模式。臺北市：五南。

國家教育研究院（無日期）。參、經營理念。取自 http://www.naer.edu.tw/files/ 11-1000-186.php? Lang=zh-tw

張德銳（2010）。喚醒沉睡的巨人：論教師領導在我國中小學的發展。**臺北市 立教育大學學報，41**（2），81-110。

教育部（1988）。第六次全國教育會議報告。臺北市：作者。

教育部（1991）。教育部輔導工作六年計畫。臺北市：作者。

教育部（1995）。中華民國教育報告書。臺北市：作者。

教育部（1998）。教育改革十二行動方案。臺北市：作者。

教育部（2002）。創造力白皮書。臺北市：作者。

教育部（2011）。中華民國教育報告書：黃金十年、百年樹人。臺北市：作 者。

教育部（2012）。中華民國師資培育白皮書：發揚師道、百年樹人。臺北市： 作者。

教育部（2014）。學生輔導法。臺北市：作者。

教育部（2016）。國民教育法。臺北市：作者。

陳聖謨（2010）。學校價值領導的理念與策略。高雄市：麗文

黃昆輝（1986）。教育行政學。臺北市：東華。

黃增川（2014）。國民小學校長辦學績效評鑑指標建構：智慧資本理論觀點 （未出版之博士論文）。國立臺北教育大學，臺北市。

楊德遠（2011）。國民小學智慧資本價值轉換模式之研究（未出版之博士論 文）。國立臺北教育大學，臺北市。

葉一舵（2010）。臺灣學校輔導發展研究。中國福建：福建教育出版社。

賈馥茗（1983）。教育哲學。臺北市：三民。

劉　真（1991）。教書匠與教育家。載於梁尚勇（主編），樹立教師的新形象（頁31-50）。臺北市：臺灣書局。

蔡培村、武文瑛（2004）。**領導學：理論、實務與研究**。高雄市：麗文。

鄭崇趁（1995）。**教育計畫與評鑑**。臺北市：心理。

鄭崇趁（2000）。青少年人格教育：從教育部輔導工作六年計畫談起。**學生輔導，67**，6-17。

鄭崇趁（2006a）。**國民中小學校務評鑑指標及實施方式研究**。臺北市：心理。

鄭崇趁（2006b）。**教育的著力點**。臺北市：心理。

鄭崇趁（2006c）。學校創新經營的積極策略。**教育研究，145**，50-58。

鄭崇趁（2008）。**品德教育理念與策略**。發表於法治教育與友善校園學術研討會，向陽基金會主辦。

鄭崇趁（2009）。從教育經營學看校長學的主要內涵。載於**兩岸三地校長學研討會論文集**。臺北市：國立臺北教育大學。

鄭崇趁（2010）。**教育111政策的亮點**。發表於教育111學術研討會，臺北市教師中心主辦。

鄭崇趁（2011a）。**教育經營學導論：理念、策略、實踐**。臺北市：心理。

鄭崇趁（2011b）。從智慧資本論看教師評鑑的內涵。載於**兩岸三地校長學研討會論文集**。臺北市：國立臺北教育大學。

鄭崇趁（2012a）。從教學領導探討校長角色職責的發展脈絡。載於**2012兩岸三地校長學學術研討會論文集**（頁177-189）。臺北市：國立臺北教育大學。

鄭崇趁（2012b）。**教育經營學：六說、七略、八要**。臺北市：心理。

鄭崇趁（2013a）。**校長學：成人旺校九論**。臺北市：心理。

鄭崇趁（2013b）。校長領導的創新經營：領導服務論的意涵。載於**2013兩岸三地校長學學術研討會論文集**。臺北市：國立臺北教育大學。

鄭崇趁（2014a）。**教師學：鐸聲五曲**。臺北市：心理。

鄭崇趁（2014b）。**從教師學看教師領導的意涵**。發表於喚醒沉睡的巨人：教師領導學術研討會，臺北市立大學主辦。

鄭崇趁（2015a）。**家長教育學：「順性揚才」一路發**。臺北市：心理。

鄭崇趁（2015b）。**「理念化」及「價值化」取向的教育評鑑：為方案評鑑本土化把脈**。發表於教育評鑑國際學術研討會，國立臺灣師範大學主辦。

鄭崇趁（2016）。**知識教育學：智慧人・做創客**。博士班授課講義。（未出版）

謝文全（2004）。**教育行政學**（第二版）。臺北市：高等教育。

謝傳崇（譯）（2011）。**校長教學領導：理論與應用**（原作者：M. Militello, S. F. Rallis, & E. B. Goldring）。臺北市：心理。（原著出版年：2009）

羅英豪（2013）。**宜蘭縣國民中小學學校智慧資本、創新經營與學校競爭力之研究**（未出版之博士論文計畫口試本）。國立臺北教育大學，臺北市。

羅虞村（1986）。**領導理論研究**。臺北市：文景。

英文部分

Dewey, J. (1916). *Democracy and education*. New York, NY: Macmillan.

Gardner, H. (1983). *Frames of mind: The theory of multiple intelligence*. New York, NY: Basic Books.

Katzenmeyer, M., & Moller, G. (2009). *Awakening the sleeping giant: Helping teachers develop as leaders* (3rd ed.). Newbury Park, CA: Corwin Press.

Nonaka, I., & Takeuchi, H. (1995). *The knowledge creating company: How Japanese companies create the dynamics of innovation*. New York, NY: Oxford University Press.

Rawls, J. (1971). *A theory of justice*. Cambridge, MA: Harvard University Press.

Robbins, S. P., & Coulter, M. (2002). *Management*. Upper Saddle River, NJ: Person.

Tacconi-Moore, L. J. (2005). *The influence of educational reform on instructional leadership of superintendents in Massachusetts*. Unpublished doctoral dissertation, University of Massachusetts, Lowell, MA.

國家圖書館出版品預行編目（CIP）資料

教育經營學個論：創新、創客、創意／鄭崇趁著.
--初版.-- 新北市：心理, 2016.12
面； 公分.--（教育行政系列；41433）
ISBN 978-986-191-748-1（平裝）

1. 教育行政 2. 學校管理

526   105021810

教育行政系列 41433

教育經營學個論：創新、創客、創意

作　　者：鄭崇趁
責任編輯：郭佳玲
總 編 輯：林敬堯
發 行 人：洪有義
出 版 者：心理出版社股份有限公司
地　　址：231026 新北市新店區光明街 288 號 7 樓
電　　話：(02) 29150566
傳　　真：(02) 29152928
郵撥帳號：19293172　心理出版社股份有限公司
網　　址：https://www.psy.com.tw
電子信箱：psychoco@ms15.hinet.net
排 版 者：辰皓國際出版製作有限公司
印 刷 者：辰皓國際出版製作有限公司
初版一刷：2016 年 12 月
初版四刷：2021 年 11 月
I S B N：978-986-191-748-1
定　　價：新台幣 350 元